广东电网广州供电局

中国式体系化

广州供电局创新管理探索与实践

广东电网有限责任公司广州供电局　组编

知识产权出版社
全国百佳图书出版单位
—北京—

图书在版编目（CIP）数据

中国式体系化：广州供电局创新管理探索与实践／广东电网有限责任公司广州供电局组编. —北京：知识产权出版社，2025.1

ISBN 978-7-5130-8996-8

Ⅰ. ①中… Ⅱ. ①广… Ⅲ. ①能源工业-质量管理体系-中国②电力工业-质量管理体系-中国 Ⅳ. ①F426.2-65②F426.61-65

中国国家版本馆 CIP 数据核字（2023）第 235571 号

内容提要

本书主要介绍央企科技改革政策演变、当前国内外创新管理的最新理论成果及在科改背景下能源电力行业基于 ISO 56000 系列国际标准的创新管理实践。在此基础上，剖析广州供电局在创新管理中的探索和实践，总结其在创新体系建设中取得的成功经验，为尚未实施或将要实施 ISO 56000 系列创新管理标准的创新主体提供借鉴，助力其构建更加完整高效的创新链条，支撑企业创新体系全面升级。

本书适合企业高管及创新管理、研发、知识产权等相关工作人员阅读。

责任编辑：吴 烁　　　　　　　　责任印制：孙婷婷

中国式体系化——广州供电局创新管理探索与实践
ZHONGGUOSHI TIXIHUA—— GUANGZHOU GONGDIANJU CHUANGXIN GUANLI TANSUO YU SHIJIAN

广东电网有限责任公司广州供电局　组编

出版发行：知识产权出版社有限责任公司	网　　址：http://www.ipph.cn
电　　话：010-82004826	http://www.laichushu.com
社　　址：北京市海淀区气象路 50 号院	邮　　编：100081
责编电话：010-82000860 转 8768	责编邮箱：laichushu@cnipr.com
发行电话：010-82000860 转 8101	发行传真：010-82000893
印　　刷：三河市国英印务有限公司	经　　销：新华书店、各大网上书店及相关专业书店
开　　本：720mm×1000mm　1/16	印　　张：19
版　　次：2025 年 1 月第 1 版	印　　次：2025 年 1 月第 1 次印刷
字　　数：300 千字	定　　价：98.00 元

ISBN 978-7-5130-8996-8

编 委 会

(按姓氏笔画排序)

前　言

党的十八大以来，我国科技事业密集发力，取得了历史性、整体性和格局性的重大变化，重大创新成果竞相涌现，一些前沿领域开始进入并行、领跑阶段。科技实力正处于从量的积累向质的飞跃、从点的突破向系统能力提升的重要时期。当前，世界正经历百年未有之大变局，新产业、新业态和新模式蓬勃发展，新一轮科技和产业革命正由导入期转向拓展期。在这一背景下，科技创新在推动社会主义建设中的积极作用与巨大潜能亟须全面挖掘和释放。

面对新的形势，中央企业（以下简称"央企"）央企需要明确自身在国家创新体系中的定位，积极承担需求提出者、创新组织者、技术供给者和市场应用者的角色，牢牢把握科技创新的核心要素，加快培育发展新质生产力的新动能。

2023年6月，《国有企业改革深化提升行动方案（2023—2025年）》的发布，标志着新一轮深化改革的开始。该方案以习近平总书记关于国企核心功能和竞争力提升的战略指引为核心，引领企业迈向科技创新的新高地，形成更具竞争力和发展能级的新质生产力。2024年7月，在中国共产党第二十届中央委员会第三次全体会议上，习近平总书记强调，必须深入实施科教兴国战略、人才强国战略、创新驱动发展战略，统筹推进教育科技人才体制机制一体改革，健全新型举国体制，提升国家创新体系整体效能。

科技创新主体地位的强化，科技创新机制的完善，正成为央企高质量发展的鲜明"主旋律"。

中国南方电网有限责任公司（以下简称"南方电网公司"）在系统化研究习近平总书记重要论述的基础上，遵循"历史与现实相统一、理论与实践相结合、国家与企业相承接"的原则，导入ISO 56000系列创新管理理念，在广州供电局试点构建中国式创新体系的新实践。广州供电局立足新发展阶段，全面贯彻新发展理念，适应内外部形势变化，锚定"管理现代化"的核心目标，通过深入调研和对标国际标准，践行新一轮国企深化改革，开展创新体系建设。以此为基础，本书将从剖析能源电力行业探索实践ISO 56000系列创新管理标准入手，总结广州供电局在创新体系建设中取得的成功经验，为尚未实施或将要实施ISO 56000系列创新管理标准的创新主体提供借鉴，助力其构建更加完整高效的创新链条，支撑企业创新体系全面升级。

全书分为初心篇、形势篇、理论篇、路径篇、实践篇、展望篇六部分。初心篇从央企视角出发，梳理央企在新时代背景下贯彻创新理念的使命担当。形势篇着眼于新时代新要求下能源央企深化改革要求，分析科技部、国务院国有资产监督管理委员会（以下简称"国务院国资委"）发布的《关于进一步推进中央企业创新发展的意见》等一系列重要创新政策，为能源央企的高质量发展指明方向。理论篇专注于国内外创新管理理论的发展与演变，阐述以创新管理国际标准为载体的系统化创新、企业典型创新模式及企业创新体系等方面，深入介绍其概念、方法和实践。路径篇聚焦于如何通过采用国际标准化组织（International Organization for Standardization，ISO）发布的标准来构建和优化企业的创新体系，以广州供电局为例，通过介绍理论基础、具体实施步骤和最佳实践，帮助企业管理者更好地理解和运用ISO 56000系列国际标准推动创新体系建设。实践篇围绕广州供电局创新实践，从科研组织、机制变革、创新平台体系构建、数智化建设、创新生态构建等多个方面，提炼出具体经验做法，为各类组织和机构开展体系化创新提供参考。展望篇描绘了广州供电局在新时代背景下的发展方向与行动规划，致力于打造具有央企特色的科技品牌，提升在全球科技竞争中的核心竞争力和影响力，为央企在科技创新、产业升级、体制改革等方面提供战略指导和实践路径。

中国企业在科技改革和创新体系建设之路上必然面临各种挑战，本书将随时代发展不断更新修订，欢迎广大读者持续关注并提出宝贵意见，为创新型国家建设贡献力量。

目　录

第三篇　理论篇

第四篇　路径篇

第五篇　实践篇

第六篇　展望篇

第一篇

初 心 篇

第一章 央企科技创新的使命担当

在新时代的国家发展战略中，央企作为国民经济的支柱和国家创新体系的重要组成部分，肩负着推动科技创新、引领产业升级的重要使命。本章旨在阐述央企科技创新的初心，并探讨其在国家创新驱动发展战略中的角色定位。通过分析，进一步探讨央企如何通过持续创新来履行其社会责任和历史使命。

一、央企是科技创新的主力军

央企是我国社会主义市场经济的重要实践者，也是科技创新的主力军。回顾历史，央企在国家重大科技项目和关键核心技术攻关中始终发挥着中流砥柱的作用。在新的历史时期，面对百年未有之大变局，央企更需要坚守科技创新的初心，勇担民族复兴的历史重任。通过持续的自主创新，突破关键核心技术，央企不仅要为国家战略需求提供解决方案，更要在全球科技竞争中彰显国家实力，维护国家安全和发展利益，在国家创新驱动发展战略中承担重要战略角色。

央企作为国家战略科技力量主力军，紧密围绕国家重大战略部署，聚焦"卡脖子"技术攻关，组织实施国家重大科技专项，在关键领域和前沿方向上不断取得突破性进展，为保障国家安全、促进经济社会发展提供技术支撑。

央企作为产业链的创新引领者，发挥龙头企业作用，带动上下游企业

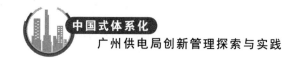

协同创新。通过加强基础应用研究，不断形成具有自主知识产权的原创性成果，持续提升产业链自主可控能力，增强产业国际竞争力。

央企作为绿色低碳发展的推进者，面对全球气候变化挑战，勇于承担绿色低碳发展重任，加大清洁能源、节能环保等领域的科技创新力度，推动传统产业绿色化改造，为实现碳达峰、碳中和目标贡献力量。

央企作为国际科技合作的重要主体，着眼全球科技前沿，积极参与全球创新网络，加强国际科技合作与交流，推动我国科技创新融入全球创新体系，瞄准打造具有国际影响力的创新型企业，逐步在全球产业链和价值链中占据有利地位。

央企作为科技成果转化的示范者，通过建立健全科技成果转化机制，加快科技创新成果向现实生产力转化；发挥示范引领作用，带动中小企业创新发展，促进区域创新能力提升，引领产业升级和经济高质量发展。

为更好地履行科技创新使命，央企将全方位持续努力，完成使命担当：着眼建立健全企业创新体系，优化创新资源配置，构建开放协同的创新网络；着眼增强创新能力，加大研发投入，培养创新人才，提升自主创新能力和原始创新能力；着眼深化体制机制改革，建立市场导向的技术创新机制，激发创新活力；着眼强化创新管理，建立科学的创新管理体系，提高创新效率和成果转化率；着眼构建创新生态，加强产学研用协同，推动跨界融合创新，营造良好的创新生态环境。

推动国家科技进步、引领产业发展、服务经济社会发展，是央企科技创新的初心和使命，也是央企的崇高追求。立足新的历史方位，央企将以更高的站位、更宽的视野、更大的担当，持续推进科技创新，为实现高水平科技自立自强、建设世界科技强国作出新的更大贡献。

二、新时代央企科技创新的使命重大

面对世界百年未有之大变局，纵观中华民族伟大复兴战略全局，以习近平同志为核心的党中央，着眼于以中国式现代化全面推进强国建设，实现中华民族复兴伟业，作出了发展新质生产力的重大战略决策。❶ 新质生产力从内涵上看，是以科技创新为主导、实现关键性和颠覆性技术突破所产生的生产力，具有以创新为核心、以产业为载体的特点；从关系上看，战略性新兴产业和未来产业是生成与发展新质生产力的主要阵地，形成新质生产力更有利于抢占战略性新兴产业的制高点和未来产业的新赛道。

立足新时代新方位，央企正从跨越式发展追赶者，逐步成为与国际先进企业同台竞争的并行者，在部分领域和行业，央企已经发力，成为领跑者。在关系国家安全和国民经济命脉的主要行业和关键领域，央企凭借自身主导支配地位和作用，具有融政治责任、经济责任、社会责任于一体的天然禀赋特征。在科技创新工作方面，央企作为中国特色社会主义的重要物质基础和政治基础，承担了与一般企业不同的创新使命，理应提高政治站位，统一思想认识，勇敢承担发展新质生产力的历史使命。

（一）加强基础研究和前沿研究

基础研究是整个科学体系的源头，是所有技术问题的根基。重视并做好基础研究，有助于永远保持自主创新能力，能够为构建新发展格局、推动科技现代化，提供源源不断的新动能。当前，基础研究孕育重大突破，国际科技竞争向基础前沿迁移，欧美国家纷纷加强对基础研究的布局，积极抢占世界科技制高点。在我国进入新发展阶段背景下，国家发展和安全对基础研究提出了更高要求。

在新型举国体制下，央企始终保持骨干支撑作用的角色不变，围绕破解卡点堵点，加强关键核心技术攻关；着眼产业链整体突破，压紧压实责任，加速关键环节突破；主动融入国家科技攻关体系，与高校、科研机构密切合作，面向产业需求共同凝练科技问题、联合开展科研攻关、协同培养科技人才；突出攻关成果应用推广，促进更多科技成果从样品变成产品、形成产业。未来，央企仍将围绕探索基础前沿，瞄准未来科技和产业发展

---

❶ 祝嫣然.加快培育新质生产力,央企未来产业布局方向明晰[J].第一财经日报,2024-03-10.

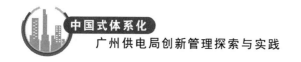

制高点，着力打造原创技术策源地；强化应用基础研究，加大投入力度，牵头组织实施基础研究和应用基础研究项目；切实发挥科研院所作用，加强关键技术攻关、共性技术研发和跨行业跨领域技术服务，适情组建行业研究院。

（二）坚持战略性新兴产业和传统产业两端发力

产业创新的主要载体是战略性新兴产业和未来产业，但传统产业同样不可忽视，更不能简单地将其视为落后产业而一关了之。在这一点上，央企在加快转变发展方式过程中，仍需在战略性新兴产业与传统产业两端发力，全力构建支撑高质量发展的现代化产业体系。一方面，央企应实施产业基础再造工程，大力推进传统产业数字化、智能化、绿色化改造，发展交通、建筑、矿山、能源、商贸等传统产业，持续推出"升级版"；另一方面，在新一代信息技术、人工智能、新能源、新材料、生物技术等领域加大投入，选择航空航天、轨道交通、海洋工程、智能装备、芯片等高端制造业，强化科技研发和产业布局。

（三）打造央企独特竞争优势

作为国民经济"顶梁柱"，央企肩负着经济、政治、社会三重责任，在积极落实重大投资、重大项目建设和稳住经济大盘方面发挥了"压舱石"作用；提升了企业的增加值、功能价值、经济增加值、战略性新兴产业收入和增加值占比，以及品牌价值五个方面的价值。

当前，新一轮科技革命和产业变革正在重塑全球经济结构，战略性新兴产业成为各国竞相角逐的新赛道。在深入实施央企改革深化提升行动，增强核心功能、提高核心竞争力的过程中，央企应当着眼于提高战略性新兴产业收入和增加值占比，加快产业升级、建设现代化产业体系；将品牌建设摆在突出位置，通过提升自身价值创造能力，不断提高企业品牌附加值和品牌引领力，打造独特的竞争优势。

（四）坚决加强党的领导

新时代党的建设是以党的政治建设为统领，党的各项建设同向发力、综合发力的系统工程，必须全面、系统、整体地把坚持党中央集中统一领导落实到位，持续完善党中央重大决策部署落实机制，确保国资国企改革政治正确。

坚持党的领导、加强党的建设，是央企的光荣传统，是央企的"根"和"魂"，也是中国特色现代国有企业制度的重要体现。把党的领导融入公司治理各环节，将党的领导与央企治理相结合，确保党组织在公司法人治理结构中的法定地位，能够确保央企发展的正确方向，保证央企的高效运行，切实做到在新时代的浪潮中稳健发展，在激烈的市场竞争中保持领先地位。只有不断优化和完善中国特色现代国有企业制度，才能为央企持续健康发展提供更加坚实的制度保障。同时，央企在技术突破和创新成果方面持续发力，也对新质生产力的培育与发展起到核心驱动作用。从国家级科技项目的深度参与，到世界级技术纪录的不断刷新，央企在传统领域持续深耕，展现了作为行业排头兵的责任与担当。从技术突破到新质生产力的跨越，央企不仅是见证者，更是实践者与引领者，为中国经济的高质量发展铺设着坚实的基石。

第二篇

形 势 篇

Appraisal Certificate for Innovation & Intellectual Property Management Capability
(Based on ISO 56005)

This is to certify that

Guangzhou Power Supply Bureau,Guangdong Power Grid Co.,Ltd.

(Location: No.2 of Tianhenan 2nd Rd, Guangzhou, P.R.China)

has been assessed and found to be in accordance with

Level 3

requirements of ISO 56005: 2020 and Appraisal Indicators for Innovation and Intellectual Property Management Capability

Scope of Appraisal: Intellectual property management in the innovation process of power sector.

Date of Issue: 2024-02-05

Date of Expiry: 2027-02-04

Certificate Inquiry Platform: https://grading.imspp.org.cn

Appraised By: ZHONGGUI (BEIJING) CERTIFICATION CO., LTD.

(Seal)

第二章　党和国家对央企科技创新的要求

回顾过去七十余年的发展，新中国的科技创新政策经历了从无到有、由点及面、从单一主体向多主体、从松散到系统的多方位变化，逐步形成了多元化、多层次、多主体的科技创新政策体系。这一政策体系的实施，为中国科技事业的实践提供了强有力的指导与支持，极大提升了科技与经济的紧密结合程度。中国科技政策展现出从单项政策向"组合拳"式政策推进、由政府主导转向政府与市场统筹发力、从引进模仿向自主创新跨越的鲜明演变特征。

央企作为企业创新的国家队，党和国家对其提出了一系列明确要求，强调央企应始终坚持"四个面向"，充分发挥新型举国体制的优势，加强基础性、紧迫性和前沿性研究，勇担关键核心技术攻关的重任。同时，央企还需聚焦发展实体经济，坚持战略性新兴产业和传统产业两端发力，助力形成自主可控、安全可靠、竞争力强的现代化产业体系。

立足于改革的新起点和新方位，央企要不断提升功能价值，塑造独特的竞争优势，加快建设现代新国企、努力打造更多世界一流企业。此外，必须将加强党的领导和党的建设贯穿于国有企业改革发展的各个方面和全过程，为企业的改革发展提供坚强的政治保证。

一、深化科技体制改革

全面深化科技体制改革是发展新质生产力、建设科技强国的战略要求。

党的二十届三中全会通过的《中共中央关于进一步全面深化改革 推进中国式现代化的决定》提出"深化科技体制改革",并对其作出全面部署。2024年6月,习近平总书记在全国科技大会、国家科学技术奖励大会和两院院士大会上强调,坚持以深化改革激发创新活力,坚决破除束缚科技创新的思想观念和体制机制障碍,切实把制度优势转化为科技竞争优势。这为新时期我国国有电力企业全面深化科技体制机制改革、打造世界一流科技型企业、激发创新创造活力指明了方向。

改革开放以来,我国推动了多轮科技体制改革,从1985年开始,大约每十年一个阶段。1981年,国家科委提交了《关于我国科学技术发展方针的汇报提纲》,提出了科学技术发展方针,首要任务为"科学技术与经济、社会应当协调发展,并把促进经济发展作为首要任务"。随着国家确立社会主义市场经济的发展方向,1995年,中共中央、国务院作出《关于加速科学技术进步的决定》,实施科教兴国战略,开启了新一轮科技体制改革。2005年,《国家中长期科学和技术发展规划纲要(2006—2020)》的发布标志着第三轮科技体制改革的起步。强调加强国家创新体系建设、加速科技成果产业化。建设以企业为主体、以市场为导向、产学研结合的技术创新体系成为促进科技与经济结合的突破口。

党的十八大提出实施创新驱动发展战略,开启了建设科技强国新征程。2015年,中共中央办公厅、国务院办公厅印发《深化科技体制改革实施方案》,提出全面深化科技体制改革,推进科技治理体系和治理能力现代化,为实现发展驱动力的根本转换奠定体制基础。作为中央关于经济体制领域"四梁八柱"性质的综合性法案之一,该方案提出了143项任务。2015年国务院印发《关于深化中央财政科技计划(专项、基金等)管理改革的方案》,重新构建了我国科技计划体系,重点优化了重点研发计划和科技重大专项的组织管理方式,以实现创新链与产业链的贯通。2021年年底,中央全面深化改革委员会审议通过《科技体制改革三年攻坚方案(2021—2023年)》,围绕推动形成科技、产业、金融良性循环,加速推进科技成果转化应用等难点问题进一步深化改革。

二、推动创新平台建设

《中华人民共和国国民经济和社会发展第十四个五年规划和 2035 年远景目标纲要》明确指出："聚焦量子信息、光子与微纳电子、网络通信、人工智能、生物医药、现代能源系统等重大创新领域，重组国家重点实验室，形成结构合理、运行高效的实验室体系"，"建设重大科技创新平台"。科技创新平台作为前沿支撑力量，需要肩负起推进体制机制创新的任务，以此推动重大战略技术突破与成果转化。体制机制创新需要充分发挥灵活、精准的特点。一方面，科技创新平台建设要以政府各项科技政策为指导，坚持科技创新在科技创新平台高质量发展中的核心地位，围绕需求、体系、投入、核心培育、人才、成果转化、评价激励、创融结合、数字化、文化等方面制定全维多域制度体系，全面引导科技创新。另一方面，需突破传统创新机制，加快实施和完善揭榜挂帅、高度科研自治、职务成果共享等新型创新机制，加速科技成果生成周期，营造推动产业高质量发展的基础环境。

加快建设科技强国，实现高水平科技自立自强，需发挥央企在创新中的引领作用，以强化国家战略科技力量为核心，建设世界一流企业，建立世界一流创新平台。央企国家级研发平台在引进人才、提高基础研究能力和自主创新能力、加强关键核心技术攻关等方面发挥了积极作用，取得了一批重要科技成果和专利，获得多项国家科技奖励，逐渐成为提高企业自主创新能力、优化科技资源配置、完善企业技术创新体系的重要载体。

2023 年 6 月，中共中央办公厅、国务院办公厅印发《国有企业改革深化提升行动方案（2023—2025 年)》，强调提高国有企业核心竞争力和增强核心功能，积极服务国家重大战略，切实发挥国有企业在建设现代化产业体系、构建新发展格局中的科技创新、产业控制和安全支撑作用。这对国资监管效能提出了更高要求，既要着眼个性，提高差异化、个性化、精准化的监管水平，又要注重全局，增强系统性、整体性、协同性的监管效果。新时代十年来，央企在"量"不断壮大的同时，实现"效"的持续提升和

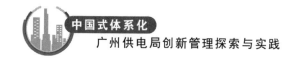

"质"的稳步改善，资产规模、利润水平进一步夯实，全员劳动生产率和研发经费投入稳步提升，创新平台加快建设，人才队伍不断壮大，一批重大科技成果和工程项目惊艳亮相，企业战略性重组和专业化整合取得重大进展。

三、加大创新资金投入

为了增强央企的自主创新能力，国家发布了一系列加大资金投入的支持政策。2018年，科技部、国资委印发《关于进一步推进央企创新发展的意见》，明确了多项措施，包括政策引导、机制创新、研发投入、项目实施、平台建设、人才培育、科技金融和国际合作等，旨在加强央企的科技创新能力，发挥央企在国家安全、国民经济和社会发展中的基础性、引导性和骨干性作用，培育具有全球竞争力的世界一流创新型企业。2024年，《中共中央关于进一步全面深化改革 推进中国式现代化的决定》中指出：构建同科技创新相适应的科技金融体制，加强对国家重大科技任务和科技型中小企业的金融支持，完善长期资本投早、投小、投长期、投硬科技的支持政策。

这些政策的实施对国有企业的技术创新和产业化具有重要意义。通过规范资金管理、加大对自主创新的支持，国有企业能够更好地推进重大技术创新和成果产业化，提升自主创新能力和核心竞争力。同时，通过引导创新政策、创新机制和创新投入，国有企业能够加强科技创新能力的培养，建设创新平台，推动科技成果的转化应用，为实现世界一流创新型企业目标奠定基础。这些政策的综合实施为国有企业创新发展提供了强有力的支持和保障。

国务院国资委持续优化考核指标，鼓励企业加大研发投入，在考核企业利润时，将研发投入视同利润加回，激励企业强化对科技创新的投入。为了贯彻创新、协调、绿色、开放、共享的新发展理念，国务院国资委2019年提出在保留净利润、利润总额、资产负债率三个指标基础上，自2020年起对央企经营业绩考核新增营业收入利润率和研发经费投入强度指标（简称研发强度），形成"两利三率"指标体系。2021 年又增加了"全员劳动生产率"，形成年度考核"两利四率"指标体系。2021 年 2 月 4 日，财政部发布《关于调整国有企业经济效益月报相关指标的通知》，新增"资本化利息支出""固定资产投资额""研发（R&D）经费投入"三项指标，形成对研发投入的绝对指标和相对指标双重考核。国务院国资委相关负责人表示，力争到 2022 年央企重点企业平均研发经费投入强度达到 5%。可见，研发投入及其强度指标将成为央企今后重点关注的重要指标。2022 年、2023 年央企连续两年研发投入超万亿元；2024 年，国有资本金用于支持科技创新的比例达到 83%。近年来，央企不断增加投入支持科技创新，加快形成新质生产力，同时在发展战略性新兴产业上下功夫、花力气，并取得了良好成绩。

四、落实企业创新责任

央企以增强核心功能、提高核心竞争力为出发点和落脚点，全面提升自身价值创造能力。一是聚焦经济价值，做好"压舱石"。作为中国特色社会主义的重要物质基础和政治基础，央企应将"提质"与"保量"有机统一，进一步改进发展方式，下大力气增强经营创效能力，提高资源配置效率和国有资本回报水平，努力对国民经济增长作出更大贡献。二是聚焦战略价值，担当"顶梁柱"。央企大多处在关系国家安全和国民经济命脉的重要行业和关键领域，发挥着支撑托底的作用。央企应主动融入国家战略，在断点堵点和市场失灵领域发力，保障我国产业链供应链安全稳定，加快推动传统产业强基转型，打造战略性新兴产业，开辟未来产业新赛道，在构建现代化产业体系中发挥引领作用。三是聚焦社会价值当好"排头兵"。国有企业是社会主义公有制的重要实现形式，履行社会责任是央企与生俱来的使命。央企应做到"心中有数""手中有账"，在重大投资、民生保障、扶贫脱贫、抢险救灾等方面发挥更大作用，更好满足人民对美好生活的需要。

为推动央企在新时代以更高标准履行社会责任，全面贯彻落实一系列新思想新理念，加快建设世界一流企业、实现高质量发展，国务院国资委制定并印发了《关于新时代央企高标准履行社会责任的指导意见》（以下简称《指导意见》），对新时代央企社会责任工作进行了部署。这是继 2008 年、2016 年后，国务院国资委促进央企履行社会责任的又一里程碑文件，也是国务院国资委社会责任局 2022 年成立以来出台的纲领性文件。

目前，央企在社会责任管理和实践方面，无论在"质"还是"量"上都实现了大幅跃升，积累了丰富的实践经验，整体水平已达到国内领先，有些方面在国际上处于前列。面对新时代、新使命和新任务，央企履行社会责任需要"跳起摸高"，再上新台阶，继续在各类市场主体中走在前、做表率。在此背景下，国务院国资委印发的《指导意见》以"新时代""高标准"为总体原则，重点从目标要求、履责内容、推进机制等方面，对新时代央企社会责任工作作出安排。

五、强化科技人才培养

近年来，央企在科技创新方面受到了越来越多的关注和支持。为了提升企业的创新能力和发展水平，政府相继发布了一系列重要的科技创新政策。2021 年，国家能源局和科学技术部发布《"十四五"能源领域科技创新规划》，明确了创新能源技术人才培养模式，遵循能源产业发展规律，依托重大能源工程和创新平台，加速技术研发、技术管理和成果转化等方面的中青年骨干人才培养，培育一批引领能源技术前沿、支撑能源工程建设的技术带头人，以及一批懂科技、精管理的复合型人才。在能源关键技术领域，支持能源企业引进储备高层次技术人才，促进优秀人才在研发机构和能源高新企业双向流动。

2022 年，中共中央办公厅、国务院办公厅印发《关于加强新时代高技能人才队伍建设的意见》，引导企业建立健全基于岗位价值、能力素质和业绩贡献的技能人才薪酬分配制度，实现多劳者多得、技高者多得，促进人力资源的优化配置。同时，国有企业要结合实际，将高技能人才培养规划的制定和实施情况纳入考核评价体系，并鼓励企业参与职业教育培训，为培养高技能人才提供支持。

2023 年，一系列科技人才政策出台：中共中央办公厅、国务院办公厅印发了《浦东新区综合改革试点实施方案（2023—2027 年)》，其中提出，赋予浦东新区为符合条件的外籍人才审核发放外国高端人才确认函权限。工业和信息化部、国家发展改革委印发了《制造业中试创新发展实施意见》，强调：坚持引培并举，深化产教融合，支持产学研合作，培养懂产品、懂制造、懂试验、懂设备、懂安全的复合型人才队伍和擅长解决复杂工程问题的卓越工程师，健全中试专业人才体系。支持具备条件的高校设置中试相关学科专业，建设中试实训基地、专家工作站等平台。完善中试人才的评价、保障和激励机制。工业和信息化部等七部门发布了《关于推动未来产业创新发展的实施意见》，强调大力培育未来产业领军企业家和科学家，优化鼓励原创、宽容失败的创新创业环境。激发科研人员创新活力，建设一批未来技术学院，探索复合型创新人才的培养模式。中国共产党第二十届中央委员会第三次全体会议上通过的《中共中央关于进一步全面深化改革 推进中国式现代化的决定》强调：要深化人才发展体制机制改革。❶实施更加积极、更加开放、更加有效的人才政策，完善人才自主培养机制，加快建设国家高水平人才高地和吸引集聚人才平台。加快建设国家战略人才力量，着力培养造就战略科学家、一流科技领军人才和创新团队，着力培养造就卓越工程师、大国工匠、高技能人才，提高各类人才素质。建设一流的产业技术工人队伍。

六、加强知识产权工作

为贯彻落实党中央、国务院的要求，加强央企的知识产权工作和科技创新能力，国务院国资委发布了多个指导意见。2015 年发布的《中共中央 国务院关于深化国有企业改革的指导意见》，要求国有企业加强自主创新能

---

❶ 中共中央关于进一步全面深化改革 推进中国式现代化的决定[EB/OL].（2024-07-21)[2024-07-22]. https://www.gov.cn/zhengce/202407/content_6963770.htm.

力的培养，推动科技创新成果向实际生产力转化。这些政策的出台旨在加强央企的知识产权保护和科技创新能力，推动企业与外部合作和资源整合。通过加强知识产权工作和科技创新，央企能够保护自身的创新成果和核心技术，增强自主创新能力和核心竞争力，实现可持续发展。这些政策的实施对于企业的发展具有重要意义，能够促进企业与外部合作伙伴的合作与资源整合，推动创新发展的良性循环。

2020 年国务院国资委、国家知识产权局印发《关于推进央企知识产权工作高质量发展的指导意见》，进一步完善了央企的知识产权工作体系，推动央企在知识产权领域取得更大的成果，为增强自主创新能力和培育全球竞争力提供支撑。2023 年 7 月，国务院知识产权战略实施工作部际联席会议办公室发布《2023 年知识产权强国建设纲要和"十四五"规划实施推进计划》，明确了七方面 139 项重点任务和工作措施。在"改革完善知识产权重大政策"中提出，完善央企科技创新考核奖励方案。在"完善知识产权市场运行机制"中提到，开展《创新管理知识产权管理指南》国际标准实施试点，发布实施《企业知识产权合规管理体系要求》国家标准。2024 年 7 月，国家知识产权局等九部门联合发布《关于推进重点产业知识产权强链增效的若干措施》，提出围绕重点产业深入开展知识产权强链增效工作，以推动传统产业升级、新兴产业壮大、未来产业培育为重点，大力推进知识产权高效转化和协同运用，着力强化知识产权战略布局和风险防控，积极推动专利链与创新链产业链深度融合。

第三章　电力央企创新管理转型之路

当前，世界正经历百年未有之大变局，新一轮科技革命和产业变革深入发展。科技创新的滞后将导致"卡脖子"难题，进而使高质量发展无从谈起。央企是科技创新的国家队，必须集中力量突破关键核心技术问题，打造原创技术的策源地，牢牢掌握发展的主动权。

在此背景下，电力央企应致力于走中国式现代化电力发展之路，推动能源电力高质量发展，发展能源新质生产力，通过科技创新，不断提升能源利用效率，为实现"双碳"目标发挥重要作用。

一、电力央企改革创新历程

中央电力企业在我国电力体制改革中发挥了关键作用，不仅推动了行业的市场化、规模化和技术进步，增强了企业的市场竞争力，也为中国电力供应的稳定和增长提供了保障，在服务社会、满足国民经济发展需求方面作出了卓越贡献。其改革发展历程可以概括为以下几个阶段。

（一）改革初期的诞生

自 2000 年以来，随着工业化快速发展、城镇化加快推进、居民消费升级、加入世界贸易组织（WTO）等因素的推动，电力需求迅速增长，电力工业面临巨大挑战。

2002 年，国务院发布《电力体制改革方案》，正式开启了我国电力工业

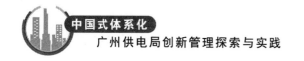

市场化改革的序幕，推动了发电、输电、配电和销售环节的分离，促进了中央电力企业的诞生和发展。

（二）市场中的发展

在市场化改革中，电力央企实现了跨越式发展，在技术创新和环境保护方面取得了重要成就，装机容量、资产总额和营业收入显著增长。

"十一五"期间，中央电力企业积极响应国家节能减排政策，通过采用先进的脱硫技术，有效减少了污染物排放，为改善环境质量和促进绿色发展作出了积极贡献。2010年年底，中央电力企业在二氧化硫减排方面取得了显著成效，脱硫机组占煤电机组的比例超过94%，高于全国86%的平均水平，有效推动了环保和技术创新。2011年年底，中央电力企业的装机容量超过了5.5亿千瓦，是2002年装机容量的4.5倍，增长显著。这一成就不仅体现了中央电力企业在市场中的竞争力，也反映出其在服务国民经济和社会发展中的重要贡献。

2011年，国家能源局发布《国家能源科技"十二五"规划（2011—2015)》，提出了"重大技术研究、重大技术装备、重大示范工程、技术创新平台"四位一体的科技创新体系，以加快转变能源发展方式，利用科技潜力解决能源和资源约束，显著提高我国能源科技创新水平。该"十二五"规划的实施，不仅促进了能源技术的创新和应用，还加强了自主创新研发平台的建设，多个国家能源研发中心（重点实验室）相继成立，基本覆盖了主要能源技术领域。此外，加快构建能源行业标准化管理体系，发布了多项具有自主知识产权的行业标准，增强了我国在能源标准化领域的国际话语权，推动了能源科技自主创新体系的进展。

（三）服务中的创新

电力体制改革后，中央电力企业积极响应国家政策，通过增加对电力基础设施的投资，实现了发电装机容量的快速增长，有效缓解了自2002年下半年开始的三年多的电力紧缺局面，为我国国民经济的高速发展提供了坚实的电力保障。中央电力企业在坚持科技创新和应用先进技术方面发挥了重要作用，有效带动了其他相关领域的技术进步和产业升级。

改革开放以来，我国电力系统规模不断扩大、结构不断优化、效率持续提升，体制改革和科技创新不断取得突破，为中华民族伟大复兴提供了强劲动力。

特别是党的十八大以来，电力行业深入贯彻中共中央、国务院关于推进能源革命的战略部署，持续加快高质量发展和低碳转型升级，为社会经济快速发展和人民对美好生活的用电需求提供了坚实保障。

2021年3月15日，习近平总书记在中央财经委员会第九次会议上提出构建以新能源为主体的新型电力系统，为新时代能源电力发展指明了科学方向，也为全球电力可持续发展提供了中国方案。这一指示强调推动平台经济规范健康持续发展，把碳达峰碳中和纳入生态文明建设整体布局，明确了实现2030年前碳达峰、2060年前碳中和的目标。

新型电力系统的建设，是实现"双碳"目标的关键载体，对于保障国家能源安全、促进能源转型和绿色发展具有重要意义。国家发展改革委、国家能源局、国家数据局印发的《加快构建新型电力系统行动方案(2024—2027年)》进一步明确了新型电力系统建设的目标、路径和重点任务，标志着新型电力系统建设进入全面启动和加速推进的重要阶段。

科技创新正成为推动产业创新的关键支撑，电力央企在加快形成新质生产力、增强发展新动能中发挥了引领作用。例如，南方电网公司等中央电力企业在科技创新方面取得显著成就，攻克了关键核心技术，牢牢掌握科技创新自主权，为推动高质量发展提供了动力。

二、机制体制创新加速

国家能源局发布的《国家能源科技"十二五"规划（2011—2015)》明确了科技创新在能源发展中的重要地位，推动了能源行业的科技进步和结构优化。《"十四五"现代能源体系规划》明确了能源央企在构建现代能源体系方面的任务和方向。国家发展改革委、国家能源局等部门联合发布的《加快构建新型电力系统行动方案（2024—2027年)》，明确了新型电力系

统的建设目标和任务，强调电力系统稳定保障、大规模新能源外送、智慧化调度体系建设等多方面的行动，标志着电力系统将向更加智慧化、高效化的方向发展。

国家能源局组织发布的《新型电力系统发展蓝皮书》中强调了加强顶层设计，发挥制度优势，处理好发展与减排、整体与局部、短期与中长期的关系，以及转型各阶段不同能源品种之间的互补、协调与替代关系。能源央企在机制体制创新方面积极探索和实践，通过改革点燃创新引擎，赋能企业高质量发展。

作为国内能源电力行业的代表性企业，南方电网公司实施科技体制改革三年攻坚方案，部署六大行动，共 30 项改革任务和 109 项改革举措，旨在破除体制机制障碍，全面提升科技核心竞争力。例如，大力选拔青年科技人才担任重要岗位，通过完善选拔机制、扩宽人才发展空间，构建了"三类三级"人才发展梯队，全面发现、培养和选拔优秀人才；通过创新人才使用机制，探索重大科技项目立项"揭榜挂帅""赛马"等制度，实现了创新不问出身、选拔不论资历、发展不设门槛，让有真才实学的优秀人才有用武之地。通过机制体制创新，南方电网公司构建了高效协同的科技创新管理体系，提升了核心技术水平和市场竞争力，为整个能源行业的技术进步和产业升级提供了强大动力。

三、科技创新驱动转型

当前，能源转型快速发展，我国在能源电力供应链和产业链的基础环节和核心装备自主安全方面仍存在短板。同时，新型电力系统"两高一低"（高比例可再生能源、高比例电力电子装备、低惯性）的特性也给电力系统的安全稳定运行带来了挑战。为了实现"双碳"目标，需要加快节能增效、低碳替代等成熟技术的推广应用，并为富碳脱碳技术做好探索研发和示范准备。

作为我国能源行业的重要支柱，能源央企在科技创新驱动转型方面发挥着关键作用。根据国家发展改革委、国家能源局发布的《关于完善能源

第三章　电力央企创新管理转型之路

绿色低碳转型体制机制和政策措施的意见》，我国将坚持系统观念、统筹推进，加强顶层设计，处理好发展和减排、整体和局部、短期和中长期的关系，推动煤炭与新能源优化组合，统筹推进全国及各地区能源绿色低碳转型。此外，《关于加快推进能源数字化智能化发展的若干意见》中提出，要加快推动产业结构、能源结构的调整优化，推动数字技术与能源产业结合，形成数字化生产力和数字经济，构建清洁低碳、安全高效的能源体系，为碳达峰碳中和提供支撑。

能源央企在科技创新驱动转型方面取得的显著成果，主要得益于国家政策的引导和扶持、市场需求的变化以及企业自身的发展策略。

首先，国家政策在能源央企科技创新中发挥了重要作用。"十四五"期间，我国提出了构建新型电力系统和新型能源体系的目标，以推动能源绿色低碳转型。《"十四五"现代能源体系规划》强调了构建现代能源体系的重要性。国务院国资委强调央企要发挥在能源保供中的主力军作用，并深入学习贯彻习近平总书记关于保障能源安全的重要指示精神。国家能源局在《"十四五"能源领域科技创新规划》中提出建立监测机制，确保能源领域科技创新任务的顺利实施，推动科技与金融紧密结合，实现规划、任务、项目、资源、政策的一体化融通衔接。

其次，市场需求的变化驱动能源央企不断进行科技创新。随着全球气候变化问题日益严重，可持续发展成为世界各国共同关注的焦点。能源央企积极响应市场需求，通过科技创新不断提升能源利用效率，降低碳排放，为实现碳中和目标发挥重要作用。

最后，企业自身的发展策略和经营管理水平的提升也极大促进了科技创新。能源央企通过优化管理机制、加强研发投入、推动科技成果转化等措施，加快了创新驱动发展。南方电网公司率先响应，制定了一系列战略管理规划，以高质量发展为主线，以提升自主创新能力为根本，以促进科技成果转化为重点，通过对标国际标准，以实践经验为基础，运用体系化方法，构建创新管理体系框架，体现了创新管理环境、战略纲要、高质量发展等对创新管理的影响和要求，内容包括创新策划、创新实施、绩效评价、创新改进、创新支持五大管理单元，以及创新目标、创新战略、创新

行动管理、能力建设等 71 项管理要素，有效巩固和增强知识产权创造、运用和管理能力，为新发展阶段下公司创新管理体系建设与科技体制改革提供科学指导，助力建设成为国家可依赖的战略型科技力量。

四、强化知识产权战略

知识产权工作是国家创新战略深化发展的有力抓手，同时也为电力企业发展提供了方向和战略指引。通过遵循政策指引，电力企业能够更好地适应和应对数字化时代的挑战与机遇。《知识产权强国建设纲要（2021—2035 年)》明确要全面提升知识产权创造、运用、保护、管理和服务水平，推动电力企业创新管理的规范化和科学化，营造良好的创新环境，为电力企业的创新活动提供更好的保障。在"科改示范行动"中，明确高质量发展的要求，进一步推动深化市场化改革，强化电力企业的科技创新和产业升级，完善科技成果转化和科技创新成果应用的过程。《"十四五"国家知识产权保护和运用规划》明确要求创新主体加强知识产权管理标准化体系建设，推动实施创新过程知识产权管理国际标准，指导电力企业树立创新驱动知识产权管理战略，确保自主知识产权维护水平的提升，最终提升企业的国际竞争力和产品创新能力等。

南方电网公司聚焦践行知识产权强国战略，将知识产权工作视为科技创新的重要引擎，认真做好新型电力系统知识产权布局规划和顶层设计，持续完善知识产权管理体系，努力提升知识产权的创造、保护和运用能力，在电力相关领域取得了一系列具有自主知识产权、引领世界电网技术发展的重大成果。

创新驱动发展战略能够更有效地帮助电力企业认识知识产权管理，在技术日新月异的浪潮中推陈出新，积极利用大数据、云平台、物联网等前沿技术，提升知识产权创新管理能力，不断满足现代化发展的需求，充分利用创新驱动的机遇，确保自主知识产权维护水平的提升，最终增强企业的国际竞争力和产品创新能力。未来，中国电力行业将在国家创新战略的指引下，继续加强创新管理，提高管理效能与决策能力，积极推进知识产权高质量创造、高标准保护和高效益运用，协力营造知识产权保护氛围，携手共创知识产权合作生态，推动电力行业的创新与可持续发展。

五、企业创新体系建设

党的二十大报告强调："积极稳妥推进碳达峰碳中和"，"深入推进能源革命"，"加快规划建设新型能源体系"。这为新时代我国能源电力高质量跃升式发展指明了前进方向，为新时代能源电力发展提供了根本遵循。国资央企在科技创新和产业创新方面取得积极成效，通过政策供给支持新领域新赛道的发展，并提出打造"创新高地""产业高地"和"改革高地"。

《新型电力系统发展蓝皮书》提到，为完整、准确、全面贯彻落实党中央决策部署，积极践行"双碳"战略，推动构建新型能源体系，电力系统必须立足新发展阶段，贯彻新发展理念，重点在功能定位、供给结构、系统形态、运行机理和调控体系等领域顺应发展形势，响应变革要求，主动实现"四个转变"：一是电力系统功能定位由服务经济社会发展向保障经济社会发展和引领产业升级转变；二是电力供给结构以化石能源发电为主体向新能源提供可靠电力支撑转变；三是系统形态由"源网荷"三要素向"源网荷储"四要素转变，电网多种新型技术形态并存；四是电力系统调控运行模式由"源随荷动"向"源网荷储"多元智能互动转变。

在新时代背景下，电力央企积极响应国家创新驱动发展战略，通过技术创新、管理创新和协同创新等多维度创新实践，推动企业高质量发展。

（一）技术创新

电力央企在技术创新方面涵盖特高压输电、智能电网、新能源并网、数字化转型等多个领域，输电技术创新能力大幅度提升，数字化智能化转型成效显著。

我国连续攻克特高压输电、柔性直流输电和大电网安全等关键核心技术，全面掌握了具有自主知识产权的特高压交直流输电核心技术，构建了完善的特高压试验和研究体系，并率先建立了完整的特高压技术标准体系，

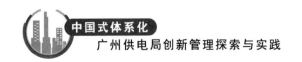

突破了柔性直流高压大容量发展的技术瓶颈，推动了关键技术的发展和广泛应用，成功将技术带入欧洲市场。

智能电网技术基于先进的通信、控制和信息技术，通过对电力系统的监测、优化和管理，提高了电网的可靠性和安全性；自主创新研发的特大电网智能调度控制系统，构建运营了世界上运行电压等级最高、规模最大、技术水平最高的交直流混联特大电网，为电力系统安全稳定技术支撑体系提供了宝贵的技术手段与实践经验。

新能源并网技术的创新是推动能源转型和实现"双碳"目标的关键，在促进新能源发展和消纳方面发挥着关键作用。国家出台多项政策，鼓励新能源并网技术的创新和发展，包括优化新能源项目接网流程、提升服务水平，以及加强新能源产业链、供应链的安全性与提升国际化水平。例如，中国电力科学研究院聚焦新能源并网与调度运行技术，取得了数值天气预报系统、新能源监测与调度系统、新能源安全稳定控制系统等创新成果。

电力央企通过数字化转型，采用人工智能、自动化、混合云等数字技术，借助数据推动智能化工作流程，能够更迅速、更智慧地作出决策，实时响应市场前沿技术。数字技术与传统电力系统技术的深度交叉融合，提高了电网优化配置资源能力、多元负荷承载能力与安全供电能力，数字化转型将以客户推动、数字优先的方法，成功应用于企业的业务模式、客户体验及流程运营等。以南方电网公司为例，在企业层面，积极打造数字电网关键载体，探索以"两化协同"（数字化、绿色化协同）促进"两型建设"（新型能源体系和新型电力系统建设），成为企业整体创新发展方向的重要依据。

（二）管理创新

在科技创新管理方面，电力央企形成了独具特色的管理模式，将科技创新作为企业战略的核心部分，确保科技创新与国家能源战略和企业长远发展紧密结合，通过管理创新实现迭代升级。

在创新体系建设方面，中国电力企业联合会等机构制定了《电力行业创新型企业评价标准》（T/CEC 721—2022），为电力行业创新型企业的建设提供了评价准则和指导。电力央企落实科技体制改革，构建体系化创新管理模式，从传统的经验管理向现代管理转型：引入 ISO 56000 创新管理系列国际标准，加强创新管理顶层设计，积极开展体系构建、试点总结、推广应用和成熟完善，打造完整规范、运行高效、国际接轨的公司创新管理体系；构建科技成果培育和转化贡献度量化确权模型，探索所有权、处置权、使用权"三权分离"，赋权科技人员，激励成果转化；构建多维度的科研要素指标体系和评价模型，形成以创新价值、创新贡献和创新绩效为导向的分类评价体系。

在科研投入与人才队伍建设方面，电力央企加大科研投入力度，优化研发投入体系，建立了稳定支持与有序竞争相结合的经费投入机制，对长线研究和基础前瞻研究团队给予长期、持续、稳定的资金支持。建设分层分级的高层次创新人才梯队，加大专家选聘力度，建立健全以创新价值、能力、贡献为核心的选聘标准；增强科技创新部门在专家选聘中的话语权、主导权，精准遴选、壮大战略科学家、科技领军人才和青年科技人才队伍；设立高层次人才支持计划，依托高水平研发平台与重大科技项目，建立"一对一"全链条发展体系，大力培养使用高层次人才；精准实施高层次人才引进计划，靶向引进全球顶尖科技人才，健全柔性引才和交流机制，吸引集聚高校、科研院所优秀人才合作创新。

在科技创新成果与应用方面，电力央企在专利申请和标准制定方面取得显著成果，积极参与国际和国内标准的制定，推动企业创新成果向国际标准转化，提升电力行业的标准话语权。通过建立科技成果孵化转化平台等举措，促进科技成果的产业化应用，实现科技成果向现实生产力的转化，并通过建设电力新能源产业知识产权运营平台，为上中下游企业提供服务，吸引更多企业参与新型电力系统建设。

与此同时，电力央企充分利用大数据、人工智能等先进技术，提升科技创新管理的智能化水平，优化决策过程，有效推动了电力行业的高质量发展。

（三）协同创新

电力央企加快构建龙头企业牵头、高校院所支撑、各创新主体相互协

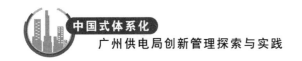

同的创新联合体，与合作伙伴共同研发、共同开展工程示范，建立了高效的科研管理流程和创新体系，形成了以企业为主体、市场为导向、产学研用相结合的开放式创新体系，实现资源共享和协同创新，推动科技成果转化落地。

电力央企推动创新开放合作，构建良好创新生态。一是构建面向重大战略的产学研创新生态。以国家级和省部级科技项目为牵引，加强与高校、科研机构和企业在应用基础与战略研究方面的合作，争取获得前沿技术和颠覆性技术的重大原创性突破。南方电网公司与清华大学等14家高校、科研院所签订合作协议，践行企业创新主体地位，深度参与粤港澳大湾区国际科技创新中心建设，吸引高层次科技人才和高新技术企业，助力企业创新创效。二是加强高水平国际科技合作。积极融入全球科技创新网络，探索符合新形势新要求的国际合作新路径。通过战略研发合作、技术交叉许可、投资并购重组等方式，提高全球创新资源配置能力。与全球科技领先企业和科研机构建立伙伴关系，开展高层次国际学术交流活动。三是推动央企创新联合体和现代产业链链长"开新、扩围、提质"，最大化释放协同创新效能。❶

❶ 李锐.电力央企科技创新的思考与实践[J].中国电力企业管理,2024(12):18-20.

第三篇

理 论 篇

第四章　企业创新体系的
发展与演变

　　美籍奥地利经济学家约瑟夫·熊彼特（Joseph Schumpeter）于 1912 年在《经济发展理论》中首次提出"创新理论"，着眼于经济发展的动力和机制，突出了创新在塑造经济和社会发展中的角色。❶ 最初，创新理论研究主要集中在企业内部的技术创新上，随着创新活动的扩展，相关研究逐渐延伸到不同产业、领域及创新系统的构建。随后，区域经济增长、国家竞争力、国家政策等研究也逐步涉及创新理论。❷ 经过一百多年的发展，创新理论日臻成熟，逐渐形成一个复杂的体系，包括创新经济理论、创新管理理论、技术创新理论、知识创新理论、组织创新理论、制度创新理论、企业创新理论、产业创新理论和区域创新理论等。这一理论体系还延伸至政治、思想、文化、社会等多个领域，展现出明显的跨学科、跨领域、多层次的特点。❸

　　当前，世界面临百年未有之大变局，局部冲突和动荡频发，全球性问题加剧，外部打压与遏制不断升级，我国发展进入了战略机遇和风险挑战

　　❶ 熊彼特.经济发展理论[M].何畏,译.北京:商务印书馆,2000:1.

　　❷ 张璐,赵爽.国际视阈下创新理论研究脉络与热点分析——基于 Wos 的 SSCI/SCI 数据源[J].科技进步与对策,2019,36(7):154.

　　❸ 李政.创新与经济发展:理论研究进展及趋势展望[J].经济评论,2022,237(5):35-37.

并存、不确定因素增多的时期。❶ 在这一新形势下，科技是国家强盛之基，创新是民族进步之魂。科技创新已成为提高社会生产力和综合国力的重要支撑，创新驱动发展已成为大势所趋。实施创新驱动发展战略的根本在于增强自主创新能力，而最紧迫的是要破除体制机制障碍。

当传统的创新理论无法完全满足社会资源有效整合及创新能力高效提升的要求时，呼应时代需求的以创新管理国际标准为载体的系统化创新理论应运而生。系统化创新理论是一种综合性的创新理念，旨在指导技术、管理和商业等创新活动。它是系统思维和科学方法的集合。❷ 该理论强调，创新不再只是产品或技术的独立发展，而应被视为一个整体系统的动态过程，目的在于帮助组织更有效地开展创新活动，实现创新的可持续发展。

一、创新理论发展历程

创新理论的根源可以追溯到古代文明。在古希腊和古罗马时期，哲学家和思想家开始探讨创新的概念，包括新观念的形成和知识的传播。例如，古希腊哲学家亚里士多德提出了技术革新的思想，强调人类通过思考和实践可以改进工具和技术，从而提升生活质量。过去几个世纪，创新理论经历了巨大的变革与演进。在工业革命时期，创新思想凸显了对技术和机械工程的革新追求，通过机械化、自动化等手段实现生产效率的显著提升，展现了人类对生产力无限拓展的欲望，催生了现代工业体系。20世纪中期，创新经济学逐渐崭露头角。经济学中的创新理论着重于市场和资源配置的优化，旨在通过市场机制激发企业和个体的创新活力，强调创新对经济增长的重要作用，从宏观和微观层面推动产业的繁荣发展。TRIZ 理论（Theory of the Solution of Inventive Problems，发明问题解决理论）是一套源自苏联

---

❶ 习近平. 关于《中共中央关于进一步全面深化改革 推进中国式现代化的决定》的说明［EB/OL］.（2024 – 07 – 21）［2024 – 07 – 22］. https://www. gov. cn/yaowen/liebiao/202408/content_6968537. htm.

❷ 姚威,储昭卫. 系统化创新方法研究:理论进展与实践效果评价[J]. 广东工业大学学报,2021,38(5):97–107.

的创新方法，强调通过解决问题中的矛盾来推动创新。它提供了一系列工具和原则，帮助创新者系统性地思考和解决复杂问题，减少资源浪费，提高创新效率。进入 21 世纪，美国学者提出了开放式创新的概念，注重组织间的协作与共创，视创新为一种开放的生态系统，通过引入和利用外部资源，促使企业更灵活地响应市场需求，推动产业发展。

目前，系统化的创新理论综合了前述多种理论，强调创新的全过程管理，从问题识别、提出解决方案到实施和评估。通过系统思维和方法论的应用，确保创新活动高效进行，并实现可持续推进。创新理论的发展是人类社会和科技进步的重要动力之一，以下将介绍这些重要创新理论的发展范式。

（一）工业革命时期创新思想的雏形

工业革命是创新思想发展的重要里程碑，为现代经济增长模式奠定了基础，并塑造了当代工业社会创新思想的基本框架。18 世纪末至 19 世纪初的工业革命在机械、化学、矿业和交通等多个领域引发了巨大技术创新。这一时期不仅见证了技术和工程的迅速发展，还促使经济学家和思想家们开始深入思考创新在经济发展中的作用和意义。

1. 技术突破与社会变革

工业革命的核心特征在于生产技术的根本性变革。詹姆斯·瓦特（James Watt）发明的改进型蒸汽机，突破了以人力、畜力和水力为主要动力的限制，使得大规模机械化生产成为可能。瓦特的蒸汽机不仅大幅提高了工厂的生产效率，还催生了蒸汽火车和蒸汽船等交通工具，极大地促进了商品流通和市场的扩展。瓦特的创新不仅是技术上的进步，还引领了整个工业体系的变革，使生产模式从传统的手工作坊制转向大规模的工厂制，开启了现代工业的序幕。

亚当·斯密（Adam Smith）提出的分工理论成为工业革命期间制造业的支柱。斯密在其《国富论》中指出，分工是提高劳动生产率的关键，通过将复杂的生产过程分解为多个简单的步骤，每个工人只需专注于特定的操作，从而显著提高了效率。❶ 这一理论为流水线生产奠定了基础，使得生产过程的各个环节高度专业化，从而显著提高了产量并降低了成本。分工理论不仅改变了生产模式，也影响了企业组织结构的发展。随着分工的深入，企业开始重视职能的专业化和管理的层级化，科学管理应运而生。该时期的管理理论主张优化生产流程、合理分配劳动任务，实现对生产过程严格控制。这一理论推动了管理实践的变革，使得企业逐渐形成层级分明、职责明确的管理结构。尽管真正意义上的流水线生产要到20世纪初由亨利·福特（Henry Ford）发明的汽车生产线才得以实现，但其理念在工业革命时期已经开始对制造业产生深远影响。

2. 知识产权与专利制度的建立

随着技术创新的不断涌现，如何保护创新者的权益成为亟待解决的问题。工业革命时期，知识产权和专利制度的建立为技术创新提供了法律保障。1624年，英国通过的《垄断法》是最早的专利法之一，这部法律确立了专利制度的基本原则和框架，为后来的专利法发展奠定了基础。1852年，英国在专利法修改后设立了专利局。1883年，英国颁布了《专利、设计和商标法案》使其专利法律制度趋于成熟，并接近现代模式。

专利制度的完善不仅保护了发明者的利益，还促进了技术的广泛传播。发明者通过申请专利公开其发明，使得其他人可以基于已有技术进行改进和再创新。这种机制加速了技术的扩散和升级，形成了良性循环，推动了整体技术水平的提高。专利制度还促进国家之间对技术保护的重视，推动了国际专利制度的逐步建立，为全球技术交流和创新合作奠定了基础。

3. 工业革命对现代创新理论的影响

工业革命不仅是技术创新的高峰期，也引发了对创新本质的初步思考。随着新技术的涌现和经济结构的变化，思想家们开始探讨创新对经济增长和社会发展的作用。尽管亚当·斯密的分工理论侧重于生产效率的提升，但也隐含了对技术进步的认可。他认为，分工不仅提高了劳动生产率，还

---

❶ 斯密.国富论[M].罗卫东,译.杭州:浙江大学出版社,2016:18-19.

第四章　企业创新体系的发展与演变

促进了技术专门化的发展，为进一步的技术创新提供了土壤。❶约瑟夫·熊彼特的创新理论虽然在工业革命之后才正式提出，但其思想萌芽可以追溯到这一时期。工业革命中的"创造性破坏"现象，即新技术取代旧技术、新产业取代旧产业，正是熊彼特后来的理论基础。这一现象反映了技术创新在推动经济发展中的双重作用：一方面，它创造了新的经济增长点；另一方面，它也导致了旧有经济结构的瓦解。

工业革命期间的技术突破和生产模式变革为后来的创新管理理论奠定了实践基础。科学管理、分工理论和专利制度的发展，直接影响了现代企业的创新战略和管理模式。工业革命时期的经济学家提出了创新与经济增长之间的密切联系，这一思想在后来的创新理论中得到了进一步发展。此外，工业革命还带来了社会和文化的深刻变革，为知识的传播和创新的繁荣创造了有利条件。因此，工业革命被视为创新理论演进的关键节点，对现代社会和经济产生了深远的影响。

（二）20世纪初期的熊彼特创新理论

经济学中的创新思想可以追溯到卡尔·马克思（Karl Marx）在《资本论》中提到的自然科学和技术进步问题。马克思曾总结道，"智力劳动特别是自然科学的发展"❷，是社会生产力发展的重要来源。进入20世纪，创新经济学开始崭露头角。约瑟夫·熊彼特成为这一时期最具影响力的经济学家之一。熊彼特独具特色的创新理论奠定了他在经济思想发展史研究领域的独特地位，也成为其经济思想研究的主要成就。以下是熊彼特创新理论的一些核心内容。

（1）广义的创新定义：熊彼特将创新定义为一种新的生产方法、新的产品或服务、新的市场组织方式以及新的组织结构。这一观点意味着创新并不仅限于技术层面的发明创造，也包括商业模式、市场定位、管理方式等方面的变革。这使得创新理论具有广泛的适用性，不仅可以解释科技产

---

❶　斯密.国富论[M].罗卫东,译.杭州:浙江大学出版社,2016:116.

❷　马克思.资本论:第三卷[M].中共中央马克思恩格斯列宁斯大林著作编译局,译.北京:人民出版社,2004:97.

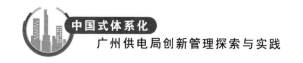

业的创新，也涵盖了传统产业和服务业的创新。

（2）创新作为经济发展引擎的地位：熊彼特明确指出，创新是推动经济增长的核心动力之一。新产品和新生产方法的引入可以提高效率、降低成本，从而促进生产力的提升。此外，新的市场组织方式和组织结构也能提高企业的竞争力。因此，创新不仅是企业为了在市场上获得竞争优势而进行的活动，更是整个经济体系持续发展的驱动力。

（3）创新的颠覆性作用：熊彼特形象地用"创新性毁灭"来形容这一过程。这意味着新的创新会取代旧的生产方式，导致一些企业和产业的衰退和淘汰。这一观点与传统经济学中认为市场处于稳定的均衡状态的看法形成了鲜明的对比。熊彼特认为，经济体系是动态的，创新是不断推动经济变迁的关键因素之一。❶

（4）企业家精神的重要性：熊彼特强调，创新的推动力量源自企业家的创造性活动。企业家不仅是经营者，更是创新者。他们寻找新的商业机会，探索新的市场，引入新的技术，塑造新的组织形式。企业家的敏锐洞察力和冒险精神是推动经济体系不断演进的重要动力。

（5）对经济周期的新视角：熊彼特对经济周期的理解提出了新的视角。传统经济学认为经济周期是由内外部冲击引起的，比如货币政策的变化或外部需求的波动等。但熊彼特认为，经济周期的起伏实际上是由一系列创新引起的。新的创新会改变市场格局，带来产业结构的调整，从而引发经济波动。

熊彼特的创新理论强调了创新在经济发展中的关键作用，以及创新如何通过破坏性的方式推动经济变革。他的理论为理解现代化经济体系的运行机制提供了新的视角，也为企业家和政策制定者提供了重要的启示。因此，在当今快速发展变化的经济环境中，熊彼特的创新理论依然具有重要的现实意义。

（三）20 世纪中期的 TRIZ 创新理论

TRIZ（发明问题解决理论）是一种系统化创新方法，旨在帮助人们解

---

❶ 熊彼特.经济发展理论［M］.何畏，译.北京:商务印书馆,2020:33.

决工程和技术问题，促进创新。TRIZ 理论成功揭示了发明创造的内在规律与原理，证明了创新并不是盲目、高成本的试错或偶然，这使得人们学习如何发明与创造成为可能。❶ TRIZ 理论自创立以来，经历了三个发展阶段。❷

（1）TRIZ 理论的发展阶段：在这一时期，苏联发明家根里奇·阿奇舒勒（Genrich S. Altshuler）于 1956 年发表了关于 TRIZ 理论的第一篇论文，将 TRIZ 理论描述为一种解决技术矛盾的方法，提出了理想的最终结果、发明原则和一种程序，构建了 TRIZ 基本理论。1961 年出版的第一本有关 TRIZ 理论的著作《怎样学会发明创造》，标志理论体系的进一步完善。❸ 图 4.1 按照时间顺序列举了 TRIZ 理论发展阶段的重要成果。

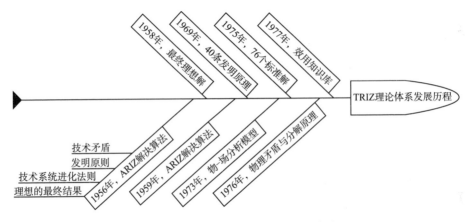

图 4.1 TRIZ 理论发展阶段的重要成果

（2）TRIZ 理论的成熟阶段：1989 年阿奇舒勒集结了来自世界各地的数十位 TRIZ 专家，在彼得罗扎沃茨克建立了国际 TRIZ 协会。1999 年美国阿奇舒勒研究院成立。这两个事件标志着 TRIZ 的国际化发展。

---

❶ 檀润华.TRIZ 及应用:技术创新过程与方法[M].北京:高等教育出版社,2010:27-28.

❷ 成思源,彭慧娟,等.TRIZ 的理论体系研究综述[J].广东科技,2013(7):16.

❸ 杨清亮.发明是这样诞生的:TRIZ 理论全接触[M].北京:机械工业出版社,2006:54-63.

（3）TRIZ 理论在全球范围内的应用：TRIZ 理论不断得到完善，并且开始应用于非技术领域。2000 年，欧洲 TRIZ 协会（ETRIA）成立，2004 年 TRIZ 国际认证被引入中国。这两个事件标志着 TRIZ 在全球范围内的推广和应用。

TRIZ 理论具有很强的实践性，可广泛应用于各个领域。它能够扩展人的创新性思维，寻求解决问题的办法，为不同行业的技术创新提供启发和参考建议。使用 TRIZ 解决问题时，首先需将问题转换为模型，然后从 TRIZ 工具集中找到解决问题的模型。TRIZ 理论在解决技术问题时，主要使用技术进化工具、矛盾矩阵工具、物—场分析工具和科学效应库工具等。❶

自 2005 年起，越来越多的世界知名大公司开始引入 TRIZ 理论，并在内部推广应用，如通用电气、西门子、飞利浦、英特尔等公司。我国企业，尤其是一些大型国有企业，也开始使用 TRIZ 理论解决难题。TRIZ 理论体系所探讨的技术系统演变规律，极大地拓展了工程人员的思路，为创新方案的选择提供了多种可能性，使创新过程遵循科学的规律。实践证明，运用 TRIZ 理论可以加快人们创造发明的进程，并获得高质量的创新产品。然而，TRIZ 理论的方法也需要不断完善，与新技术和新理论相结合，才能更好地适应现代需求。

（四）21 世纪初期的开放式创新理论

21 世纪初，美国学者亨利·切萨布鲁夫（Henry Chesbrough）提出了开放式创新理论，其核心观点是：随着数字社会的到来，知识垄断时代已经结束。组织需要娴熟地将系统外的科技、知识、经验和人才更快地导入企业，打破组织的边界，以更好地为顾客创造价值，获得战略竞争优势。由于提出这一理论，亨利·切萨布鲁夫于 2011 年被评选为"全球最具影响力 50 大管理思想家"。

传统的封闭式创新的特点在于依靠大量投入在企业内部形成一个技术

---

❶ 丁俊武,韩玉启,郑称德.创新问题解决理论——TRIZ 研究综述[J].科学学与科学技术管理,2004(11):53-60.

和智力基本集中的研发闭环，由企业独立完成创新思想的产生、选择和市场化过程；而开放式创新突破了这一传统封闭模式，强调企业与外部环境之间的协作与互动。❶ 图 4.2 和图 4.3 分别展示了封闭式创新范式和开放式创新范式。

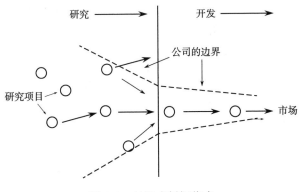

图 4.2 封闭式创新范式

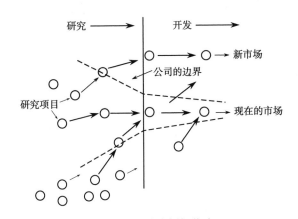

图 4.3 开放式创新范式

开放式创新理论为面对快速变化的商业环境提供了新的应对思路，帮助企业寻找商业机会，促进其更灵活、高效地获取和应用知识，加快产品

---

❶ 亨利·切萨布鲁夫.开放式创新:进行技术创新并从中赢利的新规则[M].金马,译.北京:清华大学出版社,2005:8-23.

开发和市场推广的速度。以下是开放式创新理论的一些核心观点。❶

（1）内外部协作：开放式创新理论强调企业可以通过与外部合作伙伴（如供应商、客户、研究机构等）共同参与创新活动，分享知识、技术和资源，使企业能够从更广泛的知识池中获取灵感和资源。

（2）开放的创新过程：传统的封闭创新模式将创新活动限制在企业内部；而开放式创新理论认为创新过程是开放的、动态的，可以跨越企业边界，这种开放性提升了创新的速度和效率。

（3）技术转移与共享：企业不仅可以获取外部的知识和技术，还可以将自身的技术进行转移或共享。这种双向的技术流动促进了技术的传播与应用。

（4）开放的商业模式：企业可以通过开放的商业模式，让外部的合作伙伴参与到产品或服务的各环节中，从而共同创造价值。❷

（5）知识产权管理：在开放式创新中，知识产权管理变得更加灵活和开放。企业可以选择共享部分知识产权，或者采取其他灵活的知识产权策略来促进创新。❸

总的来说，开放式创新具有跨学科、跨地域、跨机构和跨时间的特征，通过不断改进公司的创新管理模式来应对新的挑战。然而，实施开放式创新也会带来许多风险和挑战，例如，泄露非共享信息的风险、知识产权泄露可能导致竞争优势的丧失，以及对创新流程的控制难度增加等。

（五）以创新管理国际标准为载体的系统化创新理论

系统化创新理论（也称系统化创新观）是一种新型的创新理论和方法论，汇集了一系列用于指导技术、管理和商业创新活动的系统思维和科学

❶ 切萨布鲁夫.开放式创新：从技术获取和创造价值的新规律[M].唐兴通,王崇锋,译.广州：广东经济出版社,2022:4-6.
❷ 陈钰芬,陈劲.开放式创新促进创新绩效的机理研究[J].科研管理,2009,30(4)：1-7.
❸ 高良谋,马文甲.开放式创新：内涵、框架与中国情境[J].管理世界,2014(6)：157-169.

方法。它动态全面地组织组成系统的诸要素、要素之间的关系，系统结构、系统流程及系统与环境之间的关系，旨在促进系统整体功能的不断优化升级。该理论的定位在于帮助组织更有效地进行创新活动，实现创新的可持续发展，更加关注整个价值链的创新，提高组织的整体效率和竞争力。

为应对创新时代对创新管理的需求，国际标准化组织（ISO）制定了ISO 56000系列国际创新管理标准。该系列标准整合了当前创新管理领域最新的思想和研究成果，为各种规模和类型的组织提供了系统性管理创新和创建创新文化的指南，使创新活动可以更加有条理、有效地进行，从而为组织带来持续的竞争优势。ISO 56000系列标准为组织提升创新管理水平、进行角色分配、明确权责分工、统筹资源配置提供了最佳实践，是系统化创新的典范。

在系统化创新理论中，创新作为一种组织范围内的全面、持续、战略性的活动，需要全员参与，贯穿整个组织，并得到组织文化和结构化方法的支持。这种方法有助于组织更好地适应快速变化的商业环境，实现长期可持续发展。以下是系统化创新理论的关键特征。

（1）创新的整体性：系统化创新理论认为创新不仅包括产品或服务的创新，还包括组织内各个方面，如管理、流程、财务和战略等。创新不是某些特定岗位或层级的责任，而是全员参与的活动。每个员工都应该成为创新的推动者。这种将整体性创新视为一个全面的、综合性的过程，要求组织在多个层面进行改进和变革。

（2）创新的持续性：创新应该是持续的，而不是一次性的活动。通过建立创新文化和机制，组织能够保持对新想法和解决方案的持续关注和推动，从而保持竞争力并应对不断变化的环境。这种持续的创新精神能够使组织保持领先地位，并为未来的发展奠定坚实基础。

（3）创新的战略性：创新应与组织的战略目标相一致，创新的方向应与组织的使命、愿景相契合。组织应将创新视为一种战略工具，通过创新来实现提升竞争优势、扩大市场份额、提高盈利能力等目标。这种战略性的创新取向使得创新驱动成为组织发展的重要引擎。

（4）创新的管理性：强调创新需要进行有效的管理和度量，包括建立

创新流程、分配资源、设定绩效指标以及监督创新项目的进展。通过管理，组织可以更好地掌握创新活动，并根据实际情况作出必要的调整。

（5）创新的多元性：鼓励多样化的创新方法。这意味着组织可以通过内部创新、外部合作、技术创新、流程创新等多种方式来推动创新。多元性有助于组织在不同场景下找到适合的创新策略。

系统化创新理论强调将创新视为一个相互关联的活动，综合考虑各个因素之间的相互影响，关注创新的各个层面，旨在通过综合性的策略和方法，推动组织在动态变化的市场环境中保持竞争力。

二、创新类型与价值内涵

（一）企业创新类型的划分维度及其价值内涵

自创新理论提出以来，国内外研究者对创新类型的划分提出了多种不同的观点，各国学者基于不同的维度对创新进行了分类。

1. 基于对象维度划分创新类型

基于创新对象的不同对创新进行分类，是创新类型划分中最基本的维度，主要可分为产品创新和工艺创新两类。

产品创新（product innovation）是指在产品变化基础上进行的创新。企业通过创新研发推出全新产品，或对原有产品进行改进或升级。服务创新也属于产品创新的一种。例如，无人货柜通过摄像头识别、传感器监测和自动识别支付等技术，实现了无人值守购物；共享单车通过智能锁、全球定位系统（GPS）和移动支付等技术，实现了用户扫码解锁、随时随地使用服务创新。

工艺创新（process innovation），是指在生产（或服务）过程变革基础上的创新。它包括新工艺、新设备以及新的管理和组织方法等类型。例如，在炼钢工艺中，通过对平炉工艺的改进，提出了氧气顶吹转炉工艺；亚马逊通过引入机器人、人工智能和大数据等技术手段，优化了物流管理流程，显著提高了工作效率。

产品创新和工艺创新都可以提高企业的社会效益和经济效益，但二者的创新途径和创新方式显著不同。产品创新侧重于创新活动的结果，而工艺创新侧重于创新活动的过程；产品创新的成果主要体现在物质形态的产品上，而工艺创新的成果既可以渗透于生产过程、生产者和生产资料之中，也可以体现在各种生产力要素的结合方式上。

2. 基于新颖性维度划分创新类型

创新的新颖性意味着想法、产品或服务在之前不存在，或者以不同的方式存在。新颖性是创新的核心特征，是创新成立的必要条件，也是带来新市场机会、更高效率及更好用户体验的关键。根据创新的新颖性，可以将创新划分为渐进式创新和突破式创新两类。

渐进式创新（incremental innovation）是指利用现有资源、不断改进技术、主要服务现有用户群体的创新方式。渐进式创新能够提高客户满意度，增加产品或服务的功效，并由此产生正面的影响。例如，通过添加新的硬件或软件来增加汽车的使用功能。尽管单个渐进式创新带来的变化较小，但它们在整体创新中仍具有重要作用。首先，大创新往往依赖于与之相关的小创新，小创新为大创新提供支持；其次，小创新具有积累效应，持续的小创新可能引发创新的连锁反应，最终导致重大的创新出现。

突破式创新（radical innovation）是指采用新的技术或工艺，导致企业原有生产资源沉没或者主要用户发生改变，这种创新通常代表着从一个经济结构向另一个经济结构的转换。突破式创新是一种非连续的创新，往往能够带来指数级的增长。例如，人工智能、无人驾驶技术改变了传统汽车产业的产业链和商业模式。突破性创新不是孤立的，通常伴随着一系列的产品创新、工艺创新以及企业组织创新，甚至可能导致产业结构的变革。

渐进式创新与突破式创新在效果上显著不同。渐进式创新重视内部资源，依靠全体员工，对企业发展和产业格局的破坏性小，投资风险较低，有利于现有企业的长期发展，但企业变革的速度相对较慢，产业结构调整能力较弱。渐进式创新是传统产业，尤其是制造业的主要创新方式。突破式创新则重视外部资源，依靠少数精英人员，具有颠覆产业结构的能力，企业容易出现爆炸式增长，但投入风险大，不确定性强，可能导致大量企

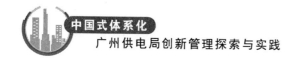
业退出市场，员工失业。突破式创新通常出现在技术进步速度快的新兴产业中，特别是模块化技术广泛应用的领域。❶

渐进式创新与突破式创新是相互补充、相互促进的关系。一方面，渐进式创新为突破式创新打下坚实基础，积累了深厚的先进技术和各类生产要素，为突破式创新创造了条件。另一方面，突破式创新提高了渐进式创新的起点，推动创新进入全新周期。总体而言，渐进式创新是常态，突破式创新是偶然。

渐进式创新主要是对现有工作的延续和改善，依托已有的商业模式为客户提供产品和服务，创新对象本身形成了自洽的商业价值网络。相比之下，突破式创新对原有产业进行变革，选择特定的客户群体进行市场拓展，构建独特的商业价值网络。基于突破式创新的特点，从历史经验中总结出以下两种模式，能够较好地帮助企业实现突破式创新。

（1）设立独立、专职的分公司或者分支机构，投入足够的人力、物力、财力进行开发。由于突破式创新与既有业务处于不同的商业价值网络中，因此需要以完全不同的流程、价值观以及考核激励机制进行管理，否则管理者无法平衡不同业务之间的差异。例如，惠普在发展激光打印机的同时，单独设立了喷墨打印机部门，使得两条业务线能够同时健康发展。

（2）推动旧有业务向突破式创新业务的转变。这种方式需要企业管理者具有超凡的领导力，推动企业在业务与文化层面上实现变革。无论是企业高管还是中层管理人员，都需要严格贯彻业务流程与价值，对客户需求进行准确判断，形成关于客户和市场的观点。

从思维方法论角度分析，突破式创新遵循效果逻辑而非因果逻辑。效果逻辑是指创新主体从现有条件出发，在创新进展中不断与利益相关方交换信息，产生新的目标和条件，随时修改决策，是一种行为逻辑。因果逻辑则是建立在万物具有普遍联系条件下的因果关系思维方式，创新主体通过已有资源实现既定目标，而效果逻辑的创新主体根据创新进程的实际发

---

❶ 马淑萍.以渐进式创新提升我国创新实力［N］.中国经济时报,2017-01-05（005）.

展而随时调整其创新目标。突破式创新始终瞄准现实需求或潜在需求的核心关键所在，在解决核心关键问题的进程中逐渐明确发展目标，调整发展路径。

3. 基于其他维度划分创新类型

按照创新是否连续，可以将创新划分为连续性创新和非连续性创新两类。如果创新是在原有技术轨迹和知识基础上进行的不断改进，则属于连续性创新；非连续性创新则指脱离原有连续性技术轨迹的创新。

按照创新过程的开放程度，可以将创新划分为开放式创新和封闭式创新两类。2003 年，哈佛大学的切萨布鲁夫教授在其专著《开放式创新：从技术中获利的新策略》中首次提出了开放式创新的概念❶：开放式创新是指企业在技术创新的过程中，同时利用内部和外部相互补充的创新资源实现的创新。封闭式创新主要依靠自身的力量、资源进行创新，与外界几乎没有合作。随着全球化进程的不断深入，封闭式创新已逐渐脱离时代发展的规律，仅某些特殊行业如军工领域仍存在。

按照创新范围的不同，可以将创新划分为架构创新和元器件创新两类。如果创新导致整个系统结构或者组件之间作用方式发生改变，就被称为架构创新。架构创新可能改变组件的连接方式，也可能改变组件本身，或者使两者都发生改变。如果创新导致一个或多个元器件发生变化，但并不会严重影响整个系统的结构，则称为元器件创新。

(二) 国际通行的创新测度框架中的创新类型划分

在全球经济一体化时代，激烈的竞争无处不在，创新逐渐成为生产率增长的核心动力。明确创新的性质和影响，并形成支持创新的适当政策和环境，有利于国家和企业更好地进行创新，因此如何有效地测度创新显得尤为重要。经济合作与发展组织（Organization for Economic Co-operation and Development，OECD）在国际企业创新调查规范的制定方面发挥着重要作

---

❶　切萨布鲁夫.开放式创新:进行技术创新并从中赢利的新规则[M].金马,译.北京:清华大学出版社,2005:3-5.

用，1992 年出版的《奥斯陆手册：创新数据收集、报告、使用指南》（以下简称《奥斯陆手册》）首次提供了一个测度创新的共同框架，以包容性的方式适用于整个经济、政府、非营利组织和客户。《奥斯陆手册》阐述了创新测度的内涵，确定了企业创新调查的概念框架、理论模型、调查范围、方法及相关标准，并通过 1997 年、2005 年和 2018 年的三次修订，不断丰富和完善企业创新调查的内容，保持与其他创新统计标准的一致性和可比性。❶ 在定义、收集、分析和使用科学、技术、创新相关数据的工具中，《奥斯陆手册》占据了突出位置。

　　《奥斯陆手册》基于创新测度的目的，对创新活动进行了分类。该手册指出，创新改变了一个或多个产品或商业流程的特性，按照对象的不同，可以将创新分为两大类型：改变企业产品的创新（产品创新）以及改变企业商业流程的创新（商业流程创新）。其中，产品创新可进一步划分为两种主要类型，而商业流程创新则可划分为六种主要类型。除了单一形式的创新，不同类型的产品创新和商业流程创新的组合同样能够构成一种独特的创新形式。❷

1. 商品和服务创新

　　产品创新的定义可以概括为：一种全新或改进的商品或服务，与企业以前的商品或服务显著不同，并且已经引入市场。产品创新必须显著改善一个或多个特性或性能规格，包括添加新功能、改进现有功能或提升用户效用。相关的功能特性包括质量、技术规格、可靠性、耐用性、使用期间的经济效率、价格可负担性、便利性、可用性和用户友好性。产品创新不需要对所有的功能或性能规格进行改进，新功能的改进或增加也可能导致其他功能的丧失或下降。产品创新可以使用新的知识和技术，也可以是现有知识和技术的新运用或新组合。

　　由于产品包含商品和服务两种类型，因此产品创新也涉及这两种类型：

---

❶ 张静.国内外企业创新调查实践与展望[J].科技和产业,2021,21(3)179.

❷ 经济合作与发展组织.奥斯陆手册 2018:创新数据收集、报告、使用指南[M].中国科学技术发展战略研究院,译.北京:科学技术文献出版社,2021:64-65.

商品创新和服务创新。商品包括有形物品和一些知识获取型产品，这些产品可以建立所有权，并且可以通过市场交易转让其所有权。服务则是与生产和消费同时发生，并改变用户状况（如身体、心理等）的无形活动。

2. 商业流程创新

商业流程创新是指一个或多个业务功能的新的或改进的商业流程，与企业以前的商业流程显著不同，并且已在企业中使用。企业的所有业务活动都可以成为创新活动的对象。商业流程包括生产产品和提供服务的核心业务功能，以及分销和物流、营销与销售及售后服务等支持功能；商业流程能够为企业提供信息通信技术服务、经营管理、工程和相关技术服务，还可以包括产品和商业流程的开发。

改进商业流程业务功能的相关特征包括：资源效率、可靠性和适应性、价格可负担性、便利性和可用性。新的和改进的商业流程可能由一些目标激发而成，例如实现公司战略、降低成本、改进产品质量或工作条件、满足法规要求等。与产品创新类似，商业流程创新既可以是单个业务功能的一个或多个方面的改进，也可以是包含不同业务功能组合的改进。

商业流程创新涉及企业的不同功能。根据能够产生收入的核心功能和支撑性功能进行分类，将商业流程创新划分为六个类别：生产产品和提供服务、配送和物流、市场营销和销售、信息和通信系统、行政和管理、产品和商业流程开发。

值得注意的是，《奥斯陆手册》第四版对创新的类型划分相较于第三版发生了较大的改变。第三版将创新类型划分为四类：产品创新（商品、服务）、流程创新（生产、交付和物流，服务包括采购、会计和信息与通信技术服务）、组织创新（商业实践、工作场所组织、公关）和营销创新（产品设计、产品植入和产品推广、定价）。然而，实践研究证明，企业管理者难以区分组织创新和流程创新，因此在第四版手册中将组织创新归入商业流程（经营管理）创新中，包括之前称为组织创新的活动，如战略管理和人力资源管理。

3. 不同类型创新的组合

由于不同类型创新之间存在互补性，因此不同类型创新的组合往往会

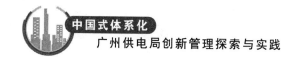

产生新的创新类型。几种常见的创新组合类型如下。❶

（1）商业流程创新可以显著提高产品质量，从而促成商业流程创新和产品创新的联合。

（2）产品创新可能需要商业流程创新的支持，尤其在服务创新中常常出现。例如，用于销售信息产品的在线功能，既是商业流程创新（需要信息通信技术和网页开发），也是针对潜在用户的服务创新，如果同时还是首次创建的新销售渠道，也可能是营销创新。

（3）产品创新和商业流程创新可能紧密相连，特别是当流程与产品难以区分时，尤其适用于同时生产、交付和消费的服务。

（4）在生产过程中，非经济产出的改变归属于商业流程的创新，但当该产出存在市场需求时，企业可以将其作为产品的一项进行销售。例如，能源生产中的碳排放属于非经济性产物，但在当前全球低碳转型的时代背景下，碳排放也可以作为产品进行市场化交易，这一改变同时属于商业流程创新和产品创新。

（三）ISO 56000 标准对于创新类型的精准概括

自创新理论提出以来，创新领域的研究者已经从管理学、经济学、知识产权和市场营销等学科角度提出了不同角度的创新定义和类型划分。繁多的概念和复杂的理论难以直接指导创新实践。各国的标准化专家和创新研究专家开始联手制定创新管理标准，以统一对创新的认识，为创新组织提供可以依据的条款和规范，提升组织的创新能力和绩效。标准化通过简化、优化、协调和统一的手段，在创新理论和创新实践之间建起了一座桥梁。❷

国际标准化组织（ISO）发布的 ISO 56000 系列标准为创新管理提供了系统的指导。其中，ISO 56000 标准是创新管理系列标准的基础，主要规定了创新和创新管理的术语及定义、创新相关基础概念及理解、创新管理体

❶ 经济合作与发展组织.奥斯陆手册 2018:创新数据收集、报告、使用指南[M].中国科学技术发展战略研究院,译.北京:科学技术文献出版社,2021:72.

❷ 陈彤,彭娟.对 ISO 56000:2020 中"创新"的共识解读[J].质量与认证,2021(1):77-78.

第四章　企业创新体系的发展与演变

系的组成及创新管理原则等。ISO 56000 标准❶开篇便对创新作出如下定义：创新是指实现或重新分配价值的新客体或改变的客体。创新是一种结果，但"创新"一词有时也指带来创新的活动或过程，在对 ISO 56000 标准"3.1 有关创新的一般术语"中列举了几种重要的创新类型，并进行了解释和说明。

突破性创新（breakthrough innovation）和激进式创新（radical innovation）是指改变程度非常高的创新。这种改变可以是关于客体的，也可以是关于客体造成的影响。突破性创新是相对于渐进性创新的概念。

颠覆性创新（disruptive innovation）：起初为满足不太重要的需求，后来却替代既有市场供给品的创新。颠覆性创新起初显得不重要且市场份额较小，但通常具有更高的性价比，所需资源更少，价格更低。当使用该创新的用户或顾客数量上升到一个显著比例时，颠覆就发生了。通过满足新用户并利用新的商业和价值实现模式，颠覆性创新能够创造新的市场和价值网络。

开放式创新（open innovation）：指管理与创新相关的信息和知识跨组织边界共享和流动的过程。开放式创新可以是一个涉及多方的合作过程，如以价值网络的形式。创新生态和价值网络的出现可以促进开放式创新。❷

由此可见，ISO 56000 标准虽然没有对创新分类进行系统的介绍和分解，但通过对标准中散落各处的文字进行细致分析，仍然可以发现 ISO 56000 标准采用了多种分类维度对创新进行类型划分。

首先，按照创新对象的不同，创新可以是产品创新、服务创新、过程创新、模式创新、方法创新，也可以是任何其他实体或实体的组合。例如，可以是单一的业务模式创新、运营模型创新，或者是二者的结合，以实现创新价值。

其次，标准明确指出创新包括新颖性和价值性两方面的特点，新颖性和价值性既是创新概念的必要特征，又是充分特征。这就意味着，没有价值体现的见解、想法和发明就不是创新。ISO 56000 标准重点列举的突破性

---

❶ International Organization for Standardization. ISO 56000：2020 Innovation management – Fundamentals and vocabulary[S/OL].[2023-10-12]. https：//www. iso. org/standard/69315. html.

❷ 陈彤，彭娟. 对 ISO 56000：2020 中"创新"的共识解读[J]. 质量与认证，2021（1）：78

创新和颠覆性创新即是从创新新颖性维度进行划分的创新类型。

再次，根据参与创新活动的相关方是内部还是外部，创新可划分为内部创新（利用组织内部资源进行的创新，如员工创新）和开放式创新（利用组织的外部资源的创新，如用户创新、协作创新和基于群体的创新或跨单位的合作创新）。

最后，还可以根据创新成果所实现的价值类型进行划分，例如可将创新划分为增长创新、持续创新、战略创新、生产力创新、环境创新或社会创新等。

ISO 56000 标准将创新管理以标准化的形式进行呈现，旨在统一不同类型组织对创新的认知，通过可依据的标准条款帮助组织提升创新能力和绩效。ISO 56000 标准中有关创新的定义和类型的划分综合了创新领域研究者多年的研究成果，博采众家之长。

（四）创新类型维度总结

表 4.1 将典型创新理论、ISO 56000 标准和《奥斯陆手册》中关于创新的分类进行了汇总。

表 4.1　创新分类汇总

分类依据	典型创新理论	ISO 56000 标准	《奥斯陆手册》
对象	产品创新、流程创新	产品、服务、过程、模式、方法及其组合	产品、商业流程及其组合
新颖性	渐进式创新、突破式创新	突破性创新、颠覆性创新	仅对企业而言是新的、对市场而言是新的、对世界而言是新的
连续性	连续性创新、非连续性创新	—	—
开放程度	开放式创新、封闭式创新	内部创新、开放式创新	开放式创新、合作创新、协同创新、协作创新
创新范围	架构创新、元器件创新	—	—

从表 4.1 可以看出，根据对象进行创新分类是一种最基本的分类维度。

第四章　企业创新体系的发展与演变

ISO 56000 标准旨在支持组织构建、实施、维护和持续改进创新管理体系，通过统一的定义、通用语言和框架，形成全球一致的创新管理认知。为统一对创新的定义和分类，不可避免地需要参考和综合现有创新理论中各种不同的创新分类方式，因此 ISO 56000 标准对创新对象维度的分类最为详细。《奥斯陆手册》为了促进创新的国际可比性，其目的在于提供收集和解释创新数据的指南，创新可以被测度是该手册的一个关键性原则，因此可测度性是《奥斯陆手册》对创新概念进行定义和类型划分的基本考量。《奥斯陆手册》将产品创新具体划分为商品和服务两类，与国民账户体系中对公司部门的定义保持一致：公司部门是由主要生产商品、提供服务的公司组成。《奥斯陆手册》第四版将第三版中的组织创新和营销创新统一归入商业流程创新，是因为在对创新的实际测度过程中发现，企业管理者难以区分组织创新和流程创新；此外，《奥斯陆手册》还进一步扩大了商业流程创新的内涵，将其扩展至第四版的六个类型。虽然创新理论、ISO 56000 标准和《奥斯陆手册》对创新类型的划分结果不同，但进一步分析可以发现，三者仍存在统一之处。《奥斯陆手册》中的"产品"与创新理论中的"产品"含义接近，都包括商品和服务两类，而 ISO 56000 标准中的"产品"与《奥斯陆手册》中的"商品"含义相同。《奥斯陆手册》中的"商业流程"又可进一步划分为生产产品和提供服务、配送和物流、市场营销和销售、信息和通信系统、行政和管理、产品和商业流程开发六个方面，也基本涵盖了创新理论和 ISO 56000 标准的分类结果。

新颖性是对创新进行分类的另一个重要维度。表面上看，创新理论和 ISO 56000 标准在该维度对创新的分类结果略有不同，但在对每种分类的含义进一步分析后可知，虽然分类名称存在较大差异，但创新理论中的"渐进式创新"与 ISO 56000 标准中的"突破式创新"的创新新颖性较为接近，都是在现有资源基础上进行的改进方式。创新理论中的"突破式创新"又称为"颠覆式创新"，与 ISO 56000 标准中的"颠覆式创新"拥有相同的名称和含义，都是采用与现有技术或工艺不同的新技术或新工艺进行的创新。此外，二者都对经济结构、产业链或商业模式产生巨大影响，甚至导致产业结构的变革。综上所述，从新颖性维度对创新进行分类，创

新理论和 ISO 56000 标准的分类结果虽然名称不同，但其内涵基本一致，均包括"突破式创新"和"颠覆式创新"两类（采用 ISO 56000 标准的分类结果）。

三、企业创新模式与管理

在当今竞争激烈的市场环境中，企业的创新能力已成为决定其生存和发展的关键因素。企业创新不仅包括技术和产品的创新，还涉及管理、市场、组织模式等多个层面。有效的创新可以帮助企业提高生产效率、拓展市场空间、提升品牌形象，从而在日益复杂的商业环境中脱颖而出。根据创新主体的不同，创新模式可分为自主创新、合作创新和全面创新三种。创新模式的选择对企业的创新效果和市场表现有着直接影响，不同的创新模式对应着不同的管理方式，进而影响企业的战略布局、资源配置和组织管理。

（一）自主创新模式

1. 自主创新模式的特点

自主创新模式是指企业依靠自身资源和能力，独立进行创新活动的模式。这种模式强调企业内部资源的整合和自主知识产权的积累，通过独立的研发和创新活动来保持市场竞争力和技术领先地位。其主要特点如下。

（1）资源自主性：企业在创新过程中完全依赖自身的资源，能够全面控制创新过程和结果，避免外部干扰。

（2）技术路线自主规划：企业根据自身的战略目标和市场需求，自主规划技术发展路线，灵活调整研发方向。

（3）知识产权独立性：在自主创新模式下，企业拥有创新成果的全部知识产权，可以自主决定创新成果的商业化路径，从而最大化创新带来的经济效益。

2. 自主创新模式的挑战

通过自主创新，企业能够建立独特的技术优势和市场壁垒，避免因与外部合作伙伴共享成果而削弱竞争力。自主创新有助于企业在技术上实现持续积累，逐步构建核心技术优势，形成难以模仿的竞争力。然而，这一模式也面临一些挑战。

（1）高成本与高风险：自主创新需要大量的资金、人力和时间投入，同时也面临较高的技术和市场不确定性。

（2）资源限制：中小企业在资源上可能无法与大型企业竞争，从而限制其自主创新的能力，难以在短时间内实现技术突破。

（3）市场适应性不足：企业独自进行创新，可能因为缺乏外部市场的及时反馈，导致创新方向与市场需求脱节。

3. 自主创新模式的管理方式

自主创新模式的成功实施依赖于科学的管理方式，主要包括以下几个方面。❶

（1）研发投入与资源配置：企业应持续增加研发投入，确保技术研发项目获得充足资金支持。管理者需要合理配置资源，确保研发活动高效开展，并制定明确的研发目标和进度计划。

（2）人才管理与激励机制：人才是自主创新的核心驱动力。企业应建立完善的人才管理体系，吸引和培养顶尖的研发人员。企业可以通过股权激励、绩效奖金等方式，激发员工的创造力和创新积极性，并为创新团队提供良好的工作环境和资源支持，以提升团队的创新能力。

（3）创新文化的培养：管理者需要营造鼓励创新的文化氛围，支持员工进行自主研发和创新探索。通过定期组织创新竞赛、设立创新奖项、鼓励试错精神，企业可以激发员工的创新意识，形成持续创新的企业文化。

（4）技术路线规划与市场需求相结合：自主创新的管理应注重技术路线的规划，确保技术发展与市场需求紧密结合。企业需要定期进行市场调研，及时调整技术研发方向，确保创新成果能够满足市场需求。

（5）风险管理与应急预案：自主创新伴随着高风险，企业必须建立完

---

❶ 张凌赫.大数据时代下现代企业管理模式的创新研究[J].中国商论,2022(12)：114-116.

善的风险管理机制。通过对创新过程中的潜在风险进行预估和管理，企业可以制定相应的应急预案，确保在面对突发情况时能够及时采取有效应对措施。

（二）合作创新模式

1. 合作创新模式的特点

合作创新模式是指企业通过与外部组织（如其他企业、科研机构、大学等）合作，共同进行创新活动。通过整合各方资源，合作创新实现资源共享与互补，降低创新风险，提高创新效率。其主要特点包括以下几个方面。

（1）资源共享性：合作伙伴之间通过共享资源、知识和技术，最大化利用各方优势。例如，企业可以借助合作伙伴的技术优势或市场渠道，加速创新成果的转化。

（2）风险共担性：合作创新使企业能够将创新风险分散到多个合作方，从而降低单一企业的创新风险。特别是在技术复杂性高、市场不确定性大的领域，合作创新能够显著提高成功率。

（3）创新成果的共享性：合作创新通常伴随着创新成果的共享，各方根据投入比例或协议约定，共享知识产权和创新收益。合作创新能够将合作方的技术优势与市场需求快速结合，加速创新成果的市场化进程。

2. 合作创新模式的挑战

尽管合作创新能够整合各方资源，实现优势互补，但要充分发挥其潜力，企业必须应对以下挑战。

（1）合作伙伴的选择与管理：选择合适的合作伙伴至关重要，企业必须确保合作方在资源、能力和目标上的匹配性。此外，合作中的利益分配和知识产权归属等问题可能引发纠纷，影响合作的顺利进行。

（2）沟通与协调难度大：合作创新通常涉及多个组织的协同工作，不同组织之间的文化、管理风格和决策流程差异可能导致沟通和协调困难，从而影响创新进程。

（3）知识产权的保护与分配：在合作创新中，各方如何有效保护自身的知识产权并合理分配创新成果是一大难题。处理不当可能导致法律纠纷，甚至影响合作关系的持续。

3. 合作创新模式的管理方式

为了充分发挥合作创新模式的优势，企业需要在管理方式上作出适当调整，主要包括以下几个关键方面。

（1）合作伙伴的选择与关系管理：选择合适的合作伙伴至关重要。企业应评估潜在合作伙伴的技术能力、资源优势和合作意愿，选择能够实现资源互补的伙伴。同时，建立良好的合作关系管理机制，确保合作的长期稳定性。

（2）合作协议与知识产权管理：合作创新需要明确合同的内容，尤其是在知识产权归属和创新成果共享方面，需达成清晰的协议，以避免未来的纠纷。管理者应确保合作协议的法律合规性，并在合作过程中维护企业的核心利益。

（3）协同创新与沟通机制：合作创新模式要求企业与合作伙伴之间保持紧密的沟通与协作。建立定期的沟通机制，及时解决合作过程中出现的问题，并促进各方在创新过程中的协同工作。

（4）风险管理与利益分配：在合作创新过程中，企业应建立完善的风险管理机制，识别和评估可能出现的风险，并制定相应的应对策略。此外，企业还需明确创新成果的利益分配机制，确保各方的利益得到合理保障。

（5）开放式创新与外部资源整合：在合作创新模式下，企业应积极采用开放式创新理念，主动吸纳外部资源和创新思想。这种管理方式不仅能丰富企业的创新资源，还能通过跨行业、跨领域的合作，带来更多的创新灵感和市场机会。

（三）全面创新模式

1. 全面创新模式的特点

全面创新模式是指企业在技术、产品、管理、市场和文化等多个层面同时推动创新的模式。这种模式强调系统性和整体性，目标是在整个企业层面实现全面的创新突破。其主要特点包括以下几个方面。

（1）系统性与整体性：全面创新模式强调在多个层面同时进行创新，

形成一个系统化的创新体系。通过在多层面的同步创新，企业能够形成综合竞争力，全面提升市场地位。

（2）全员参与：全面创新模式要求企业各个层级的员工都参与到创新过程中，从上至下形成创新氛围。这有助于在企业内部建立创新文化，激发员工的创造力和创新热情，从而促进企业的持续发展。

（3）长远规划与持续改进：全面创新模式注重长远规划，企业在制定创新战略时，会考虑未来的发展方向，并在创新过程中持续改进，逐步实现整体转型。

2. 全面创新模式的挑战

尽管全面创新模式具有诸多优势，但也面临一定的挑战。[1]

（1）创新资源的高效配置：全面创新模式涉及多个创新领域，企业在资源配置上需要高度协调，以避免资源浪费和创新效率低下。

（2）管理复杂度的增加：全面创新模式要求企业在多个层面进行同步创新，增加了管理的复杂性和难度，对管理者的综合管理能力提出了更高要求。

（3）长期战略与短期利益的平衡：在全面创新过程中，企业需要在长期战略目标与短期经营业绩之间找到平衡，确保创新活动能够持续推进。

3. 全面创新模式的管理方式

全面创新模式的管理需要从多个层面进行综合考虑，以确保创新活动的系统性和协调性。

（1）战略规划与目标设定：在全面创新模式下，企业应制定清晰的战略规划，明确各层面的创新目标，并将其纳入企业的整体发展战略中。管理层需要统筹安排各项创新活动，确保其在实现企业长远目标方面发挥协同作用。

（2）资源整合与高效配置：全面创新模式涉及广泛的创新领域，企业在资源配置上需做到统筹协调，确保各项创新活动能获得充足的资源支持。同时，企业还应加强资源整合，提升资源利用效率，避免重复投入和资源

---

[1] 黄德红,张怀昌.浅析大数据背景下企业的商业模式变革[J].科技创业月刊,2017,30(11):30-32.

浪费。

（3）创新文化的培育：全面创新模式强调全员参与，企业应通过多种方式在内部培育创新文化。管理层可以通过创新培训、跨部门交流和创新竞赛等活动，激发员工的创新意识，推动全员创新。

（4）创新管理系统的建立：为了支持全面创新模式，企业需要建立完善的创新管理系统。该系统应涵盖创新项目管理、创新绩效考核、创新激励机制等方面，以确保创新活动的规范性和高效性。

（5）持续改进与反馈机制：全面创新模式注重持续改进，企业应建立创新成果的评估与反馈机制，定期对创新活动进行评估，并根据市场变化和技术进步及时调整创新策略。通过这种持续改进的机制，企业可以不断优化创新过程，提高创新效率。

企业创新模式的选择和管理对持续发展至关重要。自主创新模式、合作创新模式和全面创新模式各有其独特的优势和挑战，企业应根据自身的资源条件、市场环境和战略目标，选择适合的创新模式，并采用相应的管理方式，以最大化创新成果。在未来的商业环境中，随着科学技术的不断进步和市场竞争的加剧，企业的创新活动将更加频繁且复杂。管理者需要不断学习和适应新的创新模式，灵活调整创新管理策略，以确保企业在激烈的市场竞争中立于不败之地。企业的创新之路是长期而复杂的，但只要选择适当的创新模式并采用科学的管理方式，企业将能够在创新的浪潮中乘风破浪，实现可持续发展。

四、ISO 56000 创新管理体系国际标准

（一）ISO 56000 系列标准简述

进入知识经济时代以来，越来越多的理论界和实务界专家敏锐地认识到，创新管理标准化可以让创新行为更加符合创新规律，有效提高企业创新效率，并推动创新成果实现价值最大化。为了应对创新时代对于创新管理标准化的需求，国际标准化组织（ISO）于 2013 年设立了创新管理技术

委员会（ISO/TC 279），推出了 ISO 56000 系列创新管理标准。ISO 56000 系列标准的作用和意义主要体现在以下几方面。❶

1. 从发展历程来看

ISO 56000 系列标准适应于国际、国家、组织和企业的创新发展需求。目前，全球有超过 100 万个组织拥有 ISO 9000 质量管理体系认证。但与创新管理不同的是，质量管理的主要目的是改进现有产品、流程和模型，这通常意味着在不确定性较低的情况下进行创新；而创新管理寻求引入新的产品、流程或商业模式，这通常意味着在不确定性较高的情况下进行创新；质量管理聚焦组织当下对客户和用户的影响，而创新管理更关注组织未来对客户和用户的影响。因此，质量管理体系旨在降低不确定性和变化，而创新管理体系则通过利用变化来主动接受和控制不确定性。由此可见，ISO 56000 系列标准通过创建一个完整的创新管理体系框架来补充 ISO 9000 质量管理体系，有助于实现组织的持续成长和长期成功。

2. 从制定宗旨来看

ISO 56000 系列标准的发布旨在带来全球统一的定义、通用语言和框架，以支持组织和政策制定者构建、实施、维护和持续改进创新管理体系，形成全球统一的创新管理认知，从而促使未来创新组织之间的合作更容易达成共识，有利于国际的技术经济合作与交流。

3. 从标准内容来看

ISO 56000 系列标准结合了当前创新管理领域的先进思想和研究成果，覆盖了创新战略的制定、创新过程的管理以及创新绩效的衡量和评估等领域，为各种规模和类型的组织提供了系统性管理创新和创建创新文化的指南。

4. 从制定目的来看

ISO 56000 系列标准的目标在于"帮助企业有效应对变化，以最大限度

---

❶ 陈劲. ISO 56000 系列标准——加速我国世界一流企业建设的创新管理国际标准［EB/OL］.（2023-05-24）［2024-09-05］. https://mp. weixin. qq. com. biz = MzAwOTU4NDgwNg== & mid=2650985824 & idx=2 & sn=1fd17d bc.

第四章　企业创新体系的发展与演变

地增加增长和发展的机会，同时减少相关风险"。负责该标准制定的时任ISO 创新管理技术委员会主席爱丽丝·德·卡萨诺瓦（Alice de Casanove）认为，ISO 56000 系列标准将帮助组织显著提高其在不断变化和不确定的世界中生存的能力。❶

ISO 56000 系列标准作为创新管理的典范，已经发布的标准有以下几项。

ISO 56000《创新管理基础和术语》。2020 年发布，位列 ISO 创新管理系列标准之首，也是所有创新管理国际标准的基础。该标准定义了与管理创新相关的术语，并阐释了创新的主要原则，帮助组织建立清晰、连贯、通用的框架：理解创新管理的主要概念、原则、术语；帮助组织建立、保持和持续改进创新管理体系；促进内部沟通，坚定创新理念。

ISO 56002《创新管理——创新管理体系指南》。2019 年发布，规范了创新管理体系建设、运行、评估与改进，指导组织确定其创新愿景、战略、方针和目标，以及实现预期结果所需的资源和流程。

ISO 56003《创新管理——创新伙伴关系工具和方法指南》。2019 年发布，专注于开放式创新中的合作伙伴关系管理，主要涵盖创新伙伴关系框架、引入创新伙伴关系、伙伴选择、关系协调和合作安排等内容。

ISO 56004《创新管理评估指南》。2019 年发布，提供了关于创新管理评估原则及实施评估过程的指导。

ISO 56005《创新管理——知识产权管理指南》。2020 年发布，是 ISO 关于知识产权管理的第一项标准，为创新管理体系内有效的知识产权管理提供了指导，适用于所有类型的创新活动。从战略层面看，它制定了与业务战略和创新战略相一致的知识产权战略，以支持创新；从操作层面看，将标准知识产权管理融入创新全过程，并提供了创新过程的知识产权管理工具和方法。

ISO 56006《创新管理——战略情报管理工具和方法指南》。2021 年发布，为创新管理中的战略情报提供了战略和行动层面的指导，包括制定支

❶　陈劲. ISO 56000 系列标准——加速我国世界一流企业建设的创新管理国际标准［EB/OL］.（2023 – 05 – 24）［2024 – 09 – 05］. https：//mp. weixin. qq. com. biz = MzAwOTU4NDgwNg= = ＆ mid = 2650985824 ＆ idx = 2 ＆ sn = 1fd17d bc.

持组织创新的情报战略、建立战略情报管理、运用战略情报工具和方法等。❶

ISO 56007《创新管理——管理机会与想法的工具和方法指南》。2023年发布，概述了激发创意的必要条件及对其进行收集、选择和开发的过程，阐明了如何创造和识别能够促发创新的创意和机会，并兼顾了不同层次的创新活动对组织及其创新管理体系的影响。

（二）将 ISO 56000 系列标准全面融入中国理念

ISO 56000 标准族的系统化框架，可以帮助企业全面深入地分析与创新相关的内外部环境，在充分识别自身优势、劣势和面临的威胁的基础上，快速地抓住创新机会并实施推进。同时，这种系统化的组织方式，可以方便企业管理层评估相关创新风险，为企业设定合适的创新目标，并为创新解决方案提供充分的资源支持。此外，面对创新的高度不确定性这一挑战，贯穿于企业整个创新过程的创新管理体系，能够通过大量的测量监测、绩效反馈等环节，来支持企业进行业务迭代、快速部署等，从而最终保障创新解决方案的有效实施与交付。❷

在 ISO 56000 系列标准中，ISO 56005 标准是由我国提出并牵头制定的，它是通过 ISO 发布的首个涉及创新和知识产权管理的国际标准。该标准吸收了全球创新管理最先进的理念，并特别融入了我国知识产权管理标准化方面的实践经验。ISO 56005 标准与我国首个知识产权管理国家标准（GB/T 29490—2023《企业知识产权合规管理体系 要求》）相比，后者主要针对组织经营发展过程中对知识产权管理的需求，重点在于新产品、新技术开发、生产与销售过程中如何提高知识产权风险意识与管控能力，而 ISO 56005 则基于 ISO 56002 组织创新能力的概念，延伸到知识产权方面。比如，组织的

---

❶ 赵良.透过 ISO 56000 系列标准看创新与知识产权[M]∥中规（北京）认证有限公司.名企聊创新管理：基于 ISO 56000 系列标准的应用指引.北京：知识产权出版社,2023：20.

❷ 马圆.创新与企业竞争[M]∥中规（北京）认证有限公司.名企聊创新管理：基于 ISO 56000 系列标准的应用指引.北京：知识产权出版社,2023：12.

第四章 企业创新体系的发展与演变

创新能力包括理解和响应其不断变化的背景条件的能力、追求新机会的能力、利用组织内人员的知识和创造力的能力，以及与外部相关方协作的能力等。因此，ISO 56005 相较于 GB/T 29490—2023《企业知识产权合规管理体系 要求》应用范围更广，对创新行动的管理也更深入。❶

做好 ISO 56000 系列标准的研究与实施应用，与我国大力提倡的"制度性开放"理念高度吻合。ISO 56005 标准由我国发起，反映和总结了我国企业的先进实践，该标准的实施和推广必将提升我国企业的创新管理能力，增强国际竞争力和影响力，具体表现如下。

（1）有效整合和利用知识资源：我国企业，尤其是国有企业，通常拥有丰富的技术和经验资源，但如何有效整合、共享和利用这些知识资源，是实现企业发展的关键。ISO 56005 标准为企业提供了一套科学的知识管理框架，帮助其在知识的整个生命周期内，从获取到应用，充分发挥知识资源的关键作用。

（2）促进创新能力的提升：科技改革的核心是提升创新能力，而知识管理是创新的基础。通过实施标准，企业可以建立起一套科学、规范的知识管理体系，包括创新的规划、组织、实施、监控和改进等环节。这将有助于提升企业的创新能力，加快技术研发和产品创新的速度。

（3）防范风险：清晰的知识产权保护策略可以防止知识产权被侵犯或盗用，从而保护企业的利益，减少潜在的法律风险。国有企业通常拥有大量的核心技术和专业知识，但由于员工流动和退休等原因，知识流失可能会对企业造成严重影响。通过标准的实施，企业可以建立一套知识保护和传承机制，从而有效降低知识流失的风险。

（4）加强国际竞争力：中国企业要在国际市场立足，需要具备强大的技术实力和创新能力。符合国际标准的知识管理体系将提升企业的国际声誉和竞争力，帮助企业更好地融入国际产业链，实现技术输出与引进的有机结合。

---

❶ 赵良.透过 ISO 56000 系列标准看创新与知识产权［M］∥中规（北京）认证有限公司.名企聊创新管理：基于 ISO 56000 系列标准的应用指引.北京：知识产权出版社，2023：22.

（5）推动科技成果的转化与应用：知识管理不仅是为了积累知识，更要将其转化为实际的产品和服务。通过标准的实施，企业可以建立起一套科学的知识应用机制，加速科技成果的转化和商业化进程。

（6）培养创新文化与团队合作精神：通过标准的实施，企业可以建立一种推崇创新和团队合作的文化。创新文化鼓励员工勇于尝试新思路，释放创造力的潜能，使团队能够在不断变化的环境中迎接挑战，迸发出创新的活力。团队合作精神则增强成员之间的信任，使他们为实现目标而共同奋斗，提升了企业的凝聚力和执行力。

综合而言，在加快形成以国内大循环为主体、国内国际双循环相互促进的新发展格局背景下，企业需要进一步深化对系统化创新理论的理解，探索系统化创新方法，实践和优化系统化创新管理模式，建立系统化创新组织体系。这对实现上下联动、左右协同的创新格局具有重要意义。ISO 56000 系列标准的实施和运用，可以全面提升我国企业在百年未有之大变局下的创新能力，助力企业通过创新管理加速迈向全球顶尖企业行列。

（三）运用 ISO 56000 系列标准加快发展新质生产力

新质生产力是创新起主导作用，摆脱传统经济增长方式、生产力发展路径，具有高科技、高效能、高质量特征，符合新发展理念的先进生产力质态。❶ ISO 56000 系列标准为企业提供了全面的创新管理框架，帮助企业系统化地管理创新活动，从而有效形成新质生产力。

在 ISO 56000 系列标准的框架中，ISO 56005 标准以创新价值实现为核心导向，将知识产权管理活动融入创新全过程，通过明确创新过程中的知识产权管理目标、方法和路径，全面提升创新效率、质量和效益。❷ ISO 56005 标准的主要内容包括：知识产权管理框架、知识产权战略、创新过程

---

❶ 习近平的新质生产力"公开课"［EB/OL］.（2024－03－07）［2024－08－18］. https://news.cctv.com/2024/03/07/ARTIA6pOukiB2h3osdI803MI240307.shtml.

❷ 陈劲.专家解读｜ISO 5600 系列标准——加速我国世界一流企业建设的创新管理国际标准［EB/OL］.（2023－05－24）［2023－09－05］. https://mp.weixin.qq.com.biz＝MzA-wOTU4NDgwNg＝＝＆mid＝2650985824＆idx＝2＆sn＝1fd17 dbc.

中的知识产权管理以及六种知识产权常用的工具和方法。它明确了组织如何利用知识产权达成业务目标和实施创新行动等多种目的，并提供了清晰的知识产权管理工具和方法。例如，组织如何进行战略定位、如何寻找创新路径、如何有效保护创新成果，通过明晰知识产权及其权利归属，为创造创新贡献价值，进而获取经营自由，增加组织竞争优势。有效的知识产权管理有助于促进组织创新数量的增加和创新质量的提高，加强知识产权管理以提升创新成果的保护，发挥知识产权在竞争与合作中的战略支撑作用，助力打造原创技术策源地，加快发展新质生产力，对实现科技强企、强国的目标具有重要的现实价值。

以下是实施 ISO 56005 标准的意义。

（1）构建战略体系：实施 ISO 56005 标准使得企业能够建立与业务战略和创新战略相契合的知识产权战略。科技自立自强不仅意味着要在现有技术上保持竞争力，还需要不断进行研发和创新，以推动科技前沿的发展。这种战略体系的构建不仅有助于明确企业的发展方向，还能够提高企业的创新能力，实现自主创新的目标。

（2）促进知识融合：通过构建创新与知识产权融合的管理体系，企业能够将知识产权管理融入创新的整个过程中。这使得知识产权不再是一个独立的部分，而是与创新活动相互交织，从而发挥更积极的作用。

（3）寻找创新路径：通过知识产权工具和方法的运用，企业可以激发更多的创新灵感，并探索更前沿的科技创新路径。标准的应用可以为企业提供创新的方法论和工具，可以帮助企业在竞争激烈的市场环境中找到创新的突破口，从而保持竞争力。

（4）降低运营风险：充分利用知识产权保护创新成果，可以帮助企业明晰知识产权的归属，管理风险不确定性，并最小化相关风险和成本。

（5）促进创新协作：知识产权管理可促进科技创新全过程的产学研用等合作，从而产出更多的创新成果，实现社会价值和经济价值。

（6）实现创新价值转化：建立良好的知识产权保护体系可以保护企业对创新成果的所有权，同时也可以将其资本化，从而实现价值转化。这意味着企业可以将科技创新成果转化为商业价值，为其带来实质性的回报。

新一轮科技革命和产业变革与我国加快转变经济发展方式已形成历史性交汇。新质生产力是新时代新征程解放和发展生产力的客观要求，是推动经济高质量发展的内在要求和重要着力点。要形成新质生产力，关键在于科技创新。全球进入大科学时代，科学研究的复杂性、系统性、协同性显著增强。科技创新是人类共同应对风险挑战，促进和平和发展的重要力量。面对科技创新复杂性提高、不确定性增大和融合性加强等趋势，受资金、人才和技术等创新资源的约束，传统创新理论已无法满足社会资源有效整合及创新能力高效提升的要求，以 ISO 56000 系列标准为载体的系统化创新观，正好呼应了时代所需。ISO 56000 系列创新管理国际标准，作为全球公认的创新管理最佳实践框架，为企业实施有效的创新管理提供了指导。这一系列标准能够助力打造原创技术策源地，促进形成和发展新质生产力，以国际一流标准全面推动企业自主创新能力提升，使我国在重要科技领域成为全球领跑者，在前沿交叉领域成为开拓者，早日建成世界主要科学中心和创新高地。

第四篇

路　径　篇

第五章　导入 ISO 56002 的
创新管理体系建设

为落实国家创新驱动发展的战略部署，南方电网公司于 2022 年 11 月发布了《南方电网公司创新管理体系导则》和《南方电网公司创新管理体系建设工作推进方案》等重要文件。广州供电局承接了南方电网公司创新管理体系建设的试点工作，在标准导入过程中，广州供电局切实应用 ISO 56000 相关标准工具，科学制定创新战略实施和管理策略，全面构建坚实的创新组织结构，建立了有效的创新机遇与风险识别机制，不断优化创新流程，着力培育和践行创新价值观，建立健全创新评价体系、成果转化应用机制，以及创新资金与人才保障体系、实验室体系和数字化资源保障体系等长效机制。在体系建设试点中，广州供电局持续强化职能，补齐短板，树立标杆，增加活力，提升创新的系统化能力，努力破除影响和制约创新竞争力提升的深层次体制机制障碍。

一、ISO 56002 创新管理体系架构构建

（一）ISO 56002 标准定义的创新管理体系架构

ISO 56000 标准为组织提供了一套全面指南，用于构建和维护有效的创新管理体系。首先，该标准明确了与创新管理相关的关键术语和概念，确保所有组织对这些术语有共同的理解。其次，该标准为建立、维持和不断优化创新管理体系提供了结构化的指导。最终目标是通过协调内部资源并

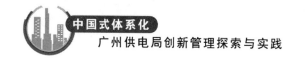

全面实施系统化的创新方法，增强组织的创新能力。

ISO 56002 标准为所有组织（包括中小型组织）建立、实施、保持和改进创新管理体系提供了指南。该标准涵盖了各种创新活动，包括渐进性和根本性的创新，涉及产品、服务、过程、业务模式等多个方面；指导组织确定与其战略相一致的愿景、方针和目标，并提供必要的资源，以建立相应的过程；同时，该标准把组织所有的活动和其他相互关联或相互作用的要素作为整体进行管理。创新给企业带来的价值不局限于财务收益，还包括社会价值、环境价值、品牌价值、客户价值和市场竞争力等其他方面的价值。

ISO 56002 标准在构建时借鉴了 ISO 组织的核心架构原则，确保了与现有的质量管理和环境管理等体系可以进行融合。该标准采纳了持续改进的 PDCA 过程方法，覆盖了创新管理的全周期，包括项目的启动、研发、采购、市场应用及客户服务等。此外，该标准还深入探讨了知识产权的全链条管理，从获取、维护到运用、保护和监督，为组织的创新驱动提供了一套系统化的方法论。通过融合知识产权与创新管理策略，ISO 56002 不仅促进了组织创新能力的提升，也为绩效评估和目标实现提供了一套普适的指导框架（图 5.1）。

ISO 56002 标准明确指出，创新管理体系的有效实施依赖最高管理者的承诺、领导者的创新能力，以及支持创新活动的文化。在此基础上，组织运用 PDCA 循环持续改进创新管理体系，以确保创新计划和流程得到充分的支持、资源配置和有效管理，同时帮助组织识别和处理机遇和风险。PDCA 循环可以应用于创新管理体系的整体或部分，由组织的环境（ISO 56002 标准第 4 章，下同）及其领导力（第 5 章）所界定和指导。图 5.1 具体说明了 ISO 56002 标准第 4 章到第 10 章的要素是如何体现在 PDCA 循环之中的。

PDCA 是一个连续的管理循环，包含四个阶段。策划（plan）：组织制定目标，并确定应对机遇和风险所需的行动（第 6 章）；实施（do）：组织需执行与支持和业务有关的计划（第 7 章和第 8 章）；检查（check）：组织应根据既定目标进行监测，并评估和测量结果（第 9 章）；改进（act）：组织应采取改进措施，不断提高创新管理体系的绩效（第 10 章）。在整个过程中，组织不断地评估、调整和改进其创新管理体系，以适应不断变化的环境和需求，提升其创新绩效。

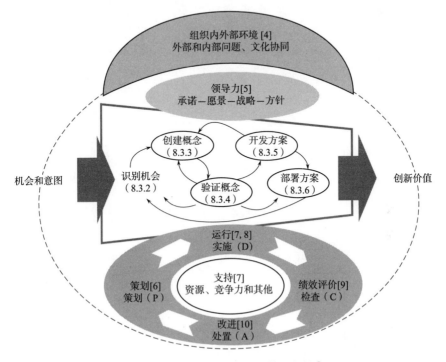

图 5.1 ISO 56002 创新管理体系架构❶

(二) 广州供电局创新管理体系架构

广州供电局为在 ISO 56002 标准的架构基础上，结合《南方电网公司创新管理体系导则》和《南方电网公司创新管理体系建设工作推进方案》的要求，突出能源电力企业自身管理优势，构建适应性和可操作性较强的创新管理体系框架（图 5.2）。该架构引入并体现了创新管理环境、企业战略纲要、高质量发展等对创新管理的要求；划分为创新策划（P）、创新实

---

❶ International Organization for Standardization. ISO 56002：2019 Innovation management－Innovation management system－Guidance［S/OL］.［2023－10－07］. https://www. iso. org/standard/68221. html.

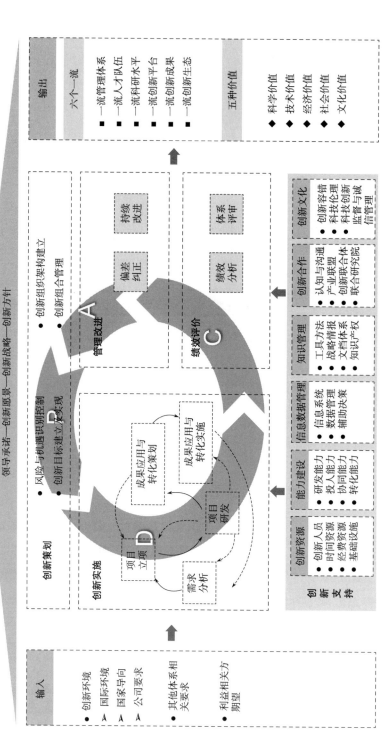

图 5.2 广州供电局创新管理体系架构

第五章　导入 ISO 56002 的创新管理体系建设

施（D）、绩效评价（C）、创新改进（A）和创新支持五大管理单元；细化分解了创新目标、创新战略和创新行动管理能力建设等管理要素。该架构基于完整 PDCA 闭环管控，科学有效地指导新发展阶段能源电力企业创新管理体系建设与科技体制改革，推动企业高质量发展。

（1）领导力。由于领导作用直接关系到企业创新发展以及创新管理体系的有效运行，广州供电局将领导力视为体系架构的关键因素和基础。领导者对创新管理的承诺，不仅体现在管理体系资源分配、过程支持、文化建设、能力培训、持续改进和价值实现等方面，还需建立、实施和维护对战略选择具有指引作用的创新愿景，明确创新战略定位及战略目标，确立支持创新战略和目标的创新方针。

（2）创新策划。广州供电局通过强化创新管理体系的顶层设计，同步完善创新管理制度体系和流程，细化创新流程，形成"1+N"系列方案。同时，为实现创新管理体系的预期结果，确定了"六个一"发展目标和五种价值。在此基础上，企业搭建与其创新管理预期相适应的组织架构，以支持产品创新、文化创新、商业模式创新等创新活动，从而构建横向协同、纵向贯通的大科技管理格局。

（3）创新实施。广州供电局通过建立分层分级机制，打造纵向梯度式的创新项目，聚焦各专业领域的关键技术难题、重大工程、重点任务和管理挑战等，形成建议选题。针对项目立项和研发活动，完善成果应用与转化的策划机制；为加强科技成果的迭代升级与中试熟化，建立"新兴业务单位对接市场、科研单位研发产品、管制业务单位支持应用验证"的合作模式；同时，构建对接市场的成果转化流程，推动自有科研成果入驻南网商城，逐步扩大成果转化影响，形成"广州品牌"。

（4）创新支持。广州供电局建立的创新支持涵盖多个方面。创新资源支持即创新所需的人力、物力和财力的投入。企业通过将创新链、产业链、资金链和人才链深度融合，充分释放创新创造活力，助力创新管理体系建设。例如，完善科技人才引培使用评价机制、优化投资策略、强化经费统筹，并配套基础设施等。创新能力支持主要体现在研发能力、投入能力、协同能力和转化能力等方面。能力建设是一项系统性和持续性的工作，需要在专业能力、制度、流程上不断投入和改进，以实现战略目标。数字化建设支持则指对创新实现智能化管理，提升数字化、网络化、智能化和自动化水平。通过海量数据和智能分析，获得更具前瞻性的决策支持，精准地满足企业内外部的个性化需求，如信息系统、数据管理、辅助决策。知识管理支持主要结合电力行业特点，构建与创新体系相匹配的知识管理方法和体系，着重通过工具方法、战略情报、文档体系和知识产权等开展相关工作。创新合作支持则充分发挥政府、能源电力行业、高校的能力优势，以"优化布局、促进融合、提升能力"为原则，整合全企业资源，优势互补，加速技术创新和成果转化。企业与其他创新主体合作开展产业技术创新和科技成果产业化活动，如强化创新认知与沟通、建立产业联盟、形成创新联合体和创建联合研究院等。

（5）绩效评价。广州供电局建立了健全的创新绩效评价体系，基于各部门和单位在创新体系中的分工定位，制定了分层分类的绩效评价标准。企业通过差异化评价，准确评估各部门和单位在创新方面的贡献，逐年扩大评价覆盖范围，实现对企业创新绩效的全面评估。结合试点工作，企业总结提炼特色优势成果，形成可复制、可推广的典型案例，在本行业及相关行业进行推广。

（6）管理改进。开展 ISO 56000 系列标准认证和对标分析，广州供电局全面了解创新管理体系的现状和存在的问题，实现以评促建。结合评估结果，制订具体的改进计划和行动方案，推进创新管理体系持续改进，持续优化提升创新管理体系运作效能。

（三）ISO 56002 标准架构的应用及对比分析

1. 不同创新管理体系架构的共性

ISO 56002 标准与广州供电局的创新管理架构均遵循 PDCA 过程方法，通过要素规定管理要求来实现管理目标。两个架构的优点在于，它们在企业管理体系框架内有较大的灵活性和通用性，适用于各类组织。

首先，这两个架构的通用性较强，能够适应不同类型和规模的组织。根据 ISO 56002 标准或广州供电局架构，组织可以进行管理体系的建立和优化，并根据自身的需求和特点，灵活地设计和实施管理体系。

其次，这两个架构使用过程管理方法，使得组织更易于与其他管理体系相融合。在经营过程中，组织需要满足不同监管机构和客户的需求，这些需求来源于不同的管理标准。通过过程方法管理，组织可以将 ISO 56002 标准或广州供电局架构与其他管理标准进行有机结合，实现多元化管理体系的有效整合。

最后，采用系统化要素管理方法可以提高企业的整体管理的有效性和效率。通过将企业的管理要素分解为不同部分，并对每个要素制定相应的管理要求，企业能够更加系统化地对其进行管理和优化，从而提升整体管理水平。

2. 广州供电局创新管理体系架构的特征

ISO 56002 标准提供的创新管理框架具有高度概括性和灵活性，使企业能够根据自身情况和需求实施，然而这种高度灵活性意味着存在一定的风险。再者，创新管理作为一门新兴的学科，其成熟度相对较低，与质量管理等成熟学科不同，创新管理仍然缺乏被广泛接受和应用的框架、工具和方法，需要企业自行整合和适应。

由于创新管理领域可借鉴的实践经验较少，企业在实施标准的过程中往往会面临各种困惑。缺乏经验和指导可能导致企业在创新管理实施中遇到一系列难题，例如如何选择合适的创新策略、如何组织和管理创新团队，以及如何评估创新成果等，这些都需要企业耗费大量精力进行不断探索和尝试。

在这方面，广州供电局的实践经验显得尤为重要。它通过细化和明确创新理念与管理优势，并以制度、流程和文件的形式加以固定，形成了一套创新管理体系建设的"1+N"方案，从而体系化地推动创新工作全面开展。该方案以"六个一"作为发展目标，为创新管理指明方向，并明确了"五种价值"，揭示了创新活动的核心价值所在。该方案不仅详细阐述了创新战略的制定、实施与管理，还搭建了创新组织结构，有力推动了创新实施，识别了创新机遇与风险，建立了科学的创新管理绩效评估机制，并促进了创新成果的转化应用，构建了一个全方位的支持体系，确保创新活动高效有序地进行。

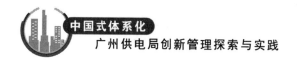

二、ISO 56002标准重要条款要素解读

(一) 全面认识创新环境擘画企业创新蓝图

1. 创新中不可或缺的组织环境扫描

ISO 56002标准强调组织环境与创新管理体系目标的相关性，涵盖影响组织实现创新管理体系预期成果的内部和外部因素。内部因素包括企业文化、财务状况、资源配置、人力资源、运营管理等，而外部因素则涉及宏观经济、社会、政治、技术和竞争环境等。此外，还包含潜在的价值实现机会，例如未来技术发展趋势、产品组合创新、新产品或服务的开发、新客户群体拓展、管理效益提升及商业模式创新等。

ISO 56002标准将组织环境的识别放在首位，因为它是整个管理体系宗旨和战略方向的起点。组织通过对环境的感知作出决策，以满足内外部需求，从而制定与其环境相匹配的创新战略、组织结构和创新管理过程。

（1）"内外部"因素分析。

标准指出，组织需要定期调查和分析外部环境和内部环境（表5.1）。通过对外部环境与内部环境的调查和分析，组织能够更好地了解所处的市场环境及其内部能力，这为战略和管理决策的制定提供了重要输入。

表5.1　ISO 56002标准中"内外部"涵盖的因素

类别	具体要素	示例
不同领域	经济因素	某企业开发一款新型手机，对专利技术发展情况、市场需求和消费偏好情况等开展调研
	市场因素	
	社会因素	
	文化因素	
	科学因素	
	技术因素	
	法律因素	

续表

类别	具体要素	示例
不同领域	政治因素	某企业开发一款新型手机，对专利技术发展情况、市场需求和消费偏好情况等开展调研
	区域政治因素	
	环境因素	
地理范围	国际	在美国市场销售杀虫剂等农药产品需要获得专利授权等，需要有自主知识产权积累；在非洲等地区，知识产权需求相对较低
	国家	
	区域或地方	
演变	过去的经验	医疗技术是一个不断发展演变的领域，随着通信技术和传感技术的进步，实现了远程医疗；随着人工智能的发展，机器人逐渐代替医生诊疗和手术
	现在的情况	
	未来可能的场景	
挑战	速度	自动驾驶技术的阻力来自技术的安全性和可靠性问题，相关技术在应用过程中需要经过严格的测试和验证
	阻力	
趋势	可能性和潜在影响	随着智能手机和移动设备的普及，越来越多的用户在移动设备上观看视频，提升用户体验是一个重要趋势
潜在机会或威胁	由创新扰乱造成的机会和威胁	共享汽车兴起，某智能锁公司考虑向该方向拓展业务，将积累的核心技术在该领域进行应用
相关方	外部相关方和内部相关方	某企业计划研发一款新车型，发现近期展会竞争对手已公开类似外观车型
企业发展	愿景	某企业制定创新战略，并依据创新战略目标制定知识产权战略，开展创新成果保护，取得良好的效果
	抱负	
	战略方向	
	核心竞争力	
企业现状	管理实践	某企业在组织架构中设立了创新管理部，专门负责企业创新管理工作，取得了很好的效果
	组织架构	
	其他管理体系的适用	
企业绩效	整体绩效和创新绩效	某企业开发新产品，能够满足市场需求，提高了企业的市场占有率和盈利能力

类别	具体要素	示例
企业运行	流程、预算等	某企业制定项目管理办法，对项目全生命周期开展知识产权管理，取得了很好的效果
潜力与成熟度	现有产品和价值实现模式	某公司智能手机销售增长趋于平稳，占有市场份额趋于稳定，处于产品生命周期中的成熟期
企业核心竞争力	员工	迪士尼公司拥有动画片《狮子王》的版权保护，使其能够对相关产品进行授权和获得衍生品的销售收益
	知识	
	技能	
	知识产权	
	生态系统	
	品牌	
	合作伙伴	
	基础设施	
适应性	战略、资源配置等调适能力	某电子产品企业市场份额下滑，调整战略将产品线转向高端市场，加大研发投入，扭转竞争局面
企业文化	价值观等	某手机企业价值观为"成就客户、开放进取、团队合作"
创新能力	员工较长时期的创新能力	某企业制订了员工年度培训计划，持续提升员工技能和创新意识

对外部环境进行全面分析时，组织需关注包括经济、市场、社会文化、科技、法律等不同领域在内的多个方面的动态。经济波动对市场需求和投资意愿等都会产生影响，而且市场趋势的变化会反映客户偏好及竞争态势的重塑等。另外，社会文化的演变将深刻影响到公众的价值观、消费模式等，对组织如何定位自己的产品和服务也会产生直接影响。科技进步与科学发现作为创新的催化剂不断催生着新产品和服务的产生，而相应的法律法规为组织提供了一个合规与监督的框架。综合以上因素，对外部环境的全面了解有助于组织在竞争中不断前进。

组织在跨国经营中，由于地理范围的差异，面临的是复杂的市场环境

第五章 导入 ISO 56002 的创新管理体系建设

和文化差异，而在国内或地方市场经营中，需要对本地化需求及政策导向有深入的认识。在时间维度上，组织要善于吸取以往经验中的教训，运用当前的市场和经营数据进行决策，并根据对未来发展的预测进行战略规划的制定工作。在应对快速变化的市场和技术时，组织一定要具有敏捷性，在有效交流和变革下克服来自组织及利益相关方等形成的阻力。通过以上努力，组织可以更好地应对全球化带来的各类挑战。

组织需要对目前的趋势进行分析，原因在于：其一，对当前的趋势进行深入的剖析，可以对可能或潜在的影响有清晰的认识；其二，为了抓住可能出现的新的机遇或挑战，组织必须敏锐地洞察相关的趋势。同时，组织还必须对外部环境中的潜在机会与威胁有一个清晰的认识，并据此对策略进行调整或准备相应的应对措施，以在竞争中不落后的情况下抢占市场的先机。通过以上趋势分析，组织可以提前开展相应的布局。此外，组织与用户、客户、特殊利益团体、合作伙伴、外部供应商、顾问、竞争对手、监管机构、公共权力机关、标准机构、行业和商业协会等外部相关方的有效互动是认识外部环境的重要方面，对于把握机遇、应对挑战也是不可缺少的。

在分析内部环境时，组织需全面审视其能力和资产。其中，组织的愿景、抱负、战略方向和核心竞争力共同构成组织创新发展的核心。在创新的过程中，组织需明确其长远目标，并将这些目标与其核心竞争力紧密结合，同时确保所采取的战略方向不仅支持这些目标，而且能够进一步强化和提升组织的核心竞争力。组织对现状的分析应关注管理实务、组织架构及其他管理体系的应用情况，评估现有的管理流程和结构是否有效激发创新，并探索如何将创新管理体系与质量、环境等体系有效融合，以实现创新效率和效果的全面提升。

组织绩效的衡量包括整体绩效和创新绩效，组织通过绩效来识别自身的优势与不足，同时利用对标分析与竞争对手进行比较，以清晰地定位其在市场上的竞争地位。组织运行的有效性体现在流程、预算等方面，为确保创新活动的顺利进行，组织需要定期检查日常运营中的流程、预算分配、控制机制以及跨部门合作的效率，确保这些日常运行活动能够促进而非妨碍组织创新。

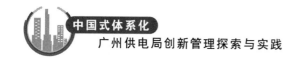

组织的潜力与成熟度体现在对其产品和服务所处的生命周期的评估，以及对当前商业模式的适应性和有效性的审视。组织应探寻新的增长点，同时对现有产品线进行必要的更新或淘汰那些不再适应市场需求的产品，以此来优化其商业战略并实现持续增长。组织独特性包含员工、知识、技能、知识产权等无形资产，这些是组织竞争优势和创新的基础。

适应性是组织面对外部环境不确定性和变化的关键所在，它包含战略、流程和资源配置等方面的适应。战略适应性确保组织能够灵活地调整其长期目标和计划；流程适应性确保组织内部的工作流程和操作程序能够高效地响应变化；资源配置适应性确保有效地分配和利用组织的有限资源以支持战略目标和流程需求。

组织文化是指组织内部共享的价值观、信仰、习俗、行为准则和工作态度等，它塑造了员工的日常行为规范。一个健全的组织文化能够激发员工的创新潜力，促进团队协作，提升工作效率，并在吸引和维系关键人才方面发挥着决定性作用。创新能力指员工在工作中持续提出并实施新想法、新方法、新技术的能力。为提升员工创新能力，组织需采取教育培训、激励措施、环境营造和资源支持等多种策略。

（2）"相关方"等因素分析。

为了确保创新管理体系的有效运行，组织应该与内外部相关方进行沟通互动，获取相关方的需求和期望信息，并对获取的信息进行确认、检测和评审。在分析内外部环境及相关方需求和期望的基础上，组织能够明确其创新意图，以及创新管理体系的边界和适用性。确定管理体系范围后，组织根据创新意图，建立、实施、维护和持续改进创新管理体系（表5.2）。

表5.2 ISO 56002 标准中"相关方"等因素

类别	具体要素	示例
相关方的 需求和期望	当前或未来	某电动车企业对客户需求进行了调研，客户需求反馈主要集中在两个方面：首先是提升车的性能，如速度、续航里程等；其次是提升安全性等
	明示或隐含	
	价值实现	
	变化	

续表

类别	具体要素	示例
相关方的 需求和期望	市场	
	产品、服务等	
	提供产品或服务等范围	
	替代品等	
	价值链、生态系统等	
	法律法规要求等	
确定创新管理 体系的范围	内外部因素	某企业目前有 5 个研发中心，负责不同产品线研发，本次体系仅覆盖市场占有率最高的一个产品线相关的研发
	相关方需求	
	其他管理体系协调	
建立创新管理 体系总则	建立创新管理体系 并持续改进	某企业根据本标准建立创新管理体系，开展诊断、体系文件编写、发文宣贯，并实施运行等
创新工作环境	好奇心等	某家电企业坚持"内外协同、多元并存"的创新理念，采用"脑力激荡板""创新角"等方式鼓励员工和合作商提供创新建议，促进内外部创新合作，激发员工创新热情
	鼓励反馈和建议	
	鼓励学习等	
	鼓励冒险	
	内外部协作等	
	创新活动多样性	
	共享价值观等	
	分析与决策	
	计划和流程	
创新文化支持	管理人员对创新活动的承诺	某企业出台创新与知识产权奖励政策，并推行"15% 时间政策"，提倡员工将 15% 的时间用于创新，营造全员创新的企业文化氛围
	对不同创新活动进行管理等	
	支持和认可创新	
	对创新成果进行奖励等	
	培养支持创新的能力	
	创新文化评估	
	多学科协作	

类别	具体要素	示例
协作	目标一致性	某电动汽车企业与某电池厂合作开发电动车的锂离子电池技术,通过协作车企提高了电动车的续航里程和充电速度,电池厂将电池技术应用到新兴电车领域
	多样性的经验、技能等	
	外部协作不同方式等	
	知识产权问题	
	定期评审和调整	
	尊重、开放和信任	

组织在考虑相关方的需求和期望时,必须全面审视多个维度,既要理解客户和市场当前的具体需求,也要预测未来可能出现的趋势和需求,以便提前做好准备和规划。客户的需求和期望既包括客户直接表达的明示需求,如对产品功能或服务的具体要求,也包括那些客户尚未明确表达的隐含需求,需要组织通过深入的市场调研和敏锐的洞察力去挖掘。价值实现不仅包括财务层面的成本节约、增加收入或提高投资回报率,还涉及非财务层面的品牌形象、客户满意度和员工士气等。需求的变化程度从渐进式的小幅度改进到彻底的变革不等,组织需根据情况对现有产品或服务进行改进,或在必要时进行大规模的调整和资源投入以实现根本性的创新。在市场方面,组织不仅要挖掘现有市场的增长潜力,还要探索新的市场领域,包括新的客户群体、地区或产品类别。创新可以发生在组织的各个方面,无论是产品设计、服务交付、内部流程、商业模式还是工作方法。组织可以在现有业务领域内进行创新,也可以根据市场机会和资源能力扩展到新的业务领域。同时,组织应不断评估和改进现有产品,必要时用全新的产品替换过时或不受欢迎的产品,以保持竞争力。创新不仅限于组织内部,还可以发生在整个价值链、合作伙伴网络乃至更广泛的生态系统内。在进行创新时,组织还必须遵守相关法律法规,确保其产品、服务和运营符合行业标准和合规要求。

在构建创新管理体系之前,组织需首先明确自己的管理范围,决定在构建体系时将哪些业务领域、哪些流程、哪些产品或服务纳入体系当中。组织在确定范围的过程中,需要对市场动态、技术进步、法规变动、资源能力、组织文化及现有流程等内、外部因素进行综合考虑。同时，组织必须兼顾所有相关方的需求和期望，确保创新活动能够满足各利益相关方的需求，如客户、员工、投资者和供应商等。创新管理制度要与组织的其他管理制度保持一致，如质量、环境、安全、风险等，以促进组织内部各系统的协同效应。在不确定性面前，组织可以通过设置不同的场景，为将来的变革做好准备，从而挖掘潜在的机会。在管理体系范围的界定上，组织还需要综合考虑多个方面的要素，如产品、流程、结构、功能、合作伙伴、协作方式、地域覆盖和时间跨度等。此外，组织机构应根据实际需要，定期对创新管理体系的范围进行检查和调整，以保证与组织的整体战略、市场战略等保持一致。

　　组织在建立创新管理体系时，应遵循一系列步骤和原则，使组织的创新活动与组织的长期战略目标相吻合。体系建设需要保证制度和流程不断完善，并适应不断变化的技术和市场，同时还需要依据明确的指导原则和创新的管理原则。创新管理体系要覆盖从创意产生到商业化的整个过程，而组织需要提供人力、技术、资金等必要的资源来支持体系的建设。创新意图是引导市场拓展、产品升级或效率提升等创新战略和目标实现的关键，而制定战略则需要确保其与组织愿景相符。创新文化具有重要的支撑作用，好的文化能够鼓励创新思维、推动跨部门协作，同时也能够保证不断学习和个人成长。创新管理是动态变化的，它可以帮助组织对创新流程进行系统的管理，提高成功率，提升竞争力。

　　创新工作环境，为创新活动提供土壤、营造氛围，是组织文化的根本。组织应在建立积极的反馈渠道、优化内部和外部合作以及重视多元化和共享价值观的同时，鼓励开放的态度、好奇心、学习文化和冒险精神。组织需要在前瞻性思维和数据驱动之间寻求决策过程中的平衡点。创新的过程往往是非线性的，组织需要寻求一种平衡，这种平衡需要在严格的计划和灵活的流程之间进行。培育创新文化需要管理层的承诺，需要通过对多样化创新活动的有效管理，需要对创新的支持和认可，还需要表彰机制的落实、对创新成果的内在激励和奖励。组织内部能力的提升需要采取不同的措施，比如建立考核标准、对创新文化的发展进行监测、促进学科间的协同等。协作不局限于内部团队，也包括外部利益相关方，高效的协作在创新中起着至关重要的作用。组织应该在重视协作过程的知识产权问题的同时，充分沟通确保目标的一致性，利用成员的多样性激发创新。组织在对外协作时，选择适当的协作方式进行灵活创新，如技术合作、技术许可、战略联盟、对外投资等。组织需要以尊重、开放、信任为原则，定期对合作项目进行评审和调整，以保证合作的稳定和成功。

2. 创新中至关重要的"领导力"建设

领导力不是一种特定的行为，而是一系列行为组合的体现，对实现创新管理目标起关键性作用。在创新管理体系中，组织的领导者需要具备一系列与创新管理密切相关的才能。

首先，领导者应对创新管理体系的有效运行、所处阶段及取得的效果负责，包括确认管理体系是否适合当前组织发展需求，并与组织的业务融合，避免实际运行与文件脱节。

其次，领导者需要关注未来导向，确保制定的创新愿景、战略、方针和目标与组织内外部环境相适应，并与组织的整体战略方向保持一致。创新愿景是组织对未来前景的展望，创新战略则是对这一愿景的具体体现，创新方针则为实施创新战略和实现创新目标提供方向性指引。

再次，领导者还需培育支持创新活动的文化。创新文化是在创新活动中形成的具有特色的精神财富，包含创新价值观、创新环境氛围等，可激发员工的创新热情、创新主动性和责任感。创新文化要求组织员工在工作中创新，同时要求组织管理层在管理中创新。领导者需通过物质或非物质等奖励认可创新者的实践，容忍失败，鼓励员工从成功和失败中总结经验教训，保持创新活力。

最后，领导者还需推动组织员工树立创新意识。创新意识是一种重要的精神力量，是员工对创新及其价值的重要认识水平和态度。领导者应在组织内加强宣传，强调有效创新管理和采用创新管理体系指南的重要性。公司的宣传活动将有助于强化员工的创新意识，提高其创新素养，从而促进组织创新活动的开展。

领导力包含的要素见表5.3。

第五章 导入 ISO 56002 的创新管理体系建设

表 5.3 ISO 56002 标准中"领导力"涵盖要素

类别	具体要素	示例
总则	对体系有效性和效率负责	某企业总经理,在创新管理体系建设时,发布承诺书,对体系的有效性和效率等作出承诺
	建立一致的创新愿景、战略、方针和目标	
	营造支持创新文化	
	实施创新管理体系的要求并融入现有流程	
	支持各级人员展示领导力和承诺	
	确保创新管理体系所需各种保障措施	
	树立创新意识	
	确保创新管理体系达到预期效果	
	支持员工为创新管理体系的有效性作出贡献	
	鼓励和认可创新者展示良好实践	
	开展绩效考核和持续改进	
聚焦价值实现	通过可开发的洞察力来识别机会	某软件企业领导者,价值实现聚焦在链接和社交互动上,致力于提供一个安全、可信赖的平台,让客户可以分享和交流,以促进社会联系和人际关系的发展,取得了巨大成功
	平衡机会与风险	
	风险承受力和失败容忍度	
	测试假设和验证假设	
	促进毅力并确保及时部署创新	
创新愿景	未来的作用及其创新的预期	某企业创新愿景是"成为行业标杆"
	自觉的雄心	
	战略选择的指南	
	内部交流	
	对外交流	
创新战略	组织背景	某家电企业的创新战略是"大名牌、大科研、大市场"。大名牌指名牌产品发展成名牌产品群;大科研指每年开发并投入市场的品种为同行业之冠;大市场指国内市场名额居前三名,企业发展为国际知名企业
	创新愿景和方针	
	角色、职责和权限	
	创新目标及实现目标的计划	

续表

类别	具体要素	示例
创新战略	组织结构	
	支持和流程	
创新方针	对创新活动的承诺	某企业制定创新方针为"自主创新，争当行业标杆"，对企业创新战略的制定和实施起到了很好的指引作用
	与组织的宗旨和环境相适应	
	为制定创新战略和目标提供框架	
	考虑创新管理原则	
	承诺满足适用的要求	
	对持续改进的承诺	
	在组织内沟通、理解和应用	
	提供给相关方	
角色、职责和权限	确保创新管理体系符合标准	某企业根据创新管理体系工作要求，对最高领导者、创新管理部门、知识产权管理部门、人力资源部门、研发部门等各职能部门的创新管理职责进行了分配
	及时汇报创新管理体系的绩效和改进机会	
	确保体系的完整性得到维护	
	现有角色	
	专设角色	

在聚焦价值实现方面，企业最高管理层展示其领导能力和承诺的方式体现在多个层面。首先，企业最高管理层需主动识别和理解市场、客户和社会的明示的或潜在的需求，以便发现新的商业机会或改进现有产品和服务的潜在途径。同时，在识别机会的过程中，需要评估与之相关的风险，并在权衡机会与风险的基础上作出明智的决策。其次，企业最高管理层应为组织设定明确的风险承受值，并培养容忍失败的文化，以激励创新精神，避免因害怕失败而引发的消极现象。为提升创新成功率，企业最高管理层应支持早期的概念验证，允许团队开展实验和原型制作，并邀请用户、客户及其他利益相关方参与，以验证假设并从实际反馈中学习改进。最后，企业最高管理层应鼓励其团队成员持续参与创新项目，面对挑战不轻言放弃，并确保一旦项目验证成功就能迅速推向市场，及时抓住机遇。

企业最高管理层对创新愿景的建立、执行和维护起着至关重要的作用。

创新愿景是组织对未来创新活动所追求的状态的清晰描述，不仅勾画了组织所希望扮演的市场角色，同时也描绘了创新如何为顾客和社会带来正面影响的过程。创新愿景是一种有意识的野心，挑战现状，鼓励组织超越现有能力，探索未知领域，并设定远大目标，显示出对未来可能性的自信，以及追求卓越的决心。创新愿景作为战略选择的指引，为创新战略、方针和目标的制定提供了一个框架，帮助组织确定优先事项，指导资源配置，确保一切创新活动都朝着既定愿景前进。同时，创新愿景需要在组织内部以易于理解的方式进行传达，以便于员工对创新愿景的理解和实现。此外，创新愿景还应能够有效地向外界传递，以提升组织的形象和声誉，并吸引外部利益相关方，如投资者、合作伙伴和客户等。

企业最高管理层在创新战略的建立执行和维护方面发挥着核心作用，既要制定组织的战略，又要明确创新给组织带来的价值和意义，使所有利益相关方都能认识到创新的目标和重要性。创新战略必须具有高度的灵活性，使组织能够根据创新实践的反馈和成果及时作出调整以应对创新过程中出现的变化和不确定性，同时创新战略的传达和执行必须做到清晰明了，保证相关人员对创新战略有深刻的认识，从而在组织内外形成统一的认识。因此，建立创新战略，把好第一关，对于组织的发展至关重要。此外，一个完整的创新战略应包括组织背景介绍、创新愿景与方针的阐述、角色与职责的设定、创新目标及其实施计划的具体说明、组织结构与支持创新的流程及资源分配等内容，上述要素共同构成了组织实现创新目标的指导性框架，支持组织进行有效创新。

在制定、实施和维护创新方针时，企业最高管理层需遵循一系列原则以确保其有效性和实用性。首先，创新方针应清晰表达组织对创新活动的承诺，以及对持续创新和探索新领域的重视和支持。其次，创新方针应与组织的宗旨和背景相契合，与创新战略和创新愿景保持一致。此外，创新方针应为制定创新战略和目标提供框架，指导组织在创新战略的范围内进行创新活动。创新方针中还应包含对创新管理原则的理解和应用，如开放创新、敏捷管理、跨学科合作等，以促进创新的实施。同时，创新方针需考虑满足道德和可持续性等的要求，将社会责任和环境保护融入创新活动

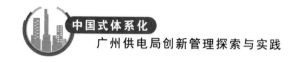
中。最后，创新方针还应包含对持续改进创新管理体系的承诺，以适应不断变化的内外部环境。必要时，创新方针也应向外部利益相关方公开，以便相关方了解组织的创新方向和承诺。

在角色、职责、权限分配方面，各相关角色的责权必须得到最高管理层的保证，做到心中有数，有据可依。首先，企业最高管理层要保证创新管理体系制度符合相关的指南和标准，为保证体系的有效性和合规性，指定专门的人员或具有专业知识的团队对创新管理体系的运行情况进行监督检查。其次，企业最高管理层需要确保各级管理人员能够及时向他们汇报创新管理体系的表现和改进机会，比如定期对数据进行收集和分析，对改进机会进行识别并提出报告。最后，企业最高管理层还需要确保包括保护体系免受干扰或破坏、维护文档、流程和工具等在内的创新管理系统的完整性得到维护。凡属创新管理体系制度文件的变更，均需履行适当的报批流程，待批复通过后方可重新发文。

结合实际情况，企业最高管理层可以选择利用组织现有的结构和职能，如将某些职责赋予现有的部门领导或职能负责人、根据体系要求增加研发部门主管或产品经理创新管理职责。现有人员通常已经熟悉相关的工作流程和业务领域，因此可以更有效地将创新相关职责与现有工作和业务融合，便于创新在组织各业务部门的开展。同时，企业最高管理层也可以设立专门的职位或团队来专注于创新管理或特定的创新项目，如重新任命首席创新官（CIO）或创新项目经理。专设职位可以是重新聘任的，也可以对现有职位上增设新的职责。

3. 运用"策划"相关要素设计创新路径

在开展体系策划时，组织应对机遇和风险的行动要求，考虑内部因素、相关方需求、期望和要求。例如，国家政策变化可能会对行业和产品带来风险；核心技术人员离职可能导致新产品或新技术研发中的信息泄露风险；合作研发中未对知识产权进行约定，可能引发纠纷等。企业应根据不同程度和级别的机会以及风险，制定与适合自身条件的应对措施，并将这些措施整合到创新管理体系中，确保创新管理体系能够实现预期效果或超过预期效果。创新管理体系的预期效果包括提高管理不确定性的能力、提高收入和盈利能力、持续更新产品组合、提高研发产出、提高品牌知名度和相关方的满意度等。

策划包含的要素见表5.4。

表5.4 ISO 56002 标准中"策划"涵盖要素

类别	具体要素	示例
应对机遇和风险的行动	达到预期效果	某企业在管理体系建设过程中开展问卷调查,对内部员工和外部供应商等的需求和期望进行摸底,以降低创新风险
	提高预期的效果	
	预防或减少非预期的效果	
	比较承受风险和预防风险的效果	
	与机会有关的不确定性	
	风险程度及类别	
	整合并实施	
	评估有效性	
创新目标	与创新方针保持一致	某企业根据创新战略制定创新目标,将目标分解到各职能部门,并每年对各部门分解目标进行考核
	与组织级别保持一致	
	可测量	
	考虑适用的要求	
	可检测	
	沟通和理解	
	适时更新	
策划实现目标	采取的措施	某企业计划12个月内开发并上市一款集成智能安全监控系统,公司拟定了市场和环境分析方案,对公司内部资源进行了评估,制定创新策略和实施计划,同时提出知识产权规划,并制定了品牌推广方案等
	参与相关方	
	需要资源	
	负责人	
	进度控制	
	评估创新方案的标准	
	结果评估	
	创新成果利用	
	计划沟通	
	文件化信息维护	

类别	具体要素	示例
组织结构	适应性强的组织结构	某企业建立创新管理体系，设立专门的创新管理部门，完善企业创新管理组织架构
	创造力与效率共融	
	专门组织结构	
创新组合	与创新战略和目标保持一致	某企业针对新产品的开发制订了研发方案、市场开发方案、品牌打造方案等一系列方案
	创新计划的一致性	
	实现协同效应	
	创新平衡	
	相关方通报进展和成果	
	改进和调整组合	

组织在筹划创新管理体系时，为了保证创新的有效性和持续性，必须对机遇和风险进行系统的考虑和应对。首先，组织为了确定创新的方向和重点，需要识别和理解内部和外部有关各方的需求和期望。同时，为确保创新活动符合规定，组织还应考虑包括法律法规、行业标准、契约义务等在内的所有相关法律和要求。在此基础上，组织应识别需要处理的机会和风险，可以采取下列措施：为使创新管理体系能够达到预期效果，组织需设定可考核和量化的目标及指标，并制定实现上述目标的策略；组织应探索可能超越预期效果的机会，如提高效率、降低成本、增强用户体验等；为了预防或减少非预期的效果，组织需识别可能导致负面影响的风险，并采取预防措施来降低风险的发生概率或减轻其影响；组织需比较接受风险和预防风险的效果，评估接受风险与预防风险的成本效益，选择对组织影响最小的措施决定接受风险还是预防风险。此外，组织还需持续改进创新管理体系，定期评估创新管理体系的绩效，并根据评估结果对体系进行不断调整和优化。其次，组织还应策划如何应对管理过程中出现的机会和风险，策划包括制订具体的行动计划来应对识别出的机会和风险。组织在行动过程中既要抓住机会，也要规避或减轻风险，因此组织要考虑到机会的不确定性和风险的可接受性。此外，组织需要确保应对机会和风险的措施能够顺利融入现有各部门的管理过程中，这可能需要其对现有的流程进行修改或开发新的流程。最后，组织应建立有效的评估机制来监测和评价应

对机会和风险措施的实施效果，通过定期检查、绩效指标评估与跟踪等方式来确保措施的有效性。

组织在制定创新目标时，要遵循一系列原则，确保创新目标对组织的创新愿景和战略方向能够起到有效的支撑作用。创新目标要与组织的创新方针保持一致，要着眼于体现组织对创新活动的承诺和支持组织长远发展方向，实现组织的创新愿景。同时，组织要确保创新目标与内部各职能部门、各层级的具体职责和能力相协调，确保各部门、团队或个人的目标既切合实际工作，又与其角色及职责相适应。此外，创新目标应具有可量化或可验证的特点，为客观评价其实现程度配备明确的评价标准或指标。在制定创新目标时，为确保目标的合法性和合规性，还应考虑包括法律法规、行业标准、客户期望等在内的所有适用要求。组织要对创新目标的实现进度进行定期监控，确保这些目标按计划完成，并根据实际情况在必要时作出相应调整。通过有效的内部沟通策略来传达这些目标，从而促进全体员工朝着共同的目标团结协作，以确保所有相关方都了解创新目标的意义和重要性。随着组织内部和外部环境的变化，为确保始终与组织的战略方向保持一致，并能适应新的挑战和机遇，创新目标也应适时更新。

为了保证创新目标的顺利实现，组织在策划实现创新目标的过程中，必须考虑一系列关键要素。首先，组织要确定将采取的具体措施，如开发新产品、改进服务流程、引入新技术或开拓新市场，这是基于已识别的机会领域和重点类型的创新。同时，组织在策划创新活动时，应明确参与其中的内部团队或个人是哪些，外部利益相关方（如客户、供应商、合作伙伴等）是哪些，以保证最大限度地利用资源和提供支持。组织还需要评估包括结构调整、技术支持、财务和人力资源配置，以及建立或改进相关流程在内的实现创新目标所需的条件。组织应明确个人或团队负责执行的创新计划，并确保其有权限和资源以完成任务。组织需要制定详细的时间表，包括追踪进度和确保目标按时完成的整个计划的完成时间节点和关键里程碑。此外，组织应确定财务指标、市场份额、客户满意度、技术先进性等评估创新方案的方法和标准，确保这些评估标准与组织的战略目标相一致。为了客观反映创新活动的实际效果，组织还需要制定考评结果的办法和绩效指标。组织应制定申请专利、注册版权等创新活动成果的保护措施和利用方案，确保有效保护和最大限度地利用创新活动成果。在策划实现创新目标的活动时进行沟通是必不可少的，组织需要确定创新活动的进展和成果如何与内外部利益相关方进行沟通，同时要为确保信息的有效传递选择合适的沟通渠道、沟通频率和沟通内容。创新活动的全过程涉及的信息很多，包括会议记录、决策记录、评估报告、沟通文档等，为确保活动透明、可追溯，组织最终需要决定将保留哪些文件化的信息。

在构建支持创新管理体系的组织结构时，企业最高管理层应确保该结构既有相关性又有较强适应性，能够支持当前运营并灵活适应未来的变化，以实现创新管理体系的预期结果，并促进创新活动的开展，确保能够达到既定目标。组织构建的组织结构应既能激发创造力和探索性活动，又能确保这些活动能够顺利过渡到部署和执行阶段，同时在鼓励自由思考和创新的同时，保持高效的执行力，实现创新与执行在组织内部和谐共存。在某些情况下，企业最高管理层应考虑建立一个适合组织规模的专门机构，如设立一个独立的部门或团队，专注于颠覆性或根本性的创新活动，以减少对现有业务的影响，并支持那些需要不同于传统业务管理方式的创新活动，如更灵活的决策机制、不同的激励制度或独特的文化氛围。企业最高管理层还应考虑创新活动可能需要的特殊资源支持，如研发资金、人才引进、技术设备等，设立专门的部门或团队可以更好地集中资源，支持创新活动。由于创新活动往往伴随着较高的不确定性和变化，因此需要一种更加灵活的运行模式，专门的组织结构可以帮助组织更好地应对这些挑战，适应更高程度的不确定性和变化。

在建立、管理和评估创新组合时，组织需遵循一系列原则，以确保创新活动有效支持组织的战略目标。首先，创新组合应与组织的创新战略和目标保持一致，确保每个创新项目都与组织的长期愿景和短期目标相吻合，并对这些目标的实现有实质性贡献。其次，组织应确保创新组合中的项目之间的协调一致，无论是内部项目还是外部合作项目，都要保证不出现重复劳动的情况，从而使资源得到有效利用。创新组合要促进资源的共享和重用，达到协同效应，通过对资源利用效率的提高来降低成本，加快创新项目的推进速度。同时组织也要通过优化资源利用来提高工作效率。

　　组织需要在风险与回报之间找到平衡点，同时考虑到创新项目的不同新颖程度、类型（如渐进式创新与颠覆性创新）以及实施的时间和范围，确保创新活动既有足够的冒险精神，又能控制风险。创新组合的进展和成果应定期向企业最高管理层及相关利益方通报，确保所有关键决策者都能及时了解创新活动的状态，并根据需要进行调整。同时，组织应根据创新组合的评估结果，定期对创新组合本身、创新战略以及目标进行改进和调整，以适应不断变化的市场和技术环境。

　　在管理创新组合时，组织可以考虑不同的策略，对现有产品或服务进行改进或扩展，以满足现有市场的更高需求或开拓新的细分市场，这类创新通常风险较低，但能带来稳定的回报；组织也可以积极探索面向新市场或新用户群体的新解决方案，这类创新通常更具挑战性，但也可以带来更大的增长潜力和竞争优势。

（二）提高资源利用效率赋能企业创新实践

1. 运用"支持"相关要素供给创新资源

　　为有效建立和实施创新管理体系，组织需要及时确定并提供所需资源，确保资源的主动性、透明性、灵活性和可调适性。其中，主动性指积极分享和提供资源，透明性指清晰沟通资源获取的过程，灵活性指根据需求进行调整和安排，而可调适性则意味着资源能够适应环境和需求的变化。

　　首先，关注当前的内部支持能力。组织应评估自身已经具备的支持创新管理体系运行所需的资源、技术、知识和能力。同时，还需识别内部支持的限制，例如资金投入不足、技术落后、缺乏专业知识、组织文化缺失和结构不完善等。通过对内部支持能力和限制的识别，组织可以采取相应措施弥补不足，强化内部支持能力。

　　其次，关注可获得的外部支持能力。组织可以通过外部供方采购、外包或合作的方式获取所需资源，包括物品、服务、技术、专业知识和人员等。通过采购，组织能够获得最适合自身需求的产品或服务，并以更具竞争力的价格和条件进行交易；通过外包，组织可以聚焦自身核心技术，降低运营成本并提高交付效率；通过合作，组织能够共享资源、技术、市场渠道和客户网络，获取到自身无法或不易获得的资源和专业知识。此外，外部供应方提供的资源有助于组织发现新的业务或机会。

最后，强调内部和外部合作的重要性。组织应通过交流与合作，实现共同目标或优化资源使用。例如，组织内部不同部门之间直接共享资源、信息、经验和知识，避免重复劳动和资源浪费；同时，组织应利用已拥有的资源，而不是重新创建或采购。通过内外部合作，组织能够产生不同领域和背景的新观点与想法碰撞，最大限度地利用已有的资源和知识，从而推动创新与持续改进。

支持包含的要素见表 5.5。

表 5.5　ISO 56002 标准中"支持"涵盖的要素

类别	具体要素	示例
人员	吸引人才	某企业制订人才引进计划，对高端人才采取给予股权、奖金、高额保险等激励措施，吸引并留住人才
	组建多样性团队	
	激励措施	
	保护创新者	
	权利保障	
时间	时间均衡分配	某企业制订年度培训计划，每季度对员工开展两次技能培训
	有针对性	
	特定人员宽限时间	
知识	内外部知识	某企业制定保密管理制度，对企业的管理信息、经营信息、技术信息等，按照不同保密等级进行分类管理
	知识获取和再利用	
	知识管理机制	
	保密管理	
	伦理问题	
	外部知识优先排序	
财务	财务机会、风险识别	某企业建立研发经费管理制度，明确经费来源、使用范围和标准等，确保经费的规范和高效使用
	资助原则	
	财务资源	
	外部财务资源	

续表

类别	具体要素	示例
财务	投资原则	某企业建立研发经费管理制度，明确经费来源、使用范围和标准等，确保经费的规范和高效使用
	投资平衡	
	其他资源支持资金	
	资金涵盖活动范围	
基础设施	建筑物、设施和相关的公用设备	某企业为支持创新建立省级重点实验室，并购买商业专利数据库等
	研究工具及设备	
	运输资源	
	资讯及通信科技	
	网络	
能力	管理创新活动	某企业在识别创新机会时需开展知识产权全景分析，目前知识产权管理人员、研发人员等的检索水平都无法满足要求，需要委托专业咨询机构完成
	识别洞见和机会	
	创建概念	
	开发和验证概念	
	开发和部署解决方案	
意识	创新的愿景、战略、方针和目标	某企业为增强员工创新意识，成立"创新培训营"，通过各种培训和讲座，让员工了解创新的重要性
	创新对组织的意义和重要性	
	员工的贡献	
	不符的后果	
	支持创新活动	
沟通	沟通信息	某企业在建立创新管理体系时，建立沟通机制，如日常问题反馈专门邮箱，项目等管理问题双周会反馈等
	沟通理由	
	沟通时间	
	沟通对象	
	沟通方式	
	沟通负责人	
成文信息创建和更新、控制	识别和描述	某企业在建立创新管理体系时，制定文件信息控制程序，对成文信息的标识、形式、审批等作出规定
	格式	
	评审和批准	
	方便取用	
	充分保护	

类别	具体要素	示例
工具和方法	适当工具和方法的组合	某企业建立创新管理体系，针对创新过程管理编写作业指导书等，便于实施和学习
	培训提高对工具和方法的认识	
	使用工具和方法	
战略情报管理	情报来源	某企业建立了战略情报管理机制，对获取渠道、分析工具和方法等进行了规范，运行情况良好
	相关方合作	
	使用工具和方法	
	多视角分析	
	对创新的接受程度	
知识产权管理	知识产权保护范围及方式	某企业在创新管理体系建设之前，建立了知识产权管理体系，制定了完善的知识产权管理流程和制度，且高效运行
	保护理由	
	不保护理由	
	知识资产清单	
	监控知识产权	
	管理知识产权	
	实现知识产权价值	
	知识产权培训	
	知识产权保密管理	
	侵权管理	
	法律法规及其他要求	

　　组织在确定、提供和管理创新管理制度有效实施所需要的人员时，应将几个关键因素结合在一起考虑。首先，组织需要制定包括发布招聘信息、多渠道参加招聘会、建立与高校和研究机构的合作关系等吸引人才、招聘人才、留住人才的策略。组织要为人才提供优越的工作环境，提供事业发展的机遇，提供个人成长的空间，使他们在创新中更好地发挥自己的潜能。其次，组织要关注团队的多元化，为促进思维的碰撞和创意的产生，组建跨学科、有个性、有背景的团队。组织多元化的团队有助于激发创新机遇，解决复杂问题，促进跨界合作与知识交流。同时，为了表彰在创新方面表现突出的个人或团队，提高员工的归属感和积极性，组织需要建立适当的奖励机制，包括晋升

和表彰等非财政奖励。组织应在提供资源支持、建立容错文化、保障创新者权益等方面采取措施保护创新者，以创造安全的环境，同时考虑创新活动的风险。最后，组织需要制定用于创意所有权、专利处理以及创新利用等方面的知识产权约定，上述约定应符合国家法律法规和协议的规定。此外，组织还需要与相关方就知识产权约定进行沟通，以确保相关人员清楚地认识到各自的权利和应承担的义务，促进创新活动的顺利进行。

组织需要精心规划时间资源的合理分配，将时间管理与创新管理相结合，有效促进创新管理体系运行。首先，组织制定全面的时间分配策略至关重要，这一策略应该确保创新活动和培训在员工的日程表中占有一席之地，比如创新或培训活动占据员工 10% 或 20% 的工作时间，这样的平衡可以帮助员工接受经常性的培训，使他们不仅可以专注于创新项目，还可以不断提高自己的技能和知识，从而推动创新能力的不断提升。针对特定的创新计划或项目，组织需要制订详细的时间管理计划，确保每个阶段从构思到原型设计再到最后的测试都有充足的时间，同时根据项目的复杂性和紧急性，可以适时地作出相应的调整。好的时间管理可以保证每一个创新项目都获得足够的注意力，有足够的资源去取得最好的成绩。此外，对于那些具有特殊的创新责任的员工或团队，组织应提供额外的支持和激励措施，包括为了肯定其在创新工作中的努力，给予更灵活的工作制度或其他形式的奖励，并激励其不断投身到创新实践中去。

组织要综合考虑一系列关键因素，建立知识管理方法，有效地实施其创新管理体系。首先，组织需要建立一套涵盖显性知识（如文件、报告、数据库）和隐性知识（如从业人员经验和智慧）的机制，以获取内外部的知识资源。此外，通过分析绩效数据提炼经验，从创新项目的成功与失败中汲取经验教训也是必不可少的一环。其次，组织要建立高效的知识管理系统，做到知识的实时收集、整理和保存，确保在需要的时候能够方便地检索和利用，从而提高工作效率，提高创新能力，这样才能不丢失知识，避免重复劳动。此外，组织需要建立一种机制，对现有知识资源进行管理和分析，并对未来的知识需求进行预测，包括对员工的专长和兴趣进行记录，对知识资产进行更高效的利用，同时对资源规划数据进行整合。同时，组织应建立保护其知识产权、确保敏感信息安全的明确规章和程序，包括对需要保密的知识进行界定、对未经授权的访问以及使用进行保密措施的制定和防范等。在整个获取和利用知识的过程中，组织也要注意伦理问题，要保证所有的活动都是符合道德规范的，要尊重别人的知识产权，要避免不正当的竞争，同时也要保证资料的安全性和私密性。最后，组织要根据其可靠性、可获取性和成本效益确定优先级，对包括用户、客户、合作伙伴、供应商、竞争对手、顾问、数据库、专家网络、会议、行业标准和学术界等在内的外部知识来源进行审慎评估和选择。

组织需全面考虑多个关键因素，以确定提供的财务资源保障创新管理体系的有效实施。首先，组织需评估与创新相关的财务机会和风险，包括市场拓展和新产品推出的潜在收益，以及研发失败和市场接受度低的风险等。同时，组织还要考虑到不创新可能导致的市场份额流失和竞争力下降等问题。其次，组织需清楚地知道财务资金的来源，如总部经费、地方预算或者业务部门预算等，以保证资金能够被合理分配并能根据需要灵活调整。此外，组织应为创新活动分配专门的财务资金，可以通过年度预算的固定比例或为特定项目指定资金，以确保稳定的资金支持。同时，组织可积极寻求投资人、合作伙伴、研发税收抵免或众筹等外部资金支持，对内部资源进行丰富和补充。组织还应针对不同的时间范围、风险程度和创新类型，建立明确的投资原则，平衡内外部创新活动的投入。组织财务资源不仅包含创新项目的资金投入，也包括对其他关键资源如人员、时间、基建等的投入。最后，财务资源要覆盖从研发到营销各个环节的创新活动，以推动创新项目的成功实施，保证整个生命周期的资金支持。

为了有效支持创新，组织需要建立和维护包括创意环境、研发实验室、创客空间等在内的需要的激发创意思维的基础设施体系，并提供工具进行实验和原型开发。同时，组织应配备高级计算机系统、人工智能算法等先进的研究设备、物理工具、硬件、软件和技术，在技术层面支持创新。组织还需要提供运输资源和物流设施，以及合作平台、项目管理软件等信息技术和通信技术等对创新管理的支持，以保证创新的顺利进行。此外，组织要建立连接业界专家和合作伙伴的知识网络和市场网络，推动信息共享和商务协作。综合基础设施为促进创新思维的产生、项目的实施和成果的转化，增强组织的创新能力和市场竞争力，帮助组织持续发展和适应市场技术变化等创新活动提供了全面、高效、动态的支持。

　　组织需要培养一系列涵盖从管理创新活动到开发部署解决方案全过程的关键能力，才能有效实施创新管理体系。首先，组织要有能力去管理创新活动，包括：表现出强大的领导能力、对团队有指导作用、有清晰的方向和目标；运用变革经营手法，帮助组织平稳适应变革；资源的合理配置，保证组织创新得到支持；对人员进行动员、赋权，激发职工的工作热情和创造性；推动团队协作，强化部门间协作配合；鼓励员工积极参与创新活动，与外部合作伙伴建立良好的合作伙伴关系，吸引多方人员积极参与到创新活动中来；培育一种支持创新的文化，鼓励尝试和容忍失败；管理不确定性，面对复杂性时作出明智的决策；研究和管理知识产权，保护创新成果并确保合法性和竞争优势等。其次，组织需要能够利用市场和技术分析、瓶颈和差距分析、民族志、数据驱动实验和假设测试、设计思维、场景规划、解析学和大数据等工具，以识别洞见和机会。此外，组织应具备创建想法和概念的能力，包括使用创造性和激发性技术激发创意思维，培养批判性思维以确保想法的可行性和有效性，通过联想、提问、观察、实验和网络等方式发现新的灵感来源，掌握关键技术并应用于创新实践，合理配置资源、激发团队活力，以及构建高效的团队结构，确保创新成果能够真正惠及用户。最后，组织还需要能够开发和验证概念，通过迭代学习技术不断优化，将想法转化为具体的设计方案，通过原型制作、用户测试等手段验证概念的可行性和市场接受度，制订详细的价值实现计划，以及采用科学的项目管理方法确保项目的顺利实施。

　　在推动创新的过程中，组织需确保每位员工对创新的各个方面都有清晰的认知。首先，员工应深刻理解组织的创新愿景、战略、方针和目标，知晓组织追求的长期目标以及实现这些目标的具体战略和计划，比如如何通过关键举措成为行业领导者。其次，员工需认识到创新对组织的重要性，这不仅关系到新产品或服务的开发，更是组织保持竞争力、满足市场需求和应对挑战的关键。员工通过培训和沟通可以更加全面地了解创新如何助力组织保持市场领先和提升客户满意度。同时，员工应意识到自己在创新管理体系中的角色，以及工作对体系有效性和效率的影响，了解提升创新绩效对公司和个人发展的积极作用。此外，员工还应了解偏离创新管理体系可能导致的后果，如项目延期、成本超支或质量问题等对个人的消极影响，并通过案例学习认识到遵循创新流程的重要性。最后，组织通过设立创新基金、举办创新大赛等活动，向员工传达其对创新活动的支持和鼓励。组织还应为员工创新提供必要的资源、时间和培训，营造开放的创新文化氛围，展示对创新的重视，激励员工积极参与创新。

在构建和维护一个创新管理体系时，组织需要精心策划其内部和外部的沟通策略。具体包括以下几个方面的内容：第一，组织要明确沟通的内容，即"沟通什么信息"，比如有关创新愿景、创新目标、项目进展情况、面临的挑战及解决办法等关键信息。第二，组织必须弄清"为什么要沟通"，即交流的目的，有意识提高职工参与度，为行动做准备，建立思想领导力、影响力及品牌价值等。第三，组织还必须对"何时沟通"，即交流的时间安排有所考虑，比如定期更新信息或在特定事件发生的时候进行沟通，当项目到达关键里程碑时的通报（在紧急情况下进行即时通信）等。经常性沟通有助于保持信息的连续性，而事件驱动下的交流则保证了关键信息的及时传达。"与谁沟通"是组织需要识别交流目标受众的另一个关键点，包括企业内部员工、高层管理人员、外部合作伙伴、客户、供应商以及其他利益相关方等。每个群体所需要的信息和交流方式可能不一样，所以对受众的了解必不可少。选择"怎么沟通"的合适方式和途径也很关键。组织可以使用面对面的会议、电子邮件、社交媒体、内部网络、新闻简报等多种沟通工具，确保信息传递的及时性和高效性。最后，组织需要搞清楚"谁来沟通"，也就是指定一个人或一个团队来负责交流，可以是专门的沟通部，可以是项目的负责人，也可以是具体的队员。

组织在创新管理体系的运行过程中，应准确、安全和有效地管理文件化信息。创建和更新文件时，组织应保证信息标识清晰，包括标题、编号、日期、版本、作者等，以保持信息的唯一性和可追溯性。同时，组织还应统一文件信息格式，如语言、软件版本、图表等，以确保一致性和易读性，并在发布前经过评审和批准。控制文件化信息时，组织要确保信息随时可供需要的人员使用，并建立信息管理系统来保护信息，防止未授权访问或泄露，并设置访问权限和监控使用情况。文件的储存和保护也很关键，组织需定期备份、使用耐久存储介质，并采取措施防止文件损坏或丢失。更新文件时，组织应进行版本控制，记录每次更改，并确保能够追溯到之前的版本，以维护信息的连续性和一致性。最后，为降低存储成本，遵守相关法律法规，组织应制定信息留存制度，明确留存期限和方式，对留存文件信息进行妥善处置。

在开发、维护和改进创新管理体系的过程中，组织需确保提供并维护支持创新活动顺利进行的必要工具和方法。组织要根据创新活动的特点和需求，为渐进式创新配备数据分析工具、为突破性创新提供创造性激发工具等。在创新过程中，组织需要选择并提供合适的工具和方法组合，为不同类型的创新活动提供有效的支持。同时，要帮助员工掌握工具使用技巧，以提高工作效率和创新能力。组织可以通过培训班、工作坊或研讨会等形式，提高员工对现有工具和方法的理解和熟练程度。此外，组织也应促进工具与方法的共享、复用与协同使用，建立避免资源重复开发、提高资源利用效率、促进跨部门沟通与合作、激发创新思维与解决方案的平台或机制，让不同团队与部门之间轻松共享与协同。

建立和执行有效的战略情报管理系统，是组织支持战略规划和发展的一项重要工作。组织将采取综合性的方法来广泛收集信息，既包括从公司内部收集销售记录和财务报告等内部资料，又包括从公司外部收集行业报告和社交媒体趋势等外部资料。同时，还将与利益相关方如客户、供应商、学术机构和政府机构等进行合作，以从中获得有价值的情报，对市场需求和技术趋势进行深入的研究和认识。组织可利用数据挖掘、市场分析、环境预测、技术监控等一系列工具，从数据中挖掘创新模式，预测市场趋势，对外部影响因素进行识别。通过上述工作，组织能够从数据中获取对战略发展有重要意义的信息，为组织的决策提供有力的支持。组织在分析情报时，应从多个角度进行思考，包括现在和未来的情况、对内部资源和外部环境进行平衡、对供应链各环节及竞争对手的行为有深入的认识，最终通

过参与监管要求、标准制定和创新生态系统演变等活动，在提高创新接受度和保证创新成果在市场的接纳度方面发挥作用。

为确保知识产权管理与创新战略保持一致，组织在知识产权管理方面应遵循以下关键指导原则：组织对包括专利、著作、商标等在内的需要保护的知识产权资产进行明确界定，并对其价值进行评估，以确定保护的最适宜形式和时机。同时，需明确保护知识产权的目的，如通过专利保护提升产品或服务价值、实施自由或防止侵权等，还需在全面风险评估的基础上考虑不保护某些知识产权的情况。组织需要对全部知识产权资产的状态、保护范围、有效期限等信息建立并维护知识资产清单。组织需定期监测和分析相关知识产权的披露情况，以预防侵权和确保实施自由。组织需制定管理和保护知识产权的程序，尤其是在与外部伙伴合作时，明确双方的权利和义务。为了知识产权价值最大化，可通过授权许可或与其他公司合作开发新技术，以实现资源共享和风险分担。组织需提高员工对知识产权重要性的认识，必要时提供培训，确保员工了解法律法规并知晓不当行为的后果。组织建立保密协议、程序和方针等对保护知识产权至关重要，特别是在涉及敏感技术和商业机密时。组织还需制定应对侵犯知识产权的策略，包括法律行动或谈判解决。由于全球知识产权法律的差异，组织应持续关注法律法规的变化，确保活动符合所有适用法律要求。

2. 运用"运行"相关要素打造创新模式

为管理创新活动，组织需要制定准则来指导创新方案和过程，并通过对其进行控制来实施这些准则。同时，还需对计划的变更进行管理，以确保变更不会对计划的实施产生负面影响，并在必要时采取措施来消除或减少潜在的风险和问题。此外，外包和协作的创新方案和流程也需进行有效管理。

创新方案的存在形式多样，可以是正式的计划或项目，也可以是非正式的构思或想法。为了有效管理和实施这些创新方案，组织需要建立相应的流程和机制。通过建立适当的流程和机制，能够更好地推动和管理创新。

创造性和试验性活动的开展，常常伴随着许多未知的因素和不确定性。因此，组织制订的业务计划需要具备更高的自由度和灵活性，以便能够快速调整计划、改变方向或采取新的策略，以适应变化的环境和不确定性。

第五章 导入 ISO 56002 的创新管理体系建设

此外，企业的运行计划和控制需成文，这些成文信息需妥善保存。文件化的信息没有固定要求，不同行业、不同组织表述方式不同，可以是管理规范、作业指导书、操作规程、规划方案等。文件应层次分明、具备可操作性和可检查性，以确保其实施过程受控，从而使创新方案和流程按计划执行。

ISO 56002 标准中运行涵盖的要素如表 5.6 所示。

表 5.6　ISO 56002 标准中"运行"涵盖要素

类别	具体要素	示例
运行计划及控制	制定准则	
	实施准则	
	确保按计划执行	
	控制计划中的变更	
	不同途径控制业务计划	
创新方案	创新方案范围	某企业创新管理部门建立创新项目管理流程，针对不同项目组建不同的研发团队，并对项目设置知识产权考核指标
	指标及其应用	
	管理及决策组织	
	领导和支持	
	组建团队	
	角色、职责和权限	
	内外部协作	
	创新过程	
	知识产权保护	
	内外部要求和风险	
	经验教训与知识获取	
	失败利用	
实施创新方案	内部途径	某药企创新方案中，一款抗癌药物的研发及应用研究，与某医学院专家开展项目合作，项目顺利进展
	内部众包	
	合作	
	外包	
	收购、合并或投资	
	剥离	

续表

类别	具体要素	示例
识别机会输入	组织及其内外部环境	某企业开展智能手机技术前瞻性分析，确定5G 技术的应用、生物识别技术的应用、拍照像素提升、手机快充等技术是主要发展趋势。结合公司情况，在生物识别技术领域有较多的核心专利和研发经验，首选创新方向是生物识别技术应用
	创新意图	
	创新计划	
	经验教训	
	需求和期望的见解和知识	
	相关趋势和挑战的见解和知识	
	识别和定义机会	
	确定机会的优先顺序	
识别机会输出	潜在价值和影响	
	识别、定义和排序后的机会	
	最先进技术	
创建概念输入	解决方案及组合	某企业根据创新战略需求，对创新项目开展知识产权布局
	评估解决方案	
	选择解决方案	
	潜在解决方案	
	开发备选方案	
创建概念输出	价值实现模型	
	关键不确定性或假设	
	风险评估等	
验证概念输入	早期验证	某企业根据创新项目实施过程中产生的创新成果，申请专利保护
	多种途径	
	处理概念	
	调整概念	
	可行性评估	
	进一步验证	
验证概念输出	有效概念	
	相关方关系	
	新知识	

续表

类别	具体要素	示例
开发方案输入	工作层面解决方案	某企业产品上市前，开展 FTO 检索，排除知识产权风险，制订市场推广计划
	开发解决方案方式	
	识别和处理风险	
	侵权检查	
	确定解决方案	
	部署能力	
开发方案输出	解决方案	
	部署计划	
	满足部署需求	
部署方案输入	提供解决方案	某企业针对已经上市的成熟产品相关技术开展专利技术分析，挖掘新的创新方向
	促进和支持解决方案	
	监控相关方响应	
	监控价值实现的影响情况	
	识别新含义	
	获取新机会	
部署方案输出	实现价值	
	相关方的影响	
	改进解决方案的见解等	

　　创新过程包含识别机会、创建概念、验证概念、开发方案和部署方案五个步骤，其相互关系如图 5.3 所示。

　　为应对新的机遇并满足特定的需求，组织通过制订和实施有效的计划与控制机制来管理和促进创新活动，做到有备无患。第一，组织为创新方案和过程确立明确的准则，包括项目选择标准、资源配置方式和风险管理框架等内容，对创新项目的策划和执行起到导向作用。其次，对已有的创新方案和流程按照既定的准则进行控制，保证活动按照预定方向进行，并借助定期检查和里程碑评审等手段，对进展情况做到心中有数。最后，组织对已实施的创新方案和流程，以文件化形式进行记录，并对计划变更的影响进行评估，做到有备无患；同时，采取适当措施对已执行的创新方案

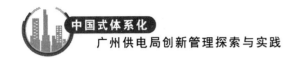

进行优化，以保证各项工作的顺利开展和适应出现的变化。

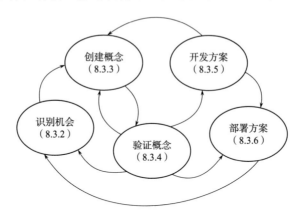

图 5.3　ISO 56002 创新过程

　　组织在管理创新方案时需要综合考虑多种因素，以确保方案的成功实施和持续改进。首先，组织需要明确创新方案的范围，包括目标、限制、预期结果和可交付成果，并确保这些要素与组织的整体战略保持一致。同时，需确定评估和改进方案的指标体系，为方案的有效性提供量化的衡量标准。其次，组织需要建立监督团或顾问团等清晰的管理和决策架构，以便指导和支持创新。再次，组织需要留住能力和经验都适合的人才，建立高效的团队，并对每个成员的作用、职责、权限都要有清晰的界定。从次，组织需要建立起一套行之有效的跨部门，甚至跨组织的协作机制，对潜在的合作伙伴进行识别。创新方案需要遵循合适的流程，这不仅有助于创新的有序高效推进，还能够保护创新过程中产生的知识产权等重要资产。最后，组织需要在注重履行社会责任的同时，兼顾各有关方面的要求，确保在方案设计和实施过程中符合法律和监管规定。此外，要建立总结经验教训的机制，从中汲取新的知识和真知灼见，同时要把失败当作学习的机会，鼓励借鉴失败而不是惩罚失败，为推动创新文化的发展营造更加健康的学习氛围。

　　组织在实施创新方案时，应根据具体情况灵活选择合适的实施途径。其中，对内方式即创新方案在组织内部的实施，不管是局限于一个部门还是跨多个部门，都使组织能够充分利用现有资源及技能进行创新，并易于控制创新进度、质量和成本等，而对外方式，即创新方案在组织外部的实施或合作实施，形式多样。众包作为一种创新方式，通过网络平台征集创意或解决方案，让大众参与到创新的过程中来，可以是一种临时性的活动，也可以是一种长期的组织策略。合作是对外的另一重要途径，包括与其他公司建立合作伙伴关系、产业联盟，组建合资公司，参与研究项目的公共资助等。或者说，这些合作能够带来资源互补、能力互补的更广泛的创新生态系统的构建。全部或部分外包，可以让组织集中精力做好自己的核心竞争力，把专业知识和技术利用到外面去。通过收购其他公司或与之合并，组织能够获得新的技术、市场或能力，而部分投资则是能够为创新项目提供资金支持和建立更紧密关系的另一种形式的合作。在某些情况下，可能会更有力地剥离某个业务或创新活动，成立一个能够提高运营效率、吸引更多投资、赋予新的实体更大弹性的独立实体。随着创新计划的进展，组织可能会发现最初的选择方式不再是最优选择，因此为了确保创新计划能够有效推进并达到预期目标，组织需要对实施路线进行重新评估和调整。

组织在创新管理过程中，要想有效"识别机会"，首先，要求组织对自身的现状和内外部环境有深入的了解，包括组织文化、市场定位等，对组织的背景进行全面的梳理。其次，组织要明确创新的意图和目标，对创新方案的范围有清晰的界定，并吸取以往经验教训，为有效识别创新机会提供关键输入信息。再次，组织要通过市场调研和客户反馈等手段，主动收集关于需求和期望的信息，并对行业发展趋势和技术进步等进行分析，还需对可能的创新机会和领域进行识别和界定。最后，组织对各个机会的潜在价值及其对业务的潜在影响进行考核，对机会按照重要性和紧迫性进行排序。通过上述步骤，组织可以形成对各类创新机会的全面认识和把握。预期的产出成果包括组织能够明确创新机会的潜在价值及其影响，制定优先级明确的机会清单，并掌握最新技术动态及知识产权状况，从而优化资源利用并规避风险等。

组织如何在创新管理的过程中"创建概念"？首先，组织以发现的市场需求、技术趋势或其他来源的机遇为切入点。其次，组织内部成员和外部成员通过运用创新的技术和方法，产生多元化的新点子和潜在的解决办法。这些想法随后需进行详细的调查和评估，评估过程要考虑多方面因素，包括新颖性、风险、可行性、市场接受度、市场潜力、可持续性和知识产权保护。再次，组织把最有价值的创意按照既定的标准筛选出来，开发成能够给客户或市场带来某些独特价值的具体概念。最后，组织还需要探讨诸如商业模式、运营策略或营销方案等不同的替代方案来实现这些概念。"创建概念"预期的产出成果包括：为后续风险管理和决策提供支持的初步价值实现模型、对概念关键不确定性的认识、对风险的初步评估、新颖性和对现有系统的影响。

组织如何在创新管理过程中"验证理念"？首先，为了及时发现问题并解决问题，减少后续调整成本，即使理念尚未完全成熟，组织也应及早启动验证过程。其次，组织需要选择试验、实验或试点等一种或几种合适的验证方法，对概念进行综合评价。同时，对于用户交互、资源支持、技术挑战等概念中最关键、最不确定的因素，要优先予以解决。在验证过程中，组织要不断评估其可行性，并在需要时对验证活动进行深入或扩展，直到解决所有关键问题，利用收集到的反馈和新知识对概念进行迭代调整。"验证概念"预期的产出成果包括：验证过的概念或相关证据，证明概念的可行性，确保不确定性降至可接受水平，然后才能进一步发展；在验证过程中与用户、客户、合作伙伴及其他相关方建立的关系；在验证活动中积累的新知识。

组织在创新管理过程中如何"开发方案"？首先，将初步的概念具体化成解决方案，并构建一个模型展示它的价值所在。其次，组织需要决定是自主开发解决方案，还是通过外部合作方式，如收购、许可、合作或外包来实现。再次，组织必须识别并处理与部署解决方案相关的潜在风险，这包括评估用户接受度、确保法律合规性、考虑可扩展性和预算限制。从次，组织还需评估技术的可行性，并确保不会侵犯任何现有知识产权。根据解决方案的特点，组织还需要确定适当的保护措施，比如通过申请专利或其他知识产权形式来加以保护。最后，为了确保解决方案的成功实施，组织需要建立必要的部署能力，包括制定推广策略、优化生产流程、管理供应链，以及构建合作伙伴关系和生态系统等。"开发方案"预期的产出成果包括明确了价值主张的完整解决方案，以及一个详尽的部署计划，该计划涵盖了全面或分阶段部署解决方案所需的活动、资源、合作伙伴关系和时间表，并确保满足所有部署需求和要求。

组织在创新管理过程中如何"部署方案"？首先，组织需要向所有相关方展示解决方案，并保证从启动到实施或交付的每个环节都能顺利推进。其次，组织通过销售、营销和沟通等策略积极推广解决方案，以提高用户和客户的采用率。再次，组织需持续监控解决方案的采用情况并收集反馈，以评估其是否达到预期效果。从次，组织应监控解决方案对价值实现或再分配的影响，确保其达到既定目标。在部署过程中，组织还需认识到知识产权可能产生的新价值或重要性，并采取相应的措施来确保这些知识产权得到适当的保护、管理和有效利用。最后，组织应从部署经验中学习，获取新知识，这不仅有助于改进现有解决方案，还能促进与各方的关系发展，并触发新的机会。"部署方案"预期的产出成果包括解决方案部署后实现的财务或非财务价值，例如增加收入、节约成本等财务效益，以及提升品牌形象、增加客户满意度等非财务效益；用户、客户、合作伙伴和其他相关方对解决方案的采纳情况，以及由此产生的新行为模式；从部署过程中获得宝贵的见解和新知识，用于进一步改进解决方案或开发新的创新项目。

（三）查改贯通落实创新管理体系以评促优

1. 运用"评价"相关要素描绘创新画像

创新管理体系的绩效评价需要监测、测量、分析和评估多个指标，包括投入能力、处理能力和产出相关指标。这些指标应用于不同层面，并根据需要进行评估和改进。

首先，监测、测量、分析和评价所用的工具和方法，会因过程和对象的不同而有所差异。监测是通过检查、监督、观察等方式，了解管理体系、创新过程和服务状态或特性的变化。测量则是一个数值确定的过程，通常涉及具体的数值或量值，例如专利申请量、新立项项目数量以及承担国家级项目的数量等。通过监测和测量活动，组织能够了解各个过程或活动的实施情况，并对结果进行分析和评价。虽然标准中没有指定使用的工具和方法，但是组织可以根据自身的实际和创新需求进行策划，如创新过程产出、专利申请量、研发投入占比和培训效果等。

其次，监测、测量、分析和评价的时机和频次也是重要的考虑因素，不同的过程可能需要不同的频次。例如，项目评审可以一年组织一次，也可以多次进行；可以对所有创新项目进行评估，也可以采取抽样的方式。监测、测量、分析和评价一般通过内部审核和管理评审来完成。

组织通过建立的绩效指标体系开展绩效评价涵盖要素如表5.7所示。

表 5.7　ISO 56002 标准中 "绩效评价" 涵盖要素

类别	具体要素	示例
绩效评价 确定因素	创新绩效指标	某企业根据结合自身企业特点，着重从创新投入、处理能力、创新产出三个方面入手，建立创新评价指标体系，对企业的创新能力进行评价
	使用工具和方法	
	评价时间	
	结果分析和评价	
	评价负责人	
创新绩效 指标集	投入指标	
	处理能力指标	
	产出指标	
分析和评价 考虑因素	价值的实现和再分配	某企业根据建立的创新评价指标体系，对企业创新能力进行评价，对评价结果进行分析。该评价周期内，企业基本完成创新目标，各过程基本有效
	体系的要素及其相互作用	
分析和评价结果	对背景的理解程度	
	领导承诺的程度	
	应对机遇和风险的有效性	
	创新战略的有效性	
	创新支持和过程的有效性和效率	
内部审核目的	体系符合性	某企业开展创新管理体系内部审核，采用查看现场、审阅材料、询问相关负责人等方式对各部门创新管理实施情况进行详细的检查，发现问题及时纠正和制定纠正措施，取得良好效果
	体系有效的实施和维护	
内部审核 涉及要素	计划、建立、实施和 维护审核程序	
	审核的目标、准则和范围	
	选择审核员并进行审核	
	审核结果汇报	
	纠正和纠正措施	
	后续跟踪	

续表

类别	具体要素	示例
管理评审输入	过往所采取的措施	某企业开展管理评审，各部门对创新管理现状、创新管理取得的成果和存在的问题、采取的措施等进行了总结汇报，公司负责人听取汇报后，对创新管理体系改进提出了要求
	外部和内部因素的变化	
	体系绩效信息	
	价值的实现与再分配	
	创新目标达成的程度	
	创新组合、方案和过程的绩效	
	知识分享	
	偏离、不符合及纠正措施	
	监视、测量、分析和评价结果	
	审核结果	
	创新愿景、战略和方针与组织战略方向的一致性	
	支持的充分性	
	创新绩效指标的充分性	
	应对机遇和风险的有效性	
	持续改进的机会	
管理评审输出	改进的机会	
	变更体系的需求	

　　在创新管理体系的绩效评价中，监视、测量、分析和评价是关键环节，有助于组织确保创新活动的有效性和效率。首先，组织需要确定监视和测量的对象，并选择合适的创新绩效指标来衡量创新活动的效果。其次，组织要确定用于绩效评价的工具和方法，以确保获取有效的数据。再次，组织必须明确监控和测量的时间计划，以及分析和评估的具体时机，这对于确保数据的及时性和准确性至关重要。最后，组织还需要明确责任分配，确保每个环节都有人负责。组织采用的创新绩效指标集应平衡定量和定性指标，涵盖投入、处理能力和产出三个方面，这些指标适用于不同层级如系统、项目组合或方案级别，并需定期评估与优化。组织可以通过与其他组织比较来获得更全面的视角，从而更好地监视和评价绩效。组织应定期

分析和评价创新绩效以及创新管理体系的有效性和效率，包括评估价值的实现和再分配，以及创新战略和目标的实现情况。分析的频率和使用的方法应根据组织的具体情况和提高创新绩效的目标来确定。分析结果可以用于多方面的评价，包括对组织背景的理解程度、领导层的承诺程度、应对机遇和风险的行动有效性、创新战略的有效性、创新支持和过程的有效性和效率、知识分享以及从成功和失败中学习的情况。此外，分析结果还可以揭示改进创新管理体系的需求，如加强成本管理和控制、加强创新人才的培养和引进、提高创新活动的市场导向性等。为了确保所有的评价和改进措施都有据可依，组织应保留适当的文件化信息作为分析结果的证据。

组织应定期开展内部审核，以确保其管理体系不仅符合组织内部设定的标准，还符合所有相关的外部要求，并且得到了有效的执行和维护。为此，组织应制定全面的内部审核程序，包括审核的频率、所采用的方法、各角色的职责、计划要求以及报告的格式等。组织在制定审核程序时，需要考虑相关流程的重要性以及以往审核的结果。每次进行内部审核时，组织都应明确审核的目标、依据的准则和审核的具体范围。审核员的选择和审核过程的设计都应保证其客观性和公正性，避免任何潜在的利益冲突。审核结果应及时报告给相关的管理层，以便他们能够了解情况并采取必要的行动。审核中一旦发现问题，组织就必须及时采取适当的纠正措施，并进行后续跟踪，以验证这些措施的有效性。组织内部审核的所有环节，包括审核计划的实施、审核结果及后续跟踪的证据，都应以文件化的形式保留下来，以确保整个审核过程的透明度和可追溯性。组织完善的内部审核机制，可以不断优化其创新管理体系，确保其始终符合既定标准并保持高效运作。

组织最高管理层应定期开展管理评审，对其创新管理体系进行全面审查，以确保其持续适应性、充分性、有效性和效率。管理评审要覆盖创新管理体系的所有要素，其深度和频率根据组织的具体情况进行调整。在管理评审中，组织应综合考虑上次评审后措施的实施情况、内外环境的变化、创新管理体系的绩效数据、创新愿景与组织战略的一致性、资源和能力的充分性、创新绩效指标的充分性、应对机遇和风险的行动有效性以及持续改进的机会等多个关键因素。管理评审的输出应包括对改进机会的识别、创新管理体系变更的需求以及后续行动计划。此外，组织应保留所有管理评审结果的文件记录，以确保每项决策、措施和后续行动都有清晰和可追溯的文档支持。

2. 运用"改进"相关要素促进创新升级

有效运行的管理体系对企业至关重要，不仅可以提高管理的有效性和效率，还可以帮助企业更好地组织和协调各项工作，提高生产效率和质量，降低成本和风险，并有效地满足客户需求，从而为企业带来巨大的收益和竞争优势。

然而，管理体系并非一成不变，而是需要持续改进才能保持其有效性。改进机会的确定和选择，主要是通过对管理体系的绩效评价来实现，绩效评价是一个反馈和评估的过程。通过对创新策略和目标的实施、流程和方法的应用、创新资源和能力的开发和利用、创新绩效和成果的实现、创新文化建设等创新管理实践的效果，组织能够发现存在的问题和不足，从而选择最适合的改进机会。

采取改进措施时应遵循以下原则：一是保持或加强优势，例如在创新项目质量和进展情况良好的情况下，通过加强沟通，进一步提升项目管理能力；二是解决存在的弱点和差距，例如在创新流程中存在协同不足的情况，可以优化流程以提升团队协作能力；三是纠正、预防或减少偏离和不符合项，例如在创新实施过程中若存在失误，导致项目没有按期完成，则应修订项目管理制度并加强监督，以避免类似问题的再次发生。

总之，为了实施有效的改进，组织需要对创新管理体系进行必要的调整和变更，包括设立新的流程、调整具体的目标和指标、提供培训和支持等。

企业应根据绩效评价结果对偏离或不符合项进行评审和分析，并采取相应的控制和纠正措施（表 5.8）。

表 5.8   ISO 56002 标准中"改进"涵盖要素

类别	具体因素	示例
偏离、不符合和纠正措施	采取措施	某企业针对内部评审、管理评审等过程中发现的偏离、不符合项的原因，组织责任部门进行分析，并制定纠正措施，创新管理负责人对纠正措施的效果予以跟踪
	处理后果	
	评审和分析	
	确定根本原因	
	类似偏离或不符合	
	实施措施	
	措施有效性评审	
	更新机会和风险	
	变更管理体系	
	保持文件化信息	
持续改进	适用性	某企业通过内部审核、管理评审等对创新管理体系的适用性、充分性等持续改进
	充分性	
	有效性	
	效率	

组织在创新管理体系中遇到偏离或不符合规定的情况时，应采取行动以确保问题得到有效解决，并预防类似问题再次出现。首先，组织需要迅速作出应对，控制和纠正偏离或不符合的情况，并妥善处理其带来的后果。其次，组织应评估和消除问题的根源，包括审查和分析问题、确定根本原因，并检查是否还有其他类似的偏离或不符合情况存在。再次，组织必须实施纠正措施，以解决发现的问题，并评审这些措施的有效性，确保问题得到有效解决。最后，如有必要，组织应该更新对机会和风险的看法，以适应新情况，并在适当的时候调整管理体系，保证其适用性和有效性。此外，组织应当保留所有相关活动的记录文件，这些记录不仅有助于组织在未来的评审和改进过程中提供支持，而且也便于追踪和验证纠正措施的实施效果。

组织应持续提升其创新管理体系的性能，以确保该体系在不断变化的内外部环境中保持其适宜性、充分性、有效性和效率。具体而言，首先，组织需要确保管理体系与自身的战略目标和业务需求保持一致，并且能够灵活适应外部环境的变化。同时，管理体系应包含所有必要的组成部分和流程，以充分支持组织的创新活动。其次，组织应确保管理体系能够有效地实现既定的创新目标，并促进创新成果的产生和应用。最后，组织也要通过优化流程，提高资源利用效率，以最小的成本保证最大的收益，来追求管理体系的效率，减少浪费。

三、广州供电局创新管理体系路径

本章前两节对 ISO 56002 标准创新管理框架和广州供电创新管理框架的进行了对比分析，以及对 ISO 56002 标准中重要条款进行了解读，可以发现将知识产权管理与创新活动有机结合，对于构建企业的核心竞争力至关重要。企业通过建立完善的创新管理体系，可以推进知识产权与创新的深度融合，并为企业的长期发展和确立行业领导地位提供坚实的支撑。

在企业中，创新活动往往是零散和断续的，创新项目可能随时开始和结束，面临许多不确定性和风险。因此，企业在管理创新活动时面临着巨大挑战。企业要有效地管理创新活动，需要打破当前的工作方式、已建立的商业模式和传统文化的束缚，提升自身的创新能力。创新能力决定了企业能够进行何种创新活动，以及在创新活动中能够取得怎样的成果。

企业的创新能力不是孤立存在的，而是受到领导力、资源、文化、结构、流程等多个相互关联的因素的影响。领导力是关键，领导者需要激励和激发员工的创新潜力，并为其提供必要的支持和资源。资源包括人力、财务和技术等，能够支持开展创新活动。文化则是企业内部的价值观和信念，创新文化应该鼓励员工试错和学习，而不是惩罚失败。结构和流程则确保创新活动能够顺利进行和落地。

为了更好地管理创新活动，采用系统化的方法是必不可少的。系统化的方法能够帮助企业规划、组织和实施创新活动，提高创新效率和成果。ISO 56002 标准为各种组织提供了通用语言和可行框架，帮助企业对创新工作进行系统化管理。该标准包括了创新管理的基本原则、方法和工具，帮助企业建立创新策略、创新流程和创新绩效评估，从而提高创新的成功率和效果，使企业更好地管理创新活动，获得持续的竞争优势。

ISO 56002 标准是否具备普遍适宜性和可操作性，直接影响其推广和实施的有效性。在中国，ISO 9001 标准已经推广应用超过 20 年，取得了巨大成功，广泛应用于工业企业中，并具有重要的基础和影响力。根据中国合格评定国家认可委员会秘书处的数据，截至 2023 年 7 月 30 日，我国共有各类认证有效证书 3 581 979 份，其中管理体系认证证书 1 935 515 份，质量管理体系认证证书 862 146 份。这意味着至少有 86 万家企业在我国建立了以 ISO 9001 标准为基础的管理体系。

ISO 9001 标准不仅具备全球通用的标准要求，还能根据不同行业和组织的特点进行灵活调整和应用。该标准为企业提供了一套全面的质量管理体系框架，包括组织环境的分析、质量目标的设定、流程控制和持续改进等方面。企业可以根据自身情况和需求，自主选择并实施其中的要求，以达到提升质量、降低成本、提高效率和满足客户需求的目标。ISO 9001 标准的普遍适宜性和可操作性使其在我国企业中得到了广泛的认可和应用。

ISO 56002 采用了与 ISO 9001 标准相似的组织架构和方法，使企业更容易理解和接受，并能够将其与现有的管理体系相融合。ISO 56002 标准要求以 PDCA 循环管理模式建立创新管理体系，这种实施方式与 ISO 9001 标准相同，具有较高的可操作性。

企业可以利用已有的 ISO 9001 标准管理体系来实施 ISO 56002 标准。这意味着企业无须从零开始构建创新管理体系，而是可以在现有体系的基础上进行适度调整和补充。企业能够更加高效地推进创新管理体系的建立和实施，更好地整合和协同各项管理活动。因此，ISO 56002 标准非常适合当前企业的管理模式，并便于在企业范围内进行大规模推广应用。

通过引入 PDCA 循环管理模式，创新管理体系能够帮助企业在创新管理过程中不断进行反馈和改进，确保创新能够持续发展和改善。同时，ISO 56002 标准也强调创新过程中的风险管理和机会管理，以确保企业能够及时应对潜在的风险并抓住机会。这些要求与 ISO 9001 标准的质量管理要求相似，有助于企业在创新过程中保持高效、可靠和可持续的运作。

南方电网公司作为关系国家安全和国民经济命脉的特大型国有重点骨干企业，是国内能源电力行业的代表性企业，一直以来致力于推动创新管

第五章　导入 ISO 56002 的创新管理体系建设

理的发展与应用。作为国内较早一批开展创新管理国际标准应用和研究的企业，广州供电局以其创新的举措和先行者的角色，为创新管理国际标准在能源电力行业的应用拉开了序幕。

以广州供电局为例，能源电力企业的创新管理体系建立是国内对 ISO 56002 标准的重要实践。通过引入国际先进的创新管理理念和方法，不仅提升了自身的创新能力，也为电力行业的发展注入了新的活力。

本章对广州供电局的创新管理体系与 ISO 56002 标准要素进行了对比分析，企业的创新管理体系涵盖了 ISO 56002 标准框架的所有要素。各项要素对比汇总表如表 5.9 所示。

表 5.9　广州供电局创新管理体系与 ISO 56002 创新管理体系对比表

ISO 56002：2019 创新管理—创新管理体系指南		广州供电局创新管理体系建设工作实施方案	
标准架构	标准具体要求	对应章节	对应具体要求
4 组织背景	4.1 理解组织及其背景	一、工作背景与政策要求	一、工作背景与政策要求
	4.2 了解相关方的需求和期望	二、工作思路	（二）体系架构
	4.3 确定创新管理体系的范围	二、工作思路	（二）体系架构
	4.4 建立创新管理体系	二、工作思路	（二）体系架构
5 领导力	5.1 领导力和承诺	三、重点举措	（一）创新策划 3. 推动创新组织架构优化与充实完善
	5.2 创新方针	二、工作思路	（二）体系架构
	5.3 组织角色、职责和权限	三、重点举措	（一）创新策划 3. 推动创新组织架构优化与充实完善
6 计划	6.1 应对机遇和风险的行动	二、工作思路	（一）工作思路
	6.2 创新目标和计划实现目标	二、工作思路	（四）工作目标
	6.3 组织结构	三、重点举措	（一）创新策划 3. 推动创新组织架构优化与充实完善
	6.4 创新组合	二、工作思路	（二）体系架构

续表

ISO 56002：2019 创新管理—创新管理体系指南		广州供电局创新管理体系建设工作实施方案
7 支持	7.1 资源	三、重点举措	（四）创新支持 12. 完善科技人才引培使用评价机制；13. 建立布局合理、运行高效的实验室体系；14. 优化投资策略，强化经费统筹
	7.2 能力	三、重点举措	（四）创新支持 12. 完善科技人才引培使用评价机制；13. 建立布局合理、运行高效的实验室体系；14. 优化投资策略，强化经费统筹；16. 大力推动科技创新数字化转型
	7.3 意识	三、重点举措	（四）创新支持 17. 培育自由活力、崇尚诚信的创新文化
	7.4 沟通	三、重点举措 四、工作保障	（四）创新支持 18. 打造资源互补和谐共赢的良好创新生态 （三）工作机制 3. 信息报送机制；4. 培训宣传机制
	7.5 文件化信息	二、工作思路	（二）体系架构
	7.6 工具和方法	三、重点举措	（一）创新策划 2. 制定工作方案
	7.7 战略情报管理	三、重点举措	（四）创新支持 15. 构建与创新体系相匹配的知识管理方法和体系
	7.8 知识产权管理	三、重点举措	（四）创新支持 15. 构建与创新体系相匹配的知识管理方法和体系

第五章　导入 ISO 56002 的创新管理体系建设

ISO 56002：2019 创新管理—创新管理体系指南			广州供电局创新管理体系建设工作实施方案
8 运行	8.1 运行计划及控制	三、重点举措	（一）创新策划 1. 强化顶层设计
	8.2 创新方案	三、重点举措	（一）创新策划 2. 制定工作方案
	8.3 创新过程	三、重点举措	（二）创新实施 4. 构建体系化科研需求分析机制；5. 构建分类施策的项目立项组织模式；6. 强化项目实施过程管理；7. 完善成果应用与转化策划机制；8. 加大成果应用与转化实施力度
9 绩效评价	9.1 监视、测量、分析和评价	三、重点举措	（三）管理回顾 10. 建立健全创新绩效评价体系
	9.2 内部审核	三、重点举措	（三）管理回顾 10. 建立健全创新绩效评价体系
	9.3 管理评审	三、重点举措	（三）管理回顾 10. 建立健全创新绩效评价体系
10 改进	10.1 概述	三、重点举措	（三）管理回顾 11. 持续开展管理改进
	10.2 偏离、不符合和纠正措施	三、重点举措	（三）管理回顾 11. 持续开展管理改进
	10.3 持续改进	三、重点举措	（三）管理回顾 11. 持续开展管理改进

　　广州供电局在搭建创新管理体系时，采用了 ISO 56002 的标准架构作为基础，结合能源电力行业管理需求和特点，灵活调整和优化创新过程，将创新管理融入项目管理中。在项目管理的每个阶段，创新过程都被考虑在内，使用创新过程管理的方法和工具，对创新项目进行规划、执行和控制，以确保项目的创新性和成果产出的有效性。

企业可以将创新管理与项目管理相融合，使得创新管理成为项目管理的一部分，而不是单独的活动或流程。创新管理可以为项目带来更多的创新想法和解决方案，从而提高项目的成功率和价值。通过将创新管理的方法和工具融入项目管理的各个阶段，激发项目团队的创造力和创新潜力，促进项目的持续改进和创新。创新管理强调快速试错和学习的理念，帮助项目团队更好地应对变化和挑战，更好地管理项目中的不确定性和风险，提高项目的适应性和灵活性。创新管理还可以促进项目与市场的紧密结合，帮助组织把握市场机会和需求，从而提高项目的商业价值和竞争力。

此外，在创新管理体系运行中，注重过程方法的应用，通过将创新管理过程进行详细的规划和设计，并通过持续的监控和改进来提高创新管理效能。过程方法的应用使得创新管理工作更加有条理和可控，有利于提高企业创新管理的质量和效率。

第六章 导入 ISO 56005 的现代化知识产权体系建设

知识产权与创新密不可分，每个参与创新活动的组织都会涉及不同形式的知识产权。创新时代的到来标志着知识经济时代的来临。在创新活动过程中，新知识不断涌现，而有效的知识产权管理则是支持创新过程的关键，是组织成长不可或缺的要素，也是保持持续竞争力的引擎。ISO 56005：2020《创新管理—知识产权管理工具和方法—指南》是针对创新过程中知识产权管理的专项标准，为组织应用合适的知识产权工具和方法，以支持高效的知识产权管理提供了指导。

本章首先深入阐述了知识产权赋能全面科技创新的重大意义，分别围绕知识产权的常见类型及其潜在价值效用、知识产权申请策略及不同创新类型的典型知识产权布局策略三个方面逐一展开，旨在为企业提供科学合理的知识产权规划方法，以全面保护知识产权成果，实现成果价值的最大化。其次对 ISO 56005 标准进行介绍，并重点关注"第 4 章 知识产权管理架构""第 5 章 知识产权战略"和"第 6 章 创新过程中的知识产权管理"，为企业搭建完善的知识产权管理体系和开展有效的知识产权管理活动提供专业指导和支持。最后，阐述 ISO 6005 标准的附录中提供的两种关键知识产权管理工具和方法，旨在帮助企业更好地将理论应用于实践，提升知识产权管理水平和创新能力。

一、知识产权赋能全面科技创新

在国家创新驱动发展战略的大背景之下，知识产权已成为推动社会科技进步、提升国家竞争力的关键因素之一。具体到企业而言，知识产权在激励创新、保护成果、促进成果转化、增强企业竞争力和提升企业形象等方面都具有突出的意义；特别是在能源电力行业，随着智能电网、清洁能源等技术的快速发展，知识产权的作用日益凸显。

（一）知识产权的常见类型及其潜在价值效用

知识产权保护的方式多种多样，不同国家的法律规定对知识产权类型的划分也有所不同。根据《中华人民共和国民法典》（以下简称《民法典》）第一百二十三条规定："民事主体依法享有知识产权。知识产权是权利人依法就下列客体享有的专有的权利：（一）作品；（二）发明、实用新型、外观设计；（三）商标；（四）地理标志；（五）商业秘密；（六）集成电路布图设计；（七）植物新品种；（八）法律规定的其他客体。"常见知识产权类型的特点如表6.1所示。选用何种知识产权保护形式、何时进行知识产权申请、如何布局申请地域以及在面临知识产权风险时如何应对，都是知识产权保护策略的重要内容。

知识产权的价值是多维度的，在市场价值、创新价值、法律价值和社会价值等多个方面均能够得到体现。

市场价值方面，知识产权可以成为企业品牌和产品的核心价值，提高企业在市场上的竞争力，增加市场占有率和收益。品牌通过商标的注册保护，形成了独特的市场标识，使消费者能够快速识别和信赖企业的产品或服务，从而提高了企业的市场知名度。专利技术的运用，使得产品具有独特性，增加了消费者的购买意愿，进而提高了市场占有率。知识产权的市场价值还体现在其能够为企业带来直接的经济收益，如通过许可、转让等方式实现知识产权的商业化，为企业创造额外的利润来源。

创新价值方面，知识产权涵盖新技术、新产品、新工艺和新方法等，能够提升企业的技术含量和创新能力。专利的申请和保护，不仅激励了企业投入更多的资源进行研发，而且通过公开专利信息，促进了技术的传播和交流，提升了整个行业的技术水平。著作权则为文化创意产业提供了创新的空间，使得企业能够在文化产品中融入独特的创意，增强市场吸引力。

第六章　导入 ISO 56005 的现代化知识产权体系建设

知识产权的创新价值，是企业持续发展和技术进步的基石。

法律价值方面，知识产权受到国家法律的保护，赋予权利人排他的使用权和处置权。这种排他性使得权利人可以控制其知识产权的利用，包括授权他人使用、制造、销售或复制等行为，从而在法律框架内实现知识产权的经济价值。同时，知识产权的法律价值还体现在其能够作为维权工具，当权利受到侵犯时，权利人可以依法采取措施保护自己的合法权益，如提起诉讼、申请禁令等，有效地防止了不正当竞争行为。

社会价值方面，在公共健康领域，医药专利的运用促进了新药的研发和普及，提高了公众的健康水平。在环境保护领域，技术专利的应用有助于推动绿色技术的创新和实施，减少环境污染。知识产权的社会价值在于其能够促进科技进步，推动社会经济发展，实现社会整体的和谐与进步。

总之，知识产权的价值多种多样，不仅可以带来直接的经济效益，还能促进创新和发展，保障知识产权拥有者的合法权益。表6.1列出了常见知识产权类型的特点及价值效用。[1]

表6.1　常见知识产权类型的特点及价值效用

类型	保护主题	是否需要注册	期限	备注
专利	发明	需要	最长20年，需支付维持费	给予排他权 仅在获得授权时可执行
实用新型	发明	需要	最长10年，需支付维持费	给予排他权 仅在获得授权时可执行
外观设计	美学设计	需要	最长15年，需支付维持费	给予排他权 仅在获得授权时可执行
商标	用于区分商品服务的标识	需要	10年，到期后可续展，无续展次数限制	给予排他权 仅在获得授权时可执行

[1]　马圆.创新与企业竞争[M]∥中规(北京)认证有限公司.名企聊创新管理:基于ISO 56000系列标准的应用指引.北京:知识产权出版社,2023:13-14.

类型	保护主题	是否需要注册	期限	备注
著作权	创意性艺术作品/软件源代码	不需要	期限因类别和著作权主体的不同而不同	登记后有助于维权 需要创作日期、作者身份及原创性的证明
商业秘密	价值依赖于保密性的商业信息/技术诀窍	不需要	若能维持保密性，则不受期限限制	无须和专利一样与外界分享知识 商业秘密的证据和日期受国家法律保护

表6.1中列出的知识产权类型、期限和特点仅限于我国的法律法规规定，世界各国对知识产权类型和保护期限的规定各有不同。例如，美国、英国和加拿大的专利法不包括实用新型专利；而对于外观设计，最新修订的《中华人民共和国专利法》（以下简称《专利法》）已将其保护期限由10年延长至15年，而法国的外观设计专利保护期限为自申请之日起25年，并可在注册人声明的情况下，继续延长25年。因此，组织在进行国外知识产权管理和布局时，需要结合申请国的法律情况，选择合适的知识产权类别进行申请。例如，某组织首次在中国申请了一项关于产品结构的实用新型专利，如果该组织希望在美国市场利用这项专利进行专利布局，可以在该实用新型专利申请之日起的12个月内，以该申请为优先权，向国家知识产权局提出PCT（The patent cooperation treaty，专利合作协定）申请，然后依据相关规定指定进入美国，申请美国发明专利。

（二）服务企业价值创造的知识产权申请策略

将创新过程中产生的各类创新成果通过知识产权保护，成为组织获取知识产权收益的首要条件。正确的知识产权申请策略，不仅能够为组织带来良好收益，还可能直接影响组织在行业中的市场地位和发展方向。ISO 56005附录B.4的相关条款，对专利和商标两种常见知识产权类型的申请策略提供了指导，明确了组织在制定和执行知识产权申请策略时应考虑的因素。

对于专利的申请策略，需要考虑的主要因素包括：①考虑业务市场。

基于短期和长期目标、组织竞争对手的经营地区以及商业和行业趋势，确定是否申请专利。例如，对于短期发展、竞争激烈、前景不明朗或逐渐萎缩的夕阳产业，可减少专利申请的投入；而在竞争较小、市场前景乐观的领域，则可增加专利申请的投入。采用的专利布局策略越多、覆盖越广，将越有助于组织获得市场份额。②考虑授权专利的战略价值和商业价值。在专利申请过程中，权利要求通常会经过专利局的审查并进行多次修改。因此，授权后专利权利要求的保护范围相较于申请时往往会缩小。如果授权后的权利要求保护范围过小，无法有效保护产品，组织可以考虑缩短维持该专利的期限，适时放弃剩余专利权，或仅在少数区域进行申请，减少覆盖范围。③考虑应当寻求专利保护的区域。对于仅在某个国家或地区进行短期代理销售业务，或在销售额较低、市场发展前景不佳的区域，可选择较少的专利申请，或不进行专利申请，或在申请专利后进行短期的维护，而在营业收入和许可收入较高，专利制度适合且完善，创新成果能够得到良好保护，或预期进行长远经营的区域，则应增加专利申请的投入。

商标的注册与保护直接关系到品牌的健康发展，因此商标的布局应成为组织经营战略的重要组成部分。与专利相比，商标的申请和维护成本通常较低。因此，在考虑商标的申请策略时，可以采用相对积极的申请策略，提前在更多地区和类别进行商标保护布局，以减少未经授权销售、假冒及商标或域名抢注等风险。同时，组织还应考虑商业市场方面的因素，如通过商标许可或特许经营，将商标许可给第三方使用。商标许可或特许经营也是组织知识产权运营的一种创新方式。

（三）不同创新类型的典型知识产权布局策略

知识产权类型多种多样，知识产权布局需要根据创新类型和创新成果的具体情况，确定保护策略。ISO 56005 附录 B 中指出的知识产权布局策略，主要涉及知识产权类型布局和知识产权地域布局两个方面。

在知识产权地域布局方面，组织应结合市场经营发展战略，根据参与市场竞争的需要，在全球范围内确定需要进行知识产权保护的区域，适当加大国外知识产权的布局，助力组织赢得国际市场影响力和话语权，强化

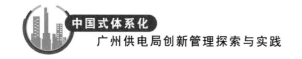

企业在当地的知识产权保护力度。

广州供电局布局了多项创新研发课题，以下对不同创新课题的知识产权布局策略提出建议。

科技创新方面：主要涉及新产品、新工艺和新技术，相关的知识产权类型以专利、商业秘密、集成电路布图设计和计算机软件为主。一项创新课题可能产生多项创新成果，每项成果适用不同类型的知识产权进行保护。例如，在新型配电网规划技术方面，基于多端柔直互联的大型城市电网网架优化重构关键技术，预期的研究成果之一为"网荷储氢协同的交直流混联配电网规划方法"。该研究成果是一种对现有技术作出重大改进的新方法，可以申请发明专利。同时，为了突破多端柔直互联的城市电网网架优化运行控制，研制的适用于中压多端柔直互联的紧凑化低成本多端口三电平变换器和自然换流多端口直流断路器，则属于新产品，可以同时申请发明和实用新型专利。

数字化与数字孪生技术方面：为打造数字孪生电网智慧运行平台，实现从智能变电站到智能电表的全设备运行状态的人工智能分析，研发的具备实时、准实时与稳态动态等多时间尺度决策分析能力的辅助决策工具，不仅可以通过专利和计算机软件著作权进行有限期的公开保护，还可以采用商业秘密的形式进行永久的秘密保护。进一步，公开保护和秘密保护的结合方式以及各自的适用情形如表 6.2 所示。

表 6.2　公开保护和秘密保护的结合方式

结合方式	适用情形
先以商业秘密形式保护，后申请公开保护	对于尚未成熟的技术，可以首先以商业秘密形式暂时加以保护，等到技术成熟时或其他认为有必要的情况时转为申请公开保护；此种情况下，即使他人申请了专利也可以利用先用权进行抗辩
以商业秘密形式保护为主，公开保护为辅	组织可以将创新成果的大部分内容选择以商业秘密形式保护，仅就某一个环节或某个部件申请公开保护。当商业秘密泄露时，其他人不能完全应用此创新成果生产出成套完整产品，仍须与商业秘密的所有者签订许可使用合同

续表

结合方式	适用情形
以公开保护为主的商业秘密形式保护	使用公开技术仅能够生产出产品的某个主件，该主件本身可以单独成为产品，但如果不掌握商业秘密的内容，仅主件的市场极为有限。通过商业秘密及公开保护构建双重防线
以商业秘密形式为主的公开保护	对一项创新成果的大部分内容申请公开保护，仅就其中最核心、最不易破密的部分以商业秘密形式保护

管理创新方面：管理创新是指企业为实现世界一流达标、推进"三商"转型、推动高质量发展及全面深化改革，在生产经营组织模式、管理体系、标准制度规范、人才评价激励及文化价值引领等方面开展的创新活动。广州供电局发布的《"十四五"创新驱动发展规划》在管理创新方面的规划布局可分为六大领域：本质安全型企业建设、国企改革、开辟企业创新驱动发展高地、数字化转型、打造党建引领高质量样本及高素质人才培养。在实现管理创新愿景与目标的过程中，不同的创新成果需要采用不同形式进行布局保护。

管理制度创新是管理创新最重要的成果。根据《专利法》及其审查指南相关规定，不授予专利权的客体包括智力活动的规则和方法，以及组织、生产、商业实施和经济等方面的管理方法及制度。因此，企业在管理创新活动中制定的规章制度无法申请专利，但为实现这些规章制度而开发的管理软件和管理设备则可以通过计算机软件著作权和专利权进行保护。例如，在数字化转型方面，广州供电局计划在 2025 年实现配网全业务场景"机器代人"，以打造数字电网并实现输、变、配的数字化运维。尽管生产组织模式的优化无法申请专利，但为实现该目标而研制的适用于各类业务场景的机器，仍然可以通过专利和商业秘密等形式进行保护。

在数字产业应用方面，广州供电局计划致力于构建服务城市治理的数字产业体系，形成与数字政府更深层的协同共建模式。在与外部政务数据接入与交换过程中产生的计算机程序及相关文档，可以进行计算机软件著作权登记。计算机程序是指为实现某种结果而可由计算机等信息处理设备执行的代码化指令序列，或者可自动转换成代码化指令序列的符号化指令

序列或符号化语句序列。根据《计算机软件保护条例》规定，同一计算机程序的源程序和目标程序被视为同一作品。文档则指描述程序内容、组成、设计、功能规格、开发情况、测试结果及使用方法的文字资料和图表，如程序设计说明书、流程图和用户手册等。

在服务与商业模式创新中，知识产权保护问题尤为复杂。目前我国法律并未明确规定服务与商业模式的性质，因此无法依据法律断定其是否属于知识产权法保护的对象。服务与商业模式创新主要涉及品牌建设、技术创新和经营管理三个方面。其中，品牌建设包括商标、广告语和商品包装等要素，可以通过《中华人民共和国商标法》《中华人民共和国著作权法》《中华人民共和国反不正当竞争法》等法律寻求权利保护。技术创新与服务和商业模式创新之间存在紧密联系，服务与商业模式的创新发展离不开技术创新的支撑，同时技术创新也需要通过服务与商业模式得以体现。技术创新的知识产权保护主要涉及专利和商业秘密。经营管理是服务与商业模式运行的保障，对应于业务系统、盈利模式和现金流结构等要素。在现行法律制度体系下，经营秘密保护是服务与商业模式创新知识产权保护最有效的方式。

综上所述，广州供电局在实现融入和服务区域协调发展战略、树立现代供电服务体系标杆和建设绿色用能体系的创新模式过程中，可以适时通过专利、商标、商业秘密等形式，从品牌建设、技术创新和经营管理三个方面，对形成的创新成果进行有效保护，从而实现创新价值的最大化。

二、ISO 56005 的知识产权管理体系

知识产权管理是创新管理的重要课题之一，为组织获取和维护核心竞争力、将创新成果转化为有价值的知识产权资产提供了高效手段。ISO 56005 标准作为 ISO 56000 系列标准中针对创新过程知识产权管理的专项标准，旨在为组织提供一套全面且高效的知识产权管理框架（图 6.1）。该标准不仅是我国提出并推动制定的首个知识产权管理国际标准，同时也集中体现了全球创新领域专家和知识产权专家智慧的集中体现，吸收了全球最先进的创新管理和知识产权管理理念。

第六章 导入 ISO 56005 的现代化知识产权体系建设

ISO 56005 标准除前言、引言外，共包括"1 范围""2 规范性引用文件""3 术语和定义""4 知识产权管理架构""5 知识产权战略"和"6 创新过程中的知识产权管理"共六章，以及附录 A 至附录 F。其中，第 4 章"知识产权管理架构"旨在实施知识产权管理活动；第 5 章"知识产权战略"是组织业务和创新战略密不可分的组成部分；第 6 章"创新过程中的知识产权管理"是为创新过程量身定制的知识产权管理活动。上述三章构成了 ISO 56005 标准的核心内容，附录 A 至附录 F 提供了若干用于支持知识产权管理活动的知识产权工具。该标准强调了经营战略、创新战略与知识产权战略的有机协同，规范了创新过程中的知识产权管理，并提供了多种知识产权管理实用工具和方法。该标准以创新价值实现为核心导向，坚持创新管理与知识产权的深度融合，将知识产权管理活动嵌入创新全过程，通过明确创新过程中的知识产权管理目标、方法和路径，全面提升创新效率、创新质量和创新效益，为创新主体提供了全面系统、优化高效的创新与知识产权融合管理模式。

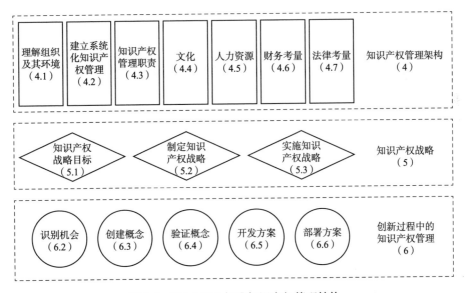

图 6.1 ISO 56005 标准知识产权管理结构

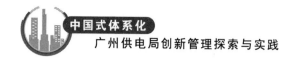

（一）ISO 56005 的知识产权管理架构

知识产权管理架构是组织进行管理体系设计和实施管理活动的前提，如同搭建房屋时的结构一般，对组织知识产权管理体系的建设起到支撑作用。ISO 56005 标准第 4 章知识产权管理架构，从理解组织及其环境、建立系统化知识产权管理、知识产权管理职责、文化、人力资源、财务考量和法律考量共 7 个方面对组织如何构建知识产权管理架构提出指导。其中，理解组织及其环境是进行知识产权管理的前提，建立系统化知识产权管理是进行知识产权管理架构设计的基本思路，知识产权管理职责、文化、人力资源、财务考量和法律考量是管理架构设计过程中的五个要素。

1. 理解组织及其环境

在建立知识产权管理架构的过程中，理解组织及其所处的环境是至关重要的第一步。组织环境不仅包括外部环境，还包括组织的内部环境。

首先需要对外部环境进行全面的审视和分析，以识别可能影响知识产权战略目标实现的外部问题和因素。外部环境主要包括以下四个方面。

第一，领域方面。组织需综合考虑所处行业的特性，同时关注市场环境、文化背景、技术发展的现状与趋势、法律法规、政府监管以及政治稳定性等因素。这些因素共同构成了知识产权管理的宏观背景。

第二，地域方面。组织应审视当前运营及目标市场的国家或地区的知识产权保护与诉讼制度，以及相关法律法规。对于布局全球市场的组织，国际知识产权制度的重要性不言而喻。知识产权具有地域性、时间性和排他性的显著特点，地域性是指知识产权保护具有严格的地域限制，即某一国家或地区授予的知识产权仅在其授予的特定国家或地区的法律范围内有效，而在其他国家或地区则不一定得到承认或保护。不同国家或地区的知识产权制度和法律法规不同，因此组织在构建知识产权管理架构时，必须充分理解并适应不同国家或地区的制度特点。

第三，时间方面。组织应从短期、中期和长期三个时间维度出发，识别即将到来的挑战与机遇，并预测市场与技术的发展趋势，据此建立相应的知识产权管理架构。

第六章　导入 ISO 56005 的现代化知识产权体系建设

第四，潜在机会和威胁方面。组织需识别来自合作伙伴的潜在机会及竞争对手可能构成的威胁，为知识产权管理提供战略指导。

其次，需要从业务和创新战略及组织的知识产权资产类型分析其内部环境。内部环境主要包括以下五个方面。

第一，业务和创新愿景、战略方向、现有管理的实践。知识产权管理体系应与组织的业务和创新战略紧密相连。具体而言，知识产权战略目标及其实施计划应与组织的整体愿景和战略方向保持一致。

第二，业务和创新目标及实现目标的计划。应明确知识产权在支持组织业务和创新目标实现中的作用，如促进技术创新、保护创新成果、限制竞争对手等，并制订具体的知识产权管理计划，以实现这些目标。

第三，组织拥有或对外许可或从其他方获得的现有知识产权。在建立知识产权管理架构前，组织需对自己拥有的知识产权资产进行详尽盘点，建立知识产权台账，做到知己知彼。知识产权资产类型包括但不限于专利、商标、著作权、商业秘密，并分析其许可、转让和商业化等情况。

第四，影响实现既定知识产权目标的过程及资源的优势和劣势。组织应评估影响知识产权目标实现的过程和资源，分清优势与劣势，以便在管理框架中加以利用和改进，使整个知识产权管理体系更加全面和完善。

第五，文化方面。组织需考虑各级员工的价值观、品德信仰、历史观、行为习惯、态度和承诺等文化因素，这些因素对知识产权管理的实施和成效具有重要影响。

2. 建立系统化知识产权管理

建立系统化的知识产权管理，首先要求组织必须审慎决定是否公开其创新成果，或者是否对其进行法律保护。若选择保护创新，组织应深入考虑多种形式的知识产权保护手段，包括但不限于专利、著作权、商业秘密、商标等。此外，知识产权管理不仅涉及如何获取和保护这些权利，还应理解知识产权权利的双重特性。

知识产权赋予权利人两种核心权利：一种是"正向"权利，它允许权利人自由地使用和利用其受保护的知识产权。这种使用和利用不仅限于权利人自身，还可以通过多种方式扩展至第三方，如通过许可协议将知识产权的使用权授予第三方，通过转让协议将知识产权的所有权完全转移给第三方，或者通过质押融资的方式将知识产权作为担保物，以换取资金支持。另一种是"反向"权利，即权利人有权阻止未经授权的第三方使用其受保护的知识产权。这种阻止不仅可以通过提起侵权诉讼来实现，还包括申请知识产权无效等手段。这两种权利的具体应用可能因知识产权的类型而异。例如，专利权人可以制造、使用、许诺销售、销售或进口其专利产品，或者使用其专利方法，也可以阻止他人未经许可制造、使用、销售或进口其专利产品或使用其专利方法，并可以提起侵权诉讼或申请专利无效。商标权人可以在商品或服务上使用其注册商标，并有权许可他人使用，也可以阻止他人在相同或类似商品上使用相同或近似商标，防止消费者混淆，并可以采取法律行动维护其商标权。

3. 知识产权管理职责

知识产权管理职责包括领导作用和承诺，以及组织岗位和职责两个方面，其中领导主要指组织的最高管理者，最高管理者应确保相关岗位的职责和权力在组织内得到分配和沟通。组织岗位和职责是指在组织知识产权管理体系中，具体负责知识产权管理的岗位及其职责。组织应结合其实际情况，设置相应的知识产权机构、岗位和职责。

组织中最高管理者是负责知识产权事务的核心领导者，对组织的知识产权事务进行全面的监管和指导，并对组织知识产权管理体系的建立、实施的水平和质量起到关键的领导作用。组织最高管理者需要承担以下职责。

第一，负责制定知识产权的方针和目标，确立清晰的知识产权方针，以指导整个组织在知识产权管理方面的原则和方向。知识产权方针应当反映组织的核心价值观、使命和愿景，并与组织的整体战略方向保持一致。根据知识产权方针设定具体的知识产权目标，这些目标应当可量化、可衡量，并与组织的战略目标紧密结合，促进组织的长远发展。

第二，负责建立并实施与创新战略一致的知识产权战略，确保知识产权管理工作能够有效地支持和推进组织创新战略的实施、推进。

第三，在知识产权管理体系的具体实施过程中，应确保知识产权管理活动与组织的创新过程紧密结合，在创新活动的不同阶段和子过程中均应采取

第六章　导入 ISO 56005 的现代化知识产权体系建设

一定的知识产权管理措施，以促进创新活动的顺利进行，保护创新成果。

第四，确保知识产权管理所需的资源和能力得到充分保障，包括但不限于人力资源、物力资源、财力资源和信息资源，所配备的资源应当具备满足各自管理职责要求的能力，如负责知识产权检索分析的人员应当具备与其检索分析目的相匹配的检索能力和分析能力，为组织的知识产权管理体系提供坚实的基础。

第五，负责在组织内部针对各级各部门人员普及知识产权管理的重要性，提高全体员工对知识产权的认识和重视程度，营造良好的知识产权保护氛围。

第六，确保知识产权管理活动能够达到预期的目标和成果，通过定期的评估和审查机制来监控知识产权管理的实际效果。

第七，负责指导和支持与知识产权相关的人员，如提供与知识产权相关的持续培训和教育，以提升员工的知识产权保护能力。

第八，致力于推动知识产权管理的持续改进，通过不断地学习和借鉴最佳实践，提高知识产权管理的质量和效率。通过这些职责的履行，最高管理者能够确保知识产权管理体系在组织中得到有效的实施和不断优化，从而提升组织的整体创新能力和市场竞争力。

知识产权具体的管理事务由不同的人员完成，每个人员对应一个或者多个岗位及相关的职责，与创新相关的知识产权管理职责应当包括如下方面。

第一，组织知识产权管理相适宜的活动和相关支持，设计和实施适合组织特性的知识产权管理活动，包括但不限于知识产权申请、知识产权维护、知识产权培训、研讨会或交流会、宣传册或展板、知识竞赛等，并确保上述知识产权管理活动能够得到必要的资源支持，包括人力资源、财务支持和技术设施，如专利数据库、具备检索能力的知识产权人员等。

第二，确定创新成果是否可以不受限制地公开，如需限制公开是否应当采取措施进行保护，评估创新成果的价值、潜在市场影响及保护需求，结合组织实际情况决定是否公开或采取何种保护措施（如专利、著作权、商标或商业秘密等），根据评估结果制定相应的保护策略，包括保护时机的

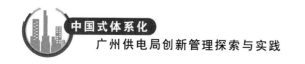

选择、保护方式的确定及保护地域的覆盖。

第三，建立和维护组织的知识产权资产台账，主要涉及知识产权资料的整理、归档、数据录入及过程记录等工作，确保知识产权资产台账的准确性和时效性，为内部和外部相关人员提供受控访问权限，确保信息安全。

第四，定期监测与本组织相关的公共领域知识产权，收集信息，并根据业务部门和创新部门的需求，对相关主题进行深入分析，了解行业领域内的技术发展趋势、竞争态势，形成知识产权分析报告，作为创新活动的输入供组织领导层和相关研发部门参考，一方面能够避免潜在的侵权风险，另一方面能够为研发人员提供创新参考和启示。

第五，管理其他方对组织知识产权的潜在侵权，包括侵权风险的识别、评估、监控、应对及预防措施的制定等。

第六，对组织当前及未来业务和市场相关的国家或地区的法律和监管环境进行监测，确保组织的知识产权管理符合国内外最新法律和监管规定，并能够根据法律法规的变化，及时调整知识产权管理策略，确保组织知识产权管理体系始终满足合规性要求。

第七，建立知识产权风险识别机制，定期识别知识产权领域的潜在风险和机会，向董事会、股东及其他相关部门报告，确保高层决策者及时了解相关信息。

第八，利用知识产权为组织创造价值，包括提高组织声誉、增加财务收益、促进协作关系及优化人力资本等多个方面，通过知识产权转让、许可、质押贷款、信托、保险、证券化、出资入股等多种运营方式实现知识产权的价值。

第九，开展其他知识产权管理活动，包括保护商业秘密、创意管理或明确涉及外部合作方的知识产权，如创新合作项目中的所有权等。

第十，在组织内部培养知识产权保护意识，确保所有员工都认识到知识产权的重要性。定期为员工提供知识产权相关的培训课程，提高员工的专业能力和管理水平。

为了确保知识产权管理的有效性和一致性，组织应明确知识产权管理职责，并将其成文记录下来。这些职责应当与组织其他部门共享，特别是在组织架构中存在交互关系的其他职能部门。明确职责有助于提高工作效率，减少误解，并确保所有相关方都能按照统一的标准行事。

知识产权管理活动的岗位和职责可被分配给现有岗位，构成现有岗位的部分职责，知识产权管理活动也可被分配给专职于知识产权管理或特定知识产权管理行动和活动的岗位，如研发部门的知识产权管理职责，既可以交由现有部门人员兼职负责，又可以增设专职岗位负责。此外，知识产权岗位管理职责不仅限于组织内部人员或者团队，而且可以由外部个人或者团队承担，如知识产权台账管理可以由组织内部人员负责，知识产权申请可以聘请外部专业机构负责等。

4. 文化

为有效建立、实施、保持和持续改进知识产权管理，组织应建立促进支持知识产权管理的组织文化，包括在整个组织内提升知识产权意识和提供、保持有利的工作环境两个方面。

在整个组织内提升知识产权意识方面，重点采取以下措施。

第一，获得组织最高管理者对知识产权战略管理的方针和过程的监督与批准。组织最高管理者应积极参与战略、方针的制定，调配相关的资源，并参与具体的实施过程。在确定组织知识产权管理体系的过程中，虽然组织最高管理者不必参与具体的制度制定，但最终定稿发布时需要获得组织最高管理者的批准和支持，以彰显其重视程度。

第二，组织应当指定高级管理团队成员负责实施组织的知识产权管理方针和过程，确保高级管理团队成员理解并承担相应的知识产权管理责任，推动组织内部知识产权管理工作的落实。

第三，组织知识产权战略和目标的实现离不开全体员工的共同配合，只有提升各级员工的知识产权意识，让员工理解知识产权管理体系的方针、目的及各岗位的相应要求，才能确保知识产权管理在员工的日常工作中得到切实的执行。

第四，通过持续的知识产权培训和教育，让全体员工理解知识产权的基本概念、组织的知识产权管理体系及员工应当承担的特定知识产权岗位职责，确保其理解知识产权特定的业务过程和方法，并理解不符合组织知

识产权管理要求将可能产生的影响和后果，如组织可以分享知识产权侵权典型案例，让员工了解侵权行为可能给组织带来的法律后果和经济损失，有助于员工更加直观地理解知识产权保护的重要性。

提供和保持有利的工作环境，为有效建立、实施、保持和持续改进知识产权管理，组织应采取以下措施。

第一，鼓励各级管理人员促进和表明其对知识产权管理的承诺，并考虑违反的后果。组织应从上至下明晰各自的知识产权岗位职责和违反后果。权责明晰是确保知识产权工作有序开展的重要前提，同时也是知识产权管理工作的重要内容。权责不明晰会严重制约知识产权工作效率和员工潜能的发挥。在确定知识产权岗位职责时，做到分工明确，相互不重叠，通过沟通和培训等方式让知识产权工作参与者知晓各自在知识产权工作中的职责，以及违反相关规定需要承担的后果。

第二，为知识产权管理过程的有效和高效运作提供必要的资源支持，包括基础设施，如必要的办公设备、办公场所；信息资源，如知识产权检索平台，用于知识产权文献检索、处理和分析；资产，如计算机、电话；培训，如制订系统化的知识产权培训计划，提高员工的专业能力；工具，如知识产权管理工具，为厘清组织拥有的知识产权资产、监控知识产权申请进程提供高效的管理工具。

第三，给予员工授权，使员工能够有权在日常工作中对一定范围和程度的知识产权管理活动作出决策，保障知识产权管理体系高效运行。为了确保员工决策的正确性，可以强化培训和教育、制定清晰的工作指南和制度、进行案例研究和交流等。

第四，作为知识产权管理体系运行的实际参与者，员工在日常工作中能够发现体系存在的问题和不足，应当鼓励员工适当参与知识产权管理过程并给予反馈，以便不断优化管理流程。组织应建立反馈渠道，通过问卷调查、讨论等方式，定期收集员工对知识产权管理体系的意见和建议，据此了解需求、期望和改进方向，进而不断优化、完善、改进知识产权管理体系。

第五，为了让员工重视和配合知识产权工作，可以通过制定激励措施和计划以认可个人和（或）工作组及团队在知识产权管理方面的业绩，充分调动员工的积极性，有助于提高知识产权管理工作的质量和效率，从而为组织带来更大的价值。

第六，新员工入职与员工离职的知识产权管理，建立人力资源知识产权管理方案，解决员工入职和离职涉及的知识产权归属、商业秘密保护、信息披露等问题。主要包括新员工的知识产权背景调查，避免其将前雇主的知识产权带入本组织，通过合同约定职务发明与非职务发明，以及员工离职时的知识产权相关事项提醒，如离职后一年内进行的与本组织工作内容相关的发明创造的专利申请权归属于组织；对于涉及组织商业秘密的核心人员，签订离职知识产权协议或竞业限制协议，明确员工的保密义务。

通过上述措施，组织可以全面提升员工的知识产权意识，并提供一个有利于知识产权管理的工作环境。组织最高管理者的支持与监督、高级管理团队的责任明确、员工的理解与参与、权责明晰、资源支持、授权与参与、激励措施及新员工入职与员工离职管理等，都是确保知识产权管理工作有效开展的关键要素。这些措施不仅有助于保护组织的知识产权，还能促进组织的创新能力和可持续发展。

5. 人力资源

知识产权管理体系的实施依赖于人员，组织只有为相应的岗位配备合格的人力资源，才能确保知识产权管理体系的有效运行。应当配置的人力资源包括人员、知识与能力、教育与培训三个方面。

人员方面，为有效建立、实施、保持和持续改进知识产权管理体系，组织应从以下几个方面入手。

第一，为了保证知识产权管理工作的质量，组织应当识别知识产权管理每个活动或阶段所需人员，并明确这些岗位人员应当具备的必要能力和人员素质，为岗位配置合格的人员。例如，负责专利申请的人员应当对《专利法》及其实施细则，以及《专利审查指南》的有关规定和要求熟悉，了解申请过程中的详细流程、各个阶段的时限要求、申请申诉等费用情况，还应当掌握申请文件的格式、权利要求书和说明书的实质性要求。

第二，每个人都具有各自的特点，在具备优点的同时也难免存在缺点，

因此能够胜任和适应的工作岗位有所不同。组织应当充分考虑组织内人员的知识架构、能力水平和局限性，匹配适合的岗位，做到知人善任；同时应当充分考虑每个人在团队中适合的角色，构建一个和谐高效的团队，尽量扬长避短、相互配合，共同高效完成团队任务。

第三，在知识产权管理过程中，需要跨越不同专业领域的知识与技能，包括法律、技术、市场、财务等多个方面。组织可以组建一个跨部门的知识产权专家团队，由各个领域的专业人员组成，讨论知识产权管理中的问题，并提供解决方案。通过内部专家团队的协作，组织可以更好地整合资源和知识，提高知识产权管理的效率和效果。对于一些复杂或专业性强的知识产权问题，组织可以考虑聘请外部专家提供咨询或协助。这些外部专家可能来自知识产权律师事务所、技术评估机构、市场研究机构等。他们可以提供专业的意见和解决方案，帮助组织更好地理解和应对知识产权管理中的挑战。

第四，知识产权管理需要得到组织最高管理者的重视和支持。组织应建立向最高管理者报告知识产权管理状况的机制，确保知识产权管理的情况能够定期向组织最高管理者报告，报告内容包括但不限于知识产权管理的进展、面临的挑战、资源的充足度等信息。通过这些报告，组织最高管理者可以及时了解知识产权管理的情况，并为组织提供必要的资源和支持。

知识与能力方面，为有效建立、实施、保持和持续改进知识产权管理，组织应从以下几个方面入手。

第一，组织应明确知识产权管理的必要知识，并通过多种方式获取这些知识。例如，通过各种组织和政府公布的指南了解必要的知识产权信息，通过中国国家知识产权局发布的业务办理指南了解具体的业务流程和要求，通过公开许可公告获取当前声明开放公开许可的专利信息、许可条款、专利权人的联系方式。组织通过各种方式获取知识后，再结合自身需求和现状，制定内部的管理体系、制度和流程。

第二，在组织实现知识产权战略的过程中，管理需求会随着组织发展的不同阶段而不断变化，同时知识产权管理人员的知识与能力也会随着工作经验的积累而变化，组织应当对员工目前具备的知识和能力进行评估，并与未来知识产权战略的要求进行对比分析，随时获知两者之间的差距，明确员工在哪些方面有所欠缺和不足。为补齐员工知识和能力的短板，组织应当确立获取或提供获取额外知识的途径，如教育培训。

教育与培训方面，组织应通过以下措施确保员工了解知识产权管理过程和期望。

第一，组织应制订一个全面的培训计划，旨在提高员工对知识产权及组织知识产权方针和管理活动的认知。这一计划应面向全体员工推行，并确保定期向员工重申。知识产权教育与培训不仅是增加员工基础知识的过程，而且要让员工深刻理解组织的知识产权方针及其各项活动的意义与必要性。为了确保知识产权管理策略能够有效落地，需要根据不同岗位的具体要求和内容，提供有针对性的教育与培训。具体实施包括制订培训计划、提供培训及评估培训效果，从而形成一个有效的闭环管理过程。

第二，为了确保员工具备必要的知识产权能力以满足当前和未来的需要，组织应根据不同岗位的特点提供针对性的培训。通过定制化的培训内容，可以显著提高培训效果。具体而言，可以根据培训对象和类型来设计相应的培训内容。例如，新员工的入职培训应主要集中在知识产权基础知识上，包括知识产权的定义、类型及组织内部的知识产权管理流程。通过短时间的集中培训，帮助新员工快速树立知识产权意识，便于知识产权管理人员后续开展相关工作。确保新员工了解基本的知识产权概念，掌握必要的内部流程，为后续工作打下基础。

第三，为了确保知识产权管理过程在组织各级得到充分理解和遵守，需要定期评价现有知识产权培训的有效性。通过多种评估方式，可以全面了解员工对培训内容的掌握程度及其实际应用情况。评估方法可以有问卷调查、考试、实际操作测试等多种形式。

6. 财务考量

为了有效地管理知识产权，组织必须认识到开发和维护知识产权组合所需的各种成本。这些成本包括评估、保护、注册、维护和执行知识产权的费用，以及组织在人力资源和培训方面的资源成本。知识产权管理应被视为一项能够产生财务回报及业务机会的长期投资，涉及成本和回报两个

方面的考量。

为了保障组织知识产权管理活动的有序有效进行，组织应通过以下措施确保必需的财务资源。

第一，组织应全面考虑与知识产权管理相关的财务机会和限制，知识产权的成本包括申请成本、维持成本、代理成本、诉讼成本、奖励与报酬等多种类型，收益包括知识产权的收购、转让、出售、投资、融资、抵押、质押等金融性收益，以及政府激励、由知识产权驱动的合并和收购等其他收益。组织应当建立知识产权预算制度，尽量详细和精确地涵盖知识产权事项的各项支出和预期收益。需要考虑的财务机会和限制还应包括未获得和管理知识产权的潜在财务影响，如不进行知识产权申请、放弃知识产权维护、不开展知识产权管理等可能带来的各种损失，包括因侵权导致的法律纠纷、市场份额损失、品牌形象受损等潜在成本。

第二，确保足够的资金支持对知识产权管理活动的顺利开展至关重要。组织应当为知识产权管理活动分配足够的专用财务资金，如可以设定年度预算中的一个固定比例，或者由组织最高管理者直接为知识产权管理活动分配资金。

第三，当组织面临收购、出售、投资、法律诉讼等情况时，应当对所拥有的知识产权进行价值评估，赋予知识产权财务价值。目前，知识产权价值评估方法繁多，主要包括成本法、市场法、收益法和比例法等，根据交易目的的不同，选择一种或者几种价值评估方法。另外，政府有关部门为了促进知识产权的流转和成果转化，发布了一系列知识产权价值评估的方法或指南，如国务院国资委印发的《关于优化央企资产评估管理有关事项的通知》、国家知识产权局印发的《专利开放许可使用费估算指引（试行）的通知》。组织应了解不同的估值方法，确保价值评估的准确性和合理性。

第四，知识产权作为一项重要的无形资产，组织应认识到知识产权在实现和支持多种财务收益方面的作用，如帮助组织从内部或外部获得融资，知识产权对组织创新具有激励作用，知识产权伴随产品开发的过程、通过知识产权的转让、许可、质押等手段实现商业化运营，知识产权可作价入股实现投资。

第五，专利作为知识产权中最常见的类别，是组织技术实力的直观体现。组织应当建立针对知识产权的投资原则，加大资金投入力度构建专利组合，提高专利的质量和数量，提升组织的技术优势。制定基于知识产权的并购策略，通过并购或收购等方式，增强组织的技术实力和市场地位。

第六，科技创新是提高社会生产力和综合国力的战略支撑，我国始终坚持创新驱动发展战略，政府通过设置一系列的激励政策鼓励创新。组织应当深入研究政府出台的知识产权财务激励措施和政策，如资金奖励、税收减免、财务补贴等，以确保组织能够享受政策优惠。此外，还应当对政府发布的知识产权有关法律法规和规章进行了解，确保组织的知识产权管理活动符合各项要求，避免因违规而导致的财务风险。

7. 法律考量

知识产权是一种受到法律保护的权利。我国《民法典》第一百二十三条规定："民事主体依法享有知识产权。" ISO 56005 标准要求组织应当对与知识产权管理相关的法律进行整体理解。整体理解体现为全面和清晰地了解并理解与知识产权管理相关的法律法规，包括对创新成果的法律保护、第三方知识产权侵权的解决方法、知识产权保护期限的影响、不同形式知识产权的特定要求及跨国知识产权管理等方面。

基于法律考量，组织应采取以下措施。

第一，为创新过程中涉及的法律活动提供支持，确保在需要时能够获得合格和称职的法律资源。例如，可以在组织内部设置知识产权法律专职律师或部门，也可以与外部律师事务所进行合作，确保组织拥有专业的法律顾问团队，能够在知识产权相关法律问题上提供及时有效的支持。

第二，知识产权面临的法律问题多种多样，组织的知识产权管理体系应当包含应对这些法律问题的相关制度、规范和流程，以规避潜在的法律风险。常见的知识产权法律问题包括明确创新成果的作者身份和发明人身份，确保知识产权的所有权归属清晰；解决所有权争议，确保组织对创新成果享有合法的权利；处理第三方知识产权侵权问题，通过许可、合作或诉讼等方式解决侵权问题；解决合同中的知识产权条款问题，确保合同条

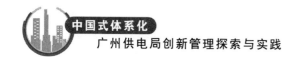

款符合相关法律法规要求。

第三，建立与知识产权和创新成果相关的成文信息保存和维护制度，对成文信息和文件进行控制，不仅要求在需要的场所和时间可以获得并适用，还要求采取防止泄密、不当使用或完整性受损等保护措施。成文信息应当包含对知识产权绝限期的监控和定期审查，以确保保护类型和范围与目的相符或根据需要进行调整。

第四，我国法律规定，发明专利权的期限为二十年，实用新型专利权的期限为十年，外观设计专利权的期限为十五年，均自申请日起计算。注册商标的有效期为十年，自核准注册之日起计算，有效期满需要继续使用的，可以进行续展。商业秘密的保护期限不受限制。鉴于知识产权具有的时间性，组织应当全面考虑知识产权对创新成果的保护期限，并基于有限的保护期对组织知识产权战略甚至创新战略的影响。例如，通过构建专利组合、专利池的方式，延长对核心技术和产品的保护期，通过对注册商标进行不断续展，延续商标专用权，强化市场优势。

第五，知识产权只有在满足法律要求的情况下才会受到法律的保护，因此组织应当充分了解相关法律对不同类型知识产权的具体要求。例如，专利权具有地域性特点，被授予的专利权仅在该国家或地区内有效，不能自动在其他国家获得同样的保护。如果组织需要在多个国家或地区获得专利权保护，则应当在各个国家或地区分别提交专利申请，并遵守当地的专利法。商业秘密应当具有秘密性，通过采取合理的保密措施使其不为公众所知悉。标识只有向有关部门申请注册后才能获得商标权保护。此外，法律对每种形式知识产权提供的权利也不完全相同。

第六，组织在实际运营过程中，可能会存在某些侵犯第三方知识产权的行为和风险，因此知识产权管理体系应当考虑对第三方知识产权风险的管理，建立风险识别、评估、分析和控制制度，以避免因侵权、诉讼或其他知识产权纠纷导致的经济损失和声誉损害。例如，在产品设计过程中，专利侵权风险分析是一项至关重要的工作，它帮助企业在开发新产品时避免侵犯他人的专利权，从而减少法律纠纷和经济损失。通过综合考虑成本、收益、风险等因素，企业可以采取规避设计、获得专利许可使用权或忽略风险等策略，平衡潜在的机会与风险，最大化组织的利益。

第七，当组织具备全球化的经营战略、创新战略和知识产权战略时，知识产权管理体系应当充分考虑不同国家和地区之间知识产权法律环境及监管环境的差异，根据不同国家或地区的特点，制定相应的本土化知识产权策略，以降低法律风险，抓住商业机会。例如，在监控和评估对第三方知识产权侵权的风险时，在不同国家或地区存在较大的差异，组织可以在第三方未获得专利权的国家或地区，采取相对直接的知识产权布局策略，而对于第三方已经获得专利权的国家或地区，通过规避设计或者专利许可的方式实现市场拓展。

（二） 知识产权战略

知识产权战略是指组织为获取与保持市场竞争优势，运用知识产权制度进行确权、保护与运用，从而谋取最佳经济效益的策略和手段。[1] 知识产权战略在现代企业战略体系中占据着核心地位，它为组织提供了清晰的知识产权管理方向和发展路径，同时提高知识产权管理的效率。高层领导应当将知识产权和知识产权战略的理念贯彻到日常的经营管理活动中，以实现创新的利益最大化，并最小化知识产权的风险。

业务战略、创新战略和知识产权战略是现代组织战略体系中不可或缺的三大支柱，如何处理三者之间的关系对组织的稳健发展至关重要。图 6.2 展示了组织业务战略、创新战略与知识产权战略的关系。组织的使命是组织追求的最高层次目标，不仅决定了组织的基本发展方向，而且定义了组织存在的根本理由。组织愿景则是在组织使命的指引下，基于全体员工共同愿望绘制的未来蓝图，为组织的发展指明了方向。因此，在制定业务战略时，必须以组织的愿景和使命为基础，确保业务战略的实施能够支撑并推动组织向愿景和使命不断前进。组织的目的和目标则是组织立志实现的业务目标，在组织战略中占据核心地位。业务战略的制定和执行应当紧密

---

[1] 谭利华.基于 ISO 56005 的知识产权战略[M]//中规(北京)认证有限公司.名企聊创新管理:基于 ISO 56000 系列标准的应用指引.北京:知识产权出版社,2023:12.

围绕组织的目的和目标，以确保组织的各项活动和服务都能够始终朝着既定目标迈进。知识产权战略作为创新战略的关键组成部分，其与业务战略的协同至关重要。组织的知识产权战略应当与业务战略保持高度一致，并为其提供支持。综上所述，业务战略、创新战略和知识产权战略三者之间应相互支持、相互促进，形成一个和谐统一的整体。它们共同为组织实现愿景或使命、目的及目标提供动力，推动组织在激烈的市场竞争中不断前行。

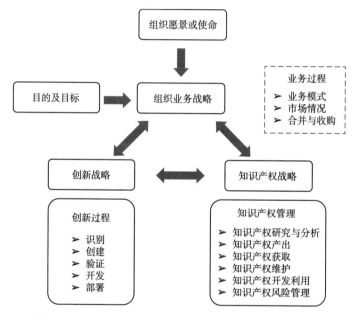

图 6.2　组织业务战略、创新战略和知识产权战略的关系

1. 知识产权战略目标

　　知识产权战略在组织的运营过程中扮演着十分关键的角色，是组织创新战略的关键组成部分，也是确保组织实现目标愿景的有力支撑。类似于制定通用或特定的创新战略的方法，知识产权战略应当根据组织的具体情况进行定制，以适应其独特的需求和目标。定制化知识产权战略主要受到组织的业务战略和创新战略的影响，并与新产品、服务、流程、模型、方法等创新目标紧密相连。

　　知识产权战略的目标是将知识产权管理融入组织业务战略和创新战略，

具有重要作用，如确保合理配置资源、实现业务目标和创新目标、提升创新成功率、降低知识产权风险、优化知识产权资产、增强组织竞争力等。

（1）确保合理配置资源方面。创新过程中资源合理配置是知识产权战略的关键，组织需要为创新配备足够的资源，包括人力、时间、知识、财务和基础设施等，以确保知识产权战略的顺利实施。然而，许多组织将知识产权管理职责放在行政技术或法律部门，未设立专门的知识产权部门，这导致知识产权管理更多关注流程性事务，如申请和维护等，而忽视了知识产权信息利用和运营及其在经营中的作用。主要问题包括人员配置不足、缺乏专业知识产权工作人员，如专利工程师、知识产权管理人员，这影响了专利技术挖掘、质量审查和信息解读等关键性工作。此外，资金配给不足或不合理也是一个问题，许多组织未充分认识到知识产权的重要性，将知识产权视为成本并加以控制，导致管理漏洞和侵权纠纷，影响知识产权的持续科学管理。

（2）实现业务目标和创新目标方面。首先，知识产权战略目标和方针是组织业务战略和创新战略目标的重要组成部分，它们共同构成了组织发展的全面战略框架。其次，知识产权战略目标和相关方针有助于在组织内部形成、强化创新文化和理念。通过明确知识产权战略的方向和原则，组织能够鼓励创新思维，推动员工积极参与创新活动，从而形成一个支持创新的组织环境，这是组织实现业务战略目标和创新战略目标的重要支撑。最后，在实施知识产权战略的过程中，组织能够更有效地管理创新活动，包括创新过程的各个阶段。这有助于提高创新的成功率，增加创新产出，并提高组织的整体绩效水平。知识产权战略的实施还能够帮助组织识别和利用知识产权的商业潜力，进一步推动组织的持续发展和竞争力提升。

（3）降低知识产权风险方面。知识产权风险管理是知识产权战略的重要组成部分，旨在最大程度地降低与创新活动相关的知识产权风险，确保组织对创新产出和（或）成果的所有权或可获得性。知识产权风险包括权属变更、价值波动等不确定性损失，具体涉及合作研发中的挪用、流失风险，商业秘密泄露风险，侵权与被侵权纠纷风险，以及知识产权归属和价值风险等。知识产权战略的实施能够降低组织面临的知识产权风险，不仅

包括降低自身知识产权风险，还包括规避知识产权侵权风险。

（4）优化知识产权资产方面。知识产权是组织的重要资产，知识产权战略的实施有助于调整资产结构，优化资源配置。随着知识产权价值日益凸显，通过知识产权质押融资、作价入股等方式，组织可以实现知识产权资产的价值属性。知识产权战略的实施有助于增加或调整知识产权在资产中的占比，提高科技创新与知识产权的收益。

（5）增强组织竞争力方面。知识产权战略通过利用知识产权，可以进行技术研究和产品开发，持续创造符合市场需求的新产品和新服务，显著增强组织的竞争力。知识产权作为组织的无形资产和战略性资源，其战略的实施可以增加知识产权数量和估值，从而提高组织的核心竞争力。

2. 制定知识产权战略

由于知识产权战略应当支持组织实现创新战略和业务战略，因此如何制定能够推动组织目标实现的知识产权战略非常重要。图 6.3 为 ISO 56005 标准提出的知识产权战略制定步骤，涵盖了理解知识产权与知识产权管理在创新战略和业务战略中的作用、理解并记录组织当下的知识产权定位、建立与创新方针和组织路径相一致的知识产权目标、实施和运行知识产权战略、与所有相关方沟通知识产权战略五个步骤。

步骤一：理解知识产权与知识产权管理在创新战略和业务战略中的作用。知识产权是组织的重要资产，能够推动组织不断创新，知识产权管理对组织的高质量发展具有重要意义。制定知识产权战略首先应当理解知识产权战略的含义，以及知识产权与知识产权管理在创新战略和业务战略中的作用，组织需要从以下几个方面进行考虑。

首先，组织需要明确其战略目标是什么，以及实现这些目标的具体需求。这包括短期目标（如年度计划等）和长期愿景（如五年计划等），并以此作为组织知识产权战略制定和评估的依据。

其次，确保知识产权战略与组织当前和未来的发展方向保持一致，避免战略与实际需求脱节，知识产权战略应与组织的业务战略和创新战略保持一致，并在这些战略中体现出来，充分发挥知识产权的价值，支持业务目标的实现。

第六章　导入 ISO 56005 的现代化知识产权体系建设

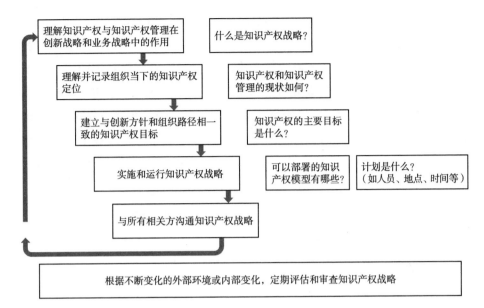

图 6.3　制定知识产权战略的步骤

再次，全面分析可能妨碍组织使命实现及目标达成的知识产权风险，包括侵权风险、技术封锁风险、市场进入障碍等。

最后，考虑任何知识产权战略制定过程中存在的组织障碍。是否配备知识产权管理所需的足够资源对知识产权战略能否实现具有重大的影响，知识产权战略贯穿于组织各个部门，不同部门之间的协同作业配合程度、组织内部文化和制度的完善程度等因素均可能影响知识产权战略的实施，因此在制定知识产权战略时应当将其考虑在内。

步骤二：理解并记录组织当下的知识产权定位。明确的知识产权定位能让组织清楚当前知识产权工作所处的阶段和未来发展的方向，是知识产权工作达到预期效果的前提。知识产权战略需建立在明确的知识产权定位基础上，不同的知识产权定位决定了组织知识产权管理的方向、组织机构、程序和效果上的差异。分析组织知识产权定位主要从以下几个方面着手。

首先，明确知识产权资产与市场、竞争对手和第三方的关系，如组织知识产权资产与市场趋势、市场接受度、市场贡献度等的关联程度，是否

基于竞争对手或第三方的基础专利技术进行二次开发、是否存在侵权风险、发明人是否受限于竞业禁止等。

其次，考虑与第三方知识产权和组织自身的知识产权有关的信息。通过知识产权审计和竞争情报分析，收集和分析所有与第三方知识产权和组织自身知识产权相关的信息，包括专利、商标、版权、集成电路布图设计、植物新品种、商业秘密等不同类型的知识产权的数量、法律状态、有效期限、技术分布情况。评估是否需要建立相应的平台和渠道来及时了解第三方知识产权和自身知识产权的情况，支持实现知识产权目标。

最后，从知识产权管理的成熟度角度评估组织当前的知识产权管理现状。成熟度评估强调能力的持续提高和管理的不断有序化，通过建立知识产权管理成熟度模型，设置文化、能力、经验、创新绩效等方面的要素维度，对当前知识产权管理所处的阶段进行全面的定性化、定量化的诊断和评估，并且应当与竞争对手在知识产权管理制度体系、人员和能力、资源配置、知识产权产出数量和质量、知识产权布局、科研项目管理等方面进行对比分析，找出存在的不足和风险。

步骤三：建立与创新方针和组织路径相一致的知识产权目标。在组织的知识产权定位后，可以着手制定与其创新方针和组织路径相吻合的知识产权目标。这些目标反映了组织在知识产权方面的期望成果，通常涵盖数量、质量、进度和贡献等方面。由于知识产权战略是创新战略的一个组成部分，因此知识产权目标的设定必须紧密围绕创新方针，并与组织的分析结果保持一致。组织在建立知识产权目标时，应当重点从以下几个方面考虑。

首先，满足组织的知识产权需求。组织的知识产权需求包括知识产权创造、运用、保护和管理，知识产权目标应该全面覆盖上述四个维度。例如，通过自主开发、联合开发、委托开发、购买等方式获取知识产权。又如，开展知识产权风险管理，制定保护和防御措施，确保组织的创新成果、品牌、技术秘密等得到法律的保护，防止他人未经授权的使用或侵权。

其次，开发利用知识产权，包括何时、如何、何地进行知识产权开发利用。组织通过有效的运营策略，将知识产权资产转化为实际的生产力、实现经济收益，此过程为知识产权的应用。知识产权的应用能够使知识产权直接或间接地转化为经济价值。知识产权的保护则是通过合法合规的权益维护，间接地创造经济收益。无论是直接还是间接的经济收益，都对实现组织的业务目标起到支撑作用，而且是促进业务和创新目标达成的关键因素。设定目标时，应当同时兼顾对知识产权风险的识别、分析、评估和控制，不仅防止他人的侵权行为，同时避免侵犯他人的知识产权。

再次，识别需获取与管理的知识产权，包括来自组织创新和（或）第三方的知识产权。知识产权作为知识产权管理体系的核心要素，对其进行全面、准确的识别至关重要。需要识别的知识产权包括自主知识产权和与第三方有关的知识产权。明确组织通过自主研发所获得的知识产权，包括但不限于专利、商标、版权和商业秘密。识别与第三方的知识产权，如联合开发、委托开发取得的知识产权成果，通过转让的方式获取所有权的知识产权成果，通过许可的方式获取使用权的知识产权成果等。

最后，考虑是否可以通过多种方式利用相关的知识产权。知识产权管理的财务考量指出，知识产权管理是一项能够产生财务回报及业务机会的长期投资，知识产权管理体系需考量管理活动产生的各种成本及收益，通过有效的管理最大化组织知识产权成果的价值。组织在制定知识产权战略时，同样需要对财务因素进行重点考虑。探索通过多种方式利用知识产权，如组织通过许可协议允许其他实体使用其知识产权，从而获得许可使用费或其他利益，而不失去知识产权的所有权。将部分非核心或不再需要的知识产权出售或转让给其他实体，以优化知识产权组合，集中资源于核心业务。在对知识产权价值评估的基础上，主动放弃某些不再具有商业价值或者维护成本过高的知识产权。

步骤四：实施和运行知识产权战略。知识产权战略的实施和运行是组织知识产权管理活动的最主要环节，高效、科学的知识产权管理体系运行过程对组织实现知识产权战略目标，进而实现创新战略目标和业务战略目标至关重要，因此组织在制定知识产权战略时应当将如何确保知识产权战略实施和运行得高效合理作为重要考虑因素。具体从以下几个方面进行考虑。

首先，考虑与组织创新活动相关的各种类型的知识产权及相关知识产权权利。组织需要识别与其创新活动相关的所有知识产权类型，不同知识产权类型保护的创新客体存在显著差别，如专利可具体分为发明、实用新型和外观设计三种，准确区分商标、著作权和外观设计专利，有助于组织选择更合适的保护形式。同时，知识产权作为一种法律规定的物权，具有所有权、使用权、质权等多种权利属性，组织应当将知识产权所涉及的所有权利进行通盘考虑。

其次，考虑任何所要求的知识产权管理过程，以及与创新活动和行动相关的适宜过程。组织应确定实施知识产权管理所需的所有过程，这些过程应与创新活动紧密结合，并且需要评估哪些管理过程是必要的，以及如何将这些过程与组织的创新活动相结合，以确保知识产权的有效管理。针对创新过程中的知识产权管理，ISO 56005 标准的第 6 章进行了详细的介绍。

再次，考虑资源、能力和时间范围。知识产权战略的实施和运行离不开各种资源的支撑，组织需要考虑所需的人力、资金、设备、技术等资源，以保障管理活动的顺利开展。组织还需要评估其在知识产权管理方面的能力，能力评估不仅限于相关人员是否满足所在岗位职责的能力要求，还包括组织知识产权管理体系的整体运行效能评估。组织还需要设定合理的时间范围，确保知识产权战略的实施与组织的整体发展规划相协调，如知识产权战略需分别适配组织的短期、中期、长期业务战略和创新战略。

最后，考虑任何可能的知识产权商业化。知识产权商业化、为组织获取利益是知识产权战略的目标。组织在制定知识产权战略时，应当充分考虑实现知识产权商业化的各种途径和方式，如将知识产权转化为新产品或新服务，组织获取直接收益；通过许可协议允许他人使用组织的知识产权，组织获取许可使用费；通过法律手段主张权利、保护知识产权，防止侵权行为的发生，获取侵权赔偿，减少被侵权造成的损失。

步骤五：与所有相关方沟通知识产权战略。在知识产权战略制定完成后，组织应确保与所有相关方进行有效沟通，以促进对知识产权战略的全面理解和认同。知识产权管理体系的顺畅运作依赖于各方对战略的深入理解和执行。这里的所有相关方，不仅包括组织内部的全体员工，还包括与组织存在业务关联或知识产权关联的所有相关方，并且针对不同相关方，与其沟通的程度和要求也各有不同。以下是需要沟通的相关方及其特定要求。

内部沟通方面，全体员工应了解知识产权战略的基本内容及其对个人职责的影响。研发人员需要深入理解战略，以便在创新活动中充分考虑知识产权因素。知识产权管理人员必须全面掌握战略细节，以确保有效执行。高级管理人员应认识到知识产权战略对组织战略目标的重要性，并从战略层面提供支持。

外部沟通方面，联合开发方和委托开发方应明确合作中的知识产权归属、使用和责任。业务关联的第三方需要了解知识产权战略对其合作方式的影响。知识产权专业代理机构和律师事务所应熟悉战略目标，以提供相应的专业支持。政府机构或部门应保持沟通，以确保战略与法规政策保持一致，并寻求政策支持。通过这种全方位的沟通，可以确保知识产权战略在实施过程中得到各方的支持和协作。

3. 实施知识产权战略

组织知识产权战略需具备适应性。这种适应性体现在战略能够随着外部环境的变化和内部状况的演进，适时地进行修正和更新。组织需定期对知识产权战略进行审视和评估，以应对外部环境变动或内部经营策略调整所带来的影响，检验知识产权战略的有效性和适宜性。评估的核心目标是实时监控知识产权战略的执行成效，掌握当前的实施状况和面临的挑战，从而迅速应对问题，确保知识产权目标的实现，或在必要时对战略进行相应的调整。在进行知识产权战略评估时，应关注以下关键要素。

（1）在组织环境中检查与组织知识产权相关的优势、劣势、机会和威胁。在审视组织知识产权战略时，可以采用 SWOT 分析框架。组织需深入评估其知识产权资源的内部优势与劣势，如知识产权基础的广度和质量、制度完善度、创新激励机制、软硬件支持、自主创新能力、运用效率、市场相关性、成本控制、管理架构、团队专业性与积极性及跨部门协作等；同时，也要识别外部环境中的机遇与威胁，包括竞争对手的知识产权状况、行业创新能力、人才市场、技术变革、法律法规及政策变动，以制定既能

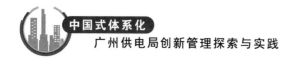

发挥内部优势、又能应对外部挑战的知识产权管理策略。

（2）发现、审查组织的关键知识产权战略目标。为了确保知识产权战略目标的有效性和适应性，在执行知识产权战略的过程中，组织需持续审视和优化其核心知识产权战略目标，并定期评估战略目标是否与组织的业务战略目标和创新战略目标保持一致。关键知识产权目标涵盖以下几个方面：知识产权的申请和获权数量及其增长速度、知识产权申请的质量、知识产权的商业化、专利信息的利用效率、专利的实施比例，以及专利收益的分配机制。组织应依据自身的具体状况和发展的不同阶段，对这些关键目标进行相应的调整和优化。

（3）理解知识产权战略如何与组织的战略方向相联系。知识产权战略需要与组织的整体战略方向保持同步，应与组织的商业目标及其发展路径紧密对接。鉴于宏观经济、市场动态、行业趋势及组织自身的发展都在不断演进，组织的战略方向、经营目标和发展路径也将相应调整。因此，一旦组织的战略方向、经营目标或发展路径发生变动，就必须及时对知识产权战略进行重新审视和评估，确保其持续符合组织的需要，保持战略的时效性和适宜性。

（4）考虑实施知识产权战略时的负责人及其职责。在实施知识产权战略时，明确责任人及其职责至关重要。知识产权管理的职责涉及领导层的引领和承诺，以及具体岗位的职责履行。组织应当明确知识产权管理所需的岗位及其职责，确保职责分配合理，无重叠或遗漏，并为每个岗位配备具有相应专业知识和经验的人员，确保他们能够胜任职责。必要时，提供培训和发展机会，以提高负责人的专业能力和管理水平。

（5）衡量对组织业务的影响。评估知识产权战略时，应当考虑知识产权战略对组织业务的影响情况，是否能对组织的整体发展起到积极作用，抑或存在负面影响。例如，知识产权战略有助于实现业务目标和创新目标，通过强化品牌、差异化产品、设立市场准入障碍等手段增强组织在市场上的竞争优势，通过知识产权风险管理能够有效降低组织存在的知识产权风险，避免或降低因侵权行为而产生的损失和负面影响。通过这些维度的综合评估，组织能够全面理解知识产权战略对业务的影响，进而调整和优化

第六章 导入 ISO 56005 的现代化知识产权体系建设

战略，以确保其与组织的发展需求和市场环境保持同步。

（6）考虑时间范围。组织在不同的发展阶段具有不同的业务战略目标和创新战略目标。例如，企业在初创阶段可能专注于生存和市场份额的初步建立，经过一段时间的成长，中期目标可能转向市场扩张和产品线多样化，而长期目标则可能侧重于行业领导地位的巩固和持续创新。在知识产权战略的实施过程中，组织也应根据短期、中期和长期的时间尺度，分阶段地制定和执行相应的知识产权战略。例如，短期知识产权战略可以着重于即时需求的满足，如快速获取关键技术的专利保护、建立品牌知名度、避免侵权风险。随着组织进入中期发展阶段，知识产权战略可以调整为支持市场扩张和产品线多样化，通过构建专利组合，加强国际市场的知识产权布局，以及通过技术许可或合作增强组织竞争力。

（7）理解组织知识产权方针的重要考虑。知识产权方针构成了组织进行知识产权管理活动的核心理念、行为规范和追求目标，为组织所有涉及知识产权管理的行动提供了明确的方向，并为设定知识产权目标搭建了基础框架。在制定知识产权方针时，必须确保其与现行法律法规和政策要求相符合，与组织的整体经营方针和发展状况相协调，并反映组织特有的价值观和文化特色。知识产权方针并非孤立存在，而是服务于组织的知识产权战略。在制定、评估和审查知识产权战略的过程中，应当始终与组织的知识产权方针保持一致，避免评估标准过于单一或缺乏整体性。不可仅侧重于知识产权的数量指标，而忽略了知识产权方针的整体导向和深层意义。知识产权方针的融入有助于确保知识产权战略的全面性和可持续性，从而更有效地推动组织的长期发展和创新目标。

此外，组织应确保其知识产权战略被广泛传达至所有相关方，以获得各方的理解和支持，保障管理体系的有效实施。在组织内部，通过会议、培训等方式，将知识产权战略的核心内容、目标和方法传达给所有员工，增强员工对创新和知识产权的认识，并确保他们在日常工作中能够贯彻执行。在组织外部，与合作伙伴、供应商、客户及任何其他利益相关者进行沟通，让他们了解知识产权战略的内容及其对双方合作的意义，从而促进外部支持与合作。此外，随着知识产权战略的调整和外部环境的变化，组织还应定期更新传达的信息，确保所有相关方都能够获取最新的战略动态。

为了保障知识产权战略的实施，组织还需要开发工具和配置必要的资源。可以开发的工具包括但不限于：用于跟踪、管理和分析知识产权的知识产权管理系统，用于提高员工对知识产权的认识和能力的培训计划、培训教材等培训材料，用于监测知识产权战略实施效果的评估工具。提供的资源支持主要包括人力资源、财务资源、技术资源等。

（三） 创新过程中的知识产权管理

知识产权管理应当覆盖创新的全过程，但由于创新过程的不同阶段具有各自鲜明的特点，因此组织应该为不同的创新阶段量身定制适配的知识产权管理活动。ISO 56005 标准与 ISO 56002 创新管理体系标准一脉相承，在"6. 创新过程中的知识产权管理"中分别针对创新过程的五个子过程，即"识别机会子过程""创建概念子过程""验证概念子过程""开发方案子过程""部署方案子过程"，为不同规模和类型的组织提供了适用于不同创新子过程的知识产权管理工具和方法，帮助组织提高创新效率，促进积累或获取有价值的知识资产。

1. "识别机会"过程中的知识产权管理

"识别机会子过程"中，组织通过知识产权全景分析或现有技术检索等手段，识别和定义潜在的创新机会并对其进行优先排序。

在识别和定义机会的过程中，首先，组织应开展内部知识产权调查，明确现有知识产权资产的详情，建立知识资产清单、台账或数据库。接着，对现有技术和知识产权进行调研和分析，使用知识产权检索、知识产权导航和知识产权全景分析等工具。通过调研和分析，发现尚未被其他知识产权权利覆盖的创新机会，识别潜在竞争对手及其知识产权布局和发展方向，寻求合作机会，包括技术转让机会和建立创新伙伴关系，并明确技术或市场的发展趋势。最后，对于涉及外部合作和资金往来的创新项目，应开展相关背景调查，识别潜在风险，确保创新过程中产生的知识产权能够被组织有效利用。

2. "创建概念" 过程中的知识产权管理

"创建概念子过程" 中，组织通过知识产权检索分析、风险和机会的识别与评估等手段，从知识产权角度对可行的潜在概念进行评价，为决策者提供决策依据。

"创建概念子过程" 中的知识产权管理方法：首先，审查内部知识产权记录或数据库，寻找与潜在概念相关的现有知识产权；其次，开展外部的知识产权检索和分析，评估潜在概念的风险和机会；再次，综合内外部审查结果，从风险和机会的双重角度选择创建概念中的最佳概念；最后，针对确定的最佳概念制定可行的知识产权保护方案，明确是否申请知识产权、以何种形式申请及界定保护范围。知识产权信息在概念创建过程中具有突出的作用和价值，能够提供关于特定产业的技术、产品、市场和竞争情况等信息。通过对知识产权信息的分析，可以获取特定技术领域的创新动态、技术趋势，以及研发方向、产品或技术的市场竞争情况、竞争对手的创新能力和技术水平，从而发现市场机会和趋势。

3. "验证概念" 过程中的知识产权管理

"验证概念子过程" 中，组织针对所创建的概念进一步开展知识产权评价、风险识别和分析，以验证创建的概念，并为已验证的概念寻求知识产权保护。

"验证概念子过程" 中的知识产权管理方法：首先，通过知识产权分析手段，评价创建概念的知识产权机会，识别和评估相关风险；其次，如果创建概念存在知识产权风险，组织需探求解决方案，通过知识产权许可、额外保护或规避设计等方式，将风险降至可接受范围。如果风险水平仍无法实质性降低，则可能需要终止该概念或整个项目。在概念通过验证后，组织应与潜在合作者、许可方建立联系，协商获取可用的知识产权资源，从而降低已验证概念的不确定性。经过验证的概念应当具有高机会、高确定性和低风险的特点，蕴含巨大的价值，因此组织应尽早采取适当措施，确保其得到知识产权保护。

4. "开发方案" 过程中的知识产权管理

"开发方案子过程" 中，组织知识产权管理的首要任务是识别和评估相关风险，尽可能降低风险，并持续开发知识产权资产。在这一阶段，组织应制订知识产权计划，通过该计划的执行，有效降低解决方案潜在的知识产权风险，确保知识产权保护得以维持，并挖掘新的知识产权机会。例如，构建知识产权组合，单一的知识产权有时面临竞争风险，生命周期可能较短，无法实现长久的价值保护。因此，组织在知识产权布局过程中，可形成知识产权组或知识产权池，依靠不同知识产权之间的协同作用，打破在范围和时间保护上的局限，为企业构建完整、严密和持续的创新保护网络。同时，可以适时采取防御性公开策略，将一项发明通过申请专利的方式向公众公开，获得排他性保护权利，阻止他人申请。此外，在开发方案子过程中，还应考虑商标、著作权等知识产权布局，以支持品牌战略和品牌推广。ISO 56005 中提供的知识产权检索分析方法包括开展知识产权分析，以评价与已验证概念相关的知识产权风险和机会；从知识产权角度制定方案，以降低已识别出的风险，如获得许可、额外保护、规避设计或终止项目；与潜在合作者及许可方协商，以获取知识产权和其他创新资源，从而降低已验证概念的不确定性；采取适当措施确保知识产权保护得以维持，如保密协议等保密和商业秘密保护措施；确保已验证概念与知识产权战略保持一致。

5. "部署方案" 过程中的知识产权管理

"部署方案子过程" 中，组织通过知识产权管理实现价值最大化和风险最小化，支持解决方案有效实施和部署。

创新成果进入市场后，面临的内外部环境更为复杂，风险因素和风险概率显著增加，因此对部署方案子过程进行持续的知识产权监控和评价至关重要。当出现法律和行政纠纷时，应按照预先制订的风险应急预案进行妥善应对。维持知识产权资产的持续有效性是该过程知识产权管理工作的重点之一。创新项目的成功市场化，通常需要投入大量的时间、人力、物力和财力，创新成果在市场存在的时间越久，产生的收益越大。组织应确保与创新成果相关的知识产权在其商业化期间保持有效，如发明专利保护期为自申请日起二十年，商标的保护期为自公告之日起十年，且可通过不限次的续展延长保护期，商业秘密的保护期限则具有永久性，组织应加强对其保护。与此同时，组织还应持续优化知识产权布局策略。一是通过放弃或出售不必要的知识产权来节约成本，提高知识产权资产的整体价值；二是通过许可、合作和入股等方式实现知识产权价值；三是在创新成果的部署过程中不断总结经验，发现并提炼新的创新机会。在知识产权管理方面，也应当通过知识产权导航或知识产权全景分析等工具，持续审查技术创新方向、市场趋势、技术标准和竞争性解决方案，帮助组织识别创新机会，开启新一轮的创新过程，激发组织的创新活力。

三、知识产权管理活动中的重要工具和方法

（一）覆盖全流程的知识产权检索工具

知识产权管理活动涉及创新过程的各个阶段。虽然不同创新子过程的要求和目标各不相同，但知识产权检索工具都是不可或缺的。ISO 56005 标准指出，"分类和检索知识产权是贯穿知识产权资产全生命周期的知识产权管理活动之一"。例如，在识别机会子过程中，知识产权检索是识别潜在创新机会的重要手段；通过对现有技术的检索，可以识别和定义这些机会。在部署方案子过程中，知识产权检索则用于发现潜在的侵权行为，对第三方合作单位进行知识产权背景调查等。

为指导组织如何开展知识产权检索，ISO 56005 附录 C 专门开设"知识产权检索的工具和方法"章节。知识产权检索是组织利用知识产权信息，实现创新战略的重要方法。它帮助组织避免重复研发，获取竞争情报，判断是否侵权并支持决策。

知识产权文献主要指实施知识产权制度的国家及国际专利组织，在审批知识产权过程中产生的官方文件及其出版物，通常包括专利、商标、软件著作权等各种类型知识产权的公报、文摘、索引及分类表。知识产权检索可分为专利检索、商标检索等类型。由于专利文献集技术、法律和经济信息于一体，因此专利检索被广泛应用于组织创新过程的各个子过程。①在创新研发初期，利用专利检索识别特定领域的关键趋势，为技术研发

方向的确定和策划提供参考；还可以通过检索竞争对手的已公开专利，了解其技术动态和市场布局，获取竞争情报。②在研发立项前，通过对现有技术的检索，降低重复研发的可能性。③在创新过程中，检索现有技术能够评估当前研发成果的可专利性及保护范围。④在创新活动的末期，甚至在产品上市后，及时通过专利检索筛查侵权风险，评估知识产权价值，并为合作并购等业务活动提供决策支持。

知识产权制度已经存在一百多年，知识产权文献是全球最大的信息源之一。如果缺乏充分检索文献的能力，将难以获得有效的检索结果，无法充分利用知识产权文献。检索能力包括检索人员的专业能力和检索工具资源的配置，检索工具随着科技进步而发展，现已形成知识产权数据库、搜索引擎和专用软件等多样化的检索工具。

在配置检索能力时，组织应依据检索目的及其可能产生的法律和财务后果，选择具备适当水平的专业人员和成本相对合理的检索工具。例如，如果检索的目的仅为提供与决策无关的信息，则可选择经验较少的专业人员，并尽量采用免费的数据库进行检索；但若检索结果将作为具有重大法律或财务影响的决策依据，则需对专业人员的检索、分析、解释及成果交付能力提出更高要求，并可使用更为专业或特定功能的数据库。

知识产权检索通常需要利用数据库、搜索引擎或专业软件来进行信息检索和访问。目前，尚无单一检索资源能够完全涵盖所有已公开的信息，不同的知识产权检索资源各有其数据收录范围，决定了组织达成不同检索目的时所需采用的数据库。例如，世界知识产权组织（WIPO）的 PATENT-SCOPE 数据库包含了通过专利合作条约（PCT）途径申请的国际专利，但该数据库收录的中国专利数量较为有限，因此在以中国专利为检索目标时，应选用中国国家知识产权局的专利检索系统，以获得更全面的信息。再如，WIPO 的 PATENTSCOPE 数据库只收录了 PCT 专利信息（限于发明和实用新型），若需检索国际商标信息或外观设计专利信息，则应寻找其他数据库，如 WIPO 的全球品牌数据库（Global Brand Database）和全球设计数据库（Global Design Database）。

根据提供商不同，常见的知识产权检索资源可分为各国（地区）知识

第六章 导入 ISO 56005 的现代化知识产权体系建设

产权局通过其网站提供的数据库和商业机构提供的数据库两大类。ISO 56005 附录 C.3 列出了由政府机构维护的可用于专利信息检索的免费数据库资源，如表6.3所示。

表6.3 常用政府机构专利信息检索数据库资源

数据库维护机构	网址
世界知识产权组织	https://www.wipo.int/patentscope.en
欧洲专利局	https://worldwide.espacenet.com
欧盟知识产权局	https://euipo.europa.eu
美国专利商标局	https://www.uspto.gov
日本特许厅	https://www.j-platpat.inpit.go.jp/
中国国家知识产权局	http://www.cnipa.gov.cn

在选择知识产权检索资源时，组织应综合考虑检索目标及自身情况等因素，具体可从以下几个方面进行考量。

（1）所需检索信息的地域范围。确定知识产权检索是针对某一特定国家（地区）还是全球范围，并根据检索地域范围选择合适的数据库。

（2）检索文件类型。不同类型的知识产权需要使用不同的数据库进行检索，如 WIPO 针对专利和商标分别建立数据库等。

（3）数据库提供的信息范围。当需要检索知识产权权利有效性时，应选用能够检索知识产权法律状态的数据库；如果需要检索具体技术信息，则应采用包含著录信息和专利全文的数据库。

（4）所选数据库的检索分析功能。某些数据库能够对检索结果进行加工和分析，帮助专业人员快速获取目标信息。如果需要频繁进行某种检索分析活动，则可选择具有相关模块的数据库。此外，有些数据库还可以根据用户需求开发相应的检索分析模块，并自动输出特定格式的分析报告，大大节省用户的检索分析时间。

（5）是否具有适用的检索字段和数据覆盖范围。字段检索可以根据指定的字段或属性对文本进行关键词查询，从而实现信息的快速定位和查找。专利检索字段包括标题、权利人、分类号、引用情况、全文、地域等。字段检索相较于其他方式，具有检索精度高、可筛选性强和检索速度快的优势。数据库拥有的检索字段越丰富、覆盖数据越多，能提供的知识产权信息就更加全面和准确。

（6）检索结果的呈现形式。为更直观地理解和掌握检索数据，可以将结果以可视化的形式呈现，以清晰地揭示数据背后的趋势和规律，帮助组织发现数据的潜在价值，更好地利用数据进行决策和创新。某些数据库提供对检索数据以图形、图表等方式进行可视化结果呈现。

（7）组织自身的资源情况。考虑使用数据库所需的投入、该数据能够产出的价值及员工使用相关数据库的能力等因素。

（二）全面整合的知识产权风险管理方法

创新本质上是对新事物的探索，然而创新结果的未知性使创新过程充满各种风险，其中知识产权风险尤为突出。知识产权风险是指组织的专利、商标、著作权、商业秘密等知识资产流失、被非法占有或遭受侵权纠纷而导致费用、损失或损害的可能性。ISO 56005 的条款"6. 创新过程中的知识产权管理"，针对不同的创新子过程，均提及了知识产权风险管理。在研发过程的前期，应当重点进行风险识别和评估，以便作出项目是否可行的决策；而在研发过程的后期，则应将重点聚焦于如何降低风险和监控组织权利遭受损失。ISO 56005 附录 E "知识产权风险管理的工具和方法"，介绍了创新过程中的知识产权风险管理，帮助组织了解知识产权风险发生的一般情形，掌握如何管理和降低知识产权风险的常用手段。

知识产权风险管理的第一步是明确风险的来源。风险既可能来源于组织内部，也可能来源于组织外部，且风险既可能是蓄意的，也可能是无意的。创新过程中的知识产权风险来源如表 6.4 所示。❶

---

❶ 国家市场监督管理总局. 创新管理知识产权管理指南（征求意见稿）［EB/OL］.（2021-02-04）［2023-10-08］. https：//std. samr. gov. cn/gb/search/gbDetailed？id=E116673 EB210A3B7E05397BE0A0AC6BF.

第六章 导入 ISO 56005 的现代化知识产权体系建设

表6.4 创新过程中的知识产权风险来源

风险来源	风险	示例
内部知识产权风险	缺乏对知识产权管理和风险评估的理解	一味追求知识产权数量而忽略质量，造成资源浪费
	缺乏安全分享相关信息的完备过程和系统	现有技术信息未能及时传递至研发人员，导致面临重复研发或存在侵权风险
	缺乏对自身知识产权的洞察和理解	遭到抄袭或仿制后，专利权不稳定，被宣告无效，导致维权困难
	未能预防员工的疏忽或不忠诚	与员工签订的保密协议、竞业限制协议内容约定不当，不能有效保护组织利益
	缺乏相关能力和技能	由于缺乏检索分析能力，导致对现有技术认识不足，进而影响创新过程与结果
	缺乏与知识产权管理相关的适当资源、技能和（或）管理层的参与	管理层重视不足导致人员、资源配备不足
外部知识产权风险	未开展自由实施分析或忽视他人的知识产权权利	未开展自由实施侵权分析，导致组织发生侵权行为而不自知，面临巨额赔偿
	拥有知识产权被侵权或被模仿的产品或服务	产品被仿制或假冒，造成经济和声誉双重损失
	不了解或忽视当地法律法规的差异及缺少对潜在变化的应对	不同国家知识产权制度存在差异，保护期限各不相同
	未能找到合格的且具备专业技能的资源	与不合格的代理机构合作，一味追求专利授权率，导致权利要求保护范围过小
	存在知识产权盗用、网络攻击、知识产权主张实体（如专利钓饵）等风险	专利钓饵公司提起恶意侵权诉讼，向被指控的企业索取巨额赔偿金

　　知识产权风险管理包括风险识别、风险分析和风险评估三个环节，目的是明确风险源、确定风险程度及制订风险应对方案。风险识别是知识产

权风险管理的第一步，通过搜集信息、分析信息和评估影响来明确风险源。ISO 56002 标准将研发过程划分为五个子过程，不同子过程面临的主要知识产权风险各不相同。在识别机会子过程中，主要风险是对现有技术识别不清，导致重复研发或侵权风险；在创建概念子过程中，主要风险包括未发现尚未被其他知识产权权利覆盖的创新机会，对技术或市场趋势了解不足，未能识别潜在竞争对手及其活动，未能识别潜在合作机会等，可能失去市场机会；在验证概念子过程中，可以面临商业秘密泄露风险和对已验证概念保护不足的风险；在开发方案子过程中，如果知识产权计划不充分，可能导致知识产权战略无法有效支持创新战略；在部署方案子过程中，因对市场监控不足，可能存在遭到侵权或失去创新机会的风险。

降低知识产权风险至可接受的程度，是创新过程知识产权管理的最终目标。ISO 56005 附录 E.4 提供了常用的工具和方法，可灵活应用于组织研发过程的各个子过程。①获得知识产权。通过专利、商标和著作权等方式获得知识产权，对创新成果进行保护。②知识产权许可。通过获得许可的方式拥有某项知识产权的使用权，节省研发投入，规避研发风险。通过交叉许可的方式，将相互关联的知识产权组合起来，以避免侵权诉讼，减少许可成本。③获得赔偿。在组织知识产权权利遭遇侵犯时，通过诉讼、仲裁、调解与和解等方式获得赔偿，以维护自身合法权益。④规避设计。组织可通过规避设计的方式，合理避开某项创新成果的知识产权。⑤知识产权被宣告无效或被撤销。当组织无法避开某项知识产权的保护范围或遭遇侵权诉讼时，可以通过提起无效或撤销请求来降低知识产权侵权风险。在我国现行法律规定下，可对专利提出无效宣告请求，对商标申请撤销和无效宣告。⑥参与专利联盟或防御性专利计划。专利联盟是指多个专利权人通过协商集中管理彼此的专利。目前，我国备案注册的知识产权联盟已超过一百家。防御性专利是指不用于自主实施，而是用于制约竞争对手发展或应对专利诉讼而进行的专利申请，通过抢先申请专利来破坏竞争对手的研发节奏和市场布局，增强组织自身的防御能力，增加与竞争对手谈判的筹码。⑦引入外部组织的合作。通过与外部组织的合作，不仅可以降低成本、提高经济效益，实现最优化生产，还能帮助组织员工提高技术能力和

第六章 导入 ISO 56005 的现代化知识产权体系建设

积累经验。⑧获得知识产权保险。知识产权保险是指投保人以授权知识产权为标的，向保险公司投保。保险公司按照合同约定，向投保人赔偿与知识产权相关的法律、行政和诉讼等费用。目前常见的知识产权保险种类包括知识产权执行险、侵权责任险、知识产权交易合同险以及专利许可信用险。

四、广州供电局基于 ISO 56005 的知识产权管理体系建设

为推动 ISO 56005 标准在我国科技企业中落地实施，指导企业将知识产权管理活动嵌入创新全过程，全面提升创新效率、创新质量和创新效益，2023 年 4 月 28 日，《国家知识产权局办公室和工业和信息化部办公厅关于组织开展创新管理知识产权国际标准实施试点的通知》（国知办发运字〔2023〕23 号）印发，决定组织开展创新管理知识产权国际标准实施试点。通过三年时间，逐步实现对国家知识产权优势示范企业、专精特新"小巨人"企业的创新管理国际标准实施试点全覆盖。试点企业全面实施 ISO 56005 标准，实现创新管理体系与知识产权管理体系深度融合，企业知识产权创造质量和运用效益全面提高，创新能力显著提升，涌现出一批具有示范效应的创新与知识产权融合管理实践案例，培育出一批支撑企业和产业创新发展的高价值核心专利，助力打造一批知识产权强企、单项冠军企业和领航企业，有力支撑制造强国和创新型国家建设。在各级知识产权、工业和信息化主管部门对标准推广实施工作的高度重视下，ISO 56005 标准受到了各类创新主体的广泛关注。目前，第一批试点企业已完成贯标审核，正积极学习和贯彻 ISO 56005 标准，争做该标准国内推广试点的"首批排头兵"。

广州供电局深入贯彻加快建设世界一流企业、服务"双碳"国家战略目标，积极探索具有企业特色的高质量发展路径模式，2023 年决定启动 ISO 56005 标准试点工作。在标准试点融合过程中，企业对标 ISO 56005 标准对创新管理和知识产权管理的各项要求，对自身创新和知识产权管理体系进一步梳理，借鉴全行业创新管理先进经验，结合能源电力行业创新发

展现状及经营特点，深入实施创新驱动发展战略，开展创新与知识产权管理能力建设和实践。

首先，建立健全创新管理制度体系。在创新管理制度规范中全面嵌入知识产权管理环节，形成更为健全的体系文件、系列制度及工作流程，实现了"管理标准化、标准制度化、制度流程化、流程表单化"，知识产权全链条管理和保护能力得到提升，为创新活动提供更加坚实的体系保障。以体制机制创新推动创新工作效率变革、动力变革、质量变革，全面构建导向正确、国际接轨、系统规范、运行高效的创新和知识产权管理体系，持续提升知识产权管理效能。

其次，不断加强创新和知识产权管理专业人才培养，筑牢高质量发展根基。高度重视知识产权培训，建立了分层分类培训体系，着力提升科研人员知识产权能力。此次融合试点工作中，广州供电局组织开展与ISO 56005标准相关的创新与知识产权管理课程培训，使知识产权管理人员、创新管理人员、科研项目负责人和科研骨干进一步了解和掌握了创新管理中的知识产权管理基本原则、管理架构、战略方向，以及识别机会、创建概念、验证概念、开发方案和部署方案五个创新子过程中的知识产权管理方法和工具，进一步强化了创新和知识产权融合意识，提升了知识产权管理能力，培养和塑造了一批既精于科研创新管理又懂得知识产权的复合型高素质人才队伍，为知识产权高质量发展筑牢人才根基。

最后，对创新和知识产权管理体系的运行结果进行多渠道的评价，根据评价结果不断修正和完善管理体系。建立了基于ISO 56005标准的创新与知识产权管理能力评价指标，并形成科学、合理的分级评价指标体系，对ISO 56005标准融合试点工作的运行结果开展自我评审和管理评审。此外，企业还委托了第三方机构对创新过程中的知识产权管理进行对标分析和评价。基于ISO 56005标准的创新与知识产权管理能力分级评价指标体系，通过实地考察、查阅资料、人员访谈等形式，明确企业创新与知识产权管理能力的现状，对标ISO 56005标准的创新与知识产权管理能力分级评价指标体系进行差距分析。基于对标分析结果，发现问题、提出解决措施和改进建议，以便实现对口学习、对标管理、对比提升，并科学、全面地建立健

展现状及经营特点，深入实施创新驱动发展战略，开展创新与知识产权管理能力建设和实践。

首先，建立健全创新管理制度体系。在创新管理制度规范中全面嵌入知识产权管理环节，形成更为健全的体系文件、系列制度及工作流程，实现了"管理标准化、标准制度化、制度流程化、流程表单化"，知识产权全链条管理和保护能力得到提升，为创新活动提供更加坚实的体系保障。以体制机制创新推动创新工作效率变革、动力变革、质量变革，全面构建导向正确、国际接轨、系统规范、运行高效的创新和知识产权管理体系，持续提升知识产权管理效能。

其次，不断加强创新和知识产权管理专业人才培养，筑牢高质量发展根基。高度重视知识产权培训，建立了分层分类培训体系，着力提升科研人员知识产权能力。此次融合试点工作中，广州供电局组织开展与ISO 56005标准相关的创新与知识产权管理课程培训，使知识产权管理人员、创新管理人员、科研项目负责人和科研骨干进一步了解和掌握了创新管理中的知识产权管理基本原则、管理架构、战略方向，以及识别机会、创建概念、验证概念、开发方案和部署方案五个创新子过程中的知识产权管理方法和工具，进一步强化了创新和知识产权融合意识，提升了知识产权管理能力，培养和塑造了一批既精于科研创新管理又懂得知识产权的复合型高素质人才队伍，为知识产权高质量发展筑牢人才根基。

最后，对创新和知识产权管理体系的运行结果进行多渠道的评价，根据评价结果不断修正和完善管理体系。建立了基于ISO 56005标准的创新与知识产权管理能力评价指标，并形成科学、合理的分级评价指标体系，对ISO 56005标准融合试点工作的运行结果开展自我评审和管理评审。此外，企业还委托了第三方机构对创新过程中的知识产权管理进行对标分析和评价。基于ISO 56005标准的创新与知识产权管理能力分级评价指标体系，通过实地考察、查阅资料、人员访谈等形式，明确企业创新与知识产权管理能力的现状，对标ISO 56005标准的创新与知识产权管理能力分级评价指标体系进行差距分析。基于对标分析结果，发现问题、提出解决措施和改进建议，以便实现对口学习、对标管理、对比提升，并科学、全面地建立健

第六章　导入 ISO 56005 的现代化知识产权体系建设

全创新与知识产权管理能力。

广州供电局基于 ISO 56005 标准的知识产权管理体系建设工作，在创新与知识产权管理方面取得了以下四大显著成效。

（1）员工创新意识与知识产权意识进一步增强，"保护知识产权就是保护创新"的理念更加深入人心。创新不仅是技术的突破和发展，更是一种文化和思维方式的转变。通过引入 ISO 56005 标准，积极培育创新文化，鼓励员工勇于尝试、敢于创新，为员工提供了创新平台，不仅增强了员工创新和知识产权意识、提升了能力，也促进了企业创新效率、知识产权管理水平的明显提升。

（2）创新与知识产权管理体系进一步健全。广州供电局基于 ISO 56005 标准贯标实践，优化自身创新和知识产权管理流程，形成了完善的管理体系和管理流程。创新管理与知识产权深度融合，不仅能够全面提升企业的创新和知识产权管理能力，还可以有效保证创新的可持续发展，更好地应对市场需求和技术变革，增强知识产权全链条保护能力。

（3）促进了创新成果的价值实现。围绕五个创新子过程，强化专利导航、专利预警、专利价值评估、专利自由实施分析等各类知识产权工具的有效运用，推动了创新活动的高效开展、创新成果的充分转化和价值实现。

（4）培养了一批高素质创新与知识产权管理复合型专业人才队伍，为高质量创新成果的持续产出提供了人才保障。这些专业人才队伍具备多领域的知识和技能，能够在创新过程中发挥关键作用。他们不仅具备创新思维、掌握创新方法，还熟悉知识产权相关法律和规定，能够有效促进创新成果的转化和应用。

综上，广州供电局的创新和知识产权管理实践验证了 ISO 56005 标准的有效性和可行性，为我国推行 ISO 56005 标准的融合试点工作作出了表率和示范；同时试点工作中积累的宝贵经验，也为在能源电力企业进行标准推广提供了借鉴。

第五篇

实 践 篇

第七章 深化科技体制机制变革

党的十八大以来，以习近平同志为核心的党中央多次强调创新在我国现代化建设全局中的核心地位，对完善国家创新体系、加快建设科技强国提出更高要求。2021年11月，中央全面深化改革委员会第二十二次会议审议通过《科技体制改革三年攻坚方案（2021—2023年）》，明确要从体制机制上增强企业科技创新和应急应变能力。党的二十大报告指出，要完善科技创新体系，提升国家创新体系整体效能，标志着下个阶段国家科技创新工作的重点将聚焦解决一些深层次体制机制问题，扫除制约科技自立自强的障碍。2024年6月，习近平总书记在全国科技大会、国家科学技术奖励大会、两院院士大会上系统阐明新形势下加快建设科技强国的基本内涵和主要任务，强调"全面深化科技体制机制改革，充分激发创新创造活力"❶。深化科技体制改革是全面深化改革的重要内容，是实施创新驱动发展战略、建设创新型国家的根本要求。广州供电局积极响应国家科技创新重大战略部署，在创新实践中，援引南方电网公司《"十四五"创新驱动发展规划》，制定了《广州供电局"十四五"创新驱动发展规划》，对"十四五"创新驱动规划进行总体设计，系统地提出了总体布局、发展目标及关键举措，并对如何通过全面创新提升价值创造水平给出了具体的实施路径及保障措施。

---

❶ 人民日报评论员.全面深化科技体制机制改革——论学习贯彻习近平总书记在全国科技大会、国家科学技术奖励大会、两院院士大会上重要讲话［EB/OL］.（2024-06-29）［2024-08-23］.https://www.gov.cn/yaowen/liebiao/202406/content_6960118.htm.

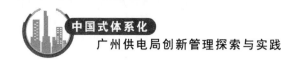
一、创新管理体系建设"1+N"方案

广州供电局以习近平总书记关于创新工作的重要论述为指导，落实国家创新体系建设与科技体制改革的有关要求，全面承接南方电网公司创新管理体系建设试点与优化升级有关工作部署，系统推进建设工作。为保障基层创新管理体系建设落实落地，2023 年 3 月，广州供电局正式发布创新管理体系建设"1+N"方案（2023 版），合计 13 份文件，提出 3 年内分批实施的 18 项重点举措、60 项子举措、243 项任务，如图 7.1 所示。

2024 年 4 月，印发《广州供电局创新管理体系建设"1+N"系列方案（2024 版）》，包括 1 份体系建设总方案和 11 份子方案，如图 7.2 所示。

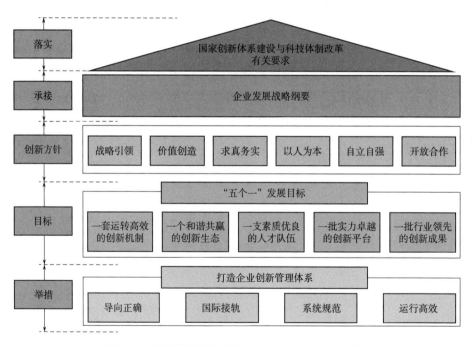

图 7.1　创新管理体系建设"1+N"方案（2023 版）

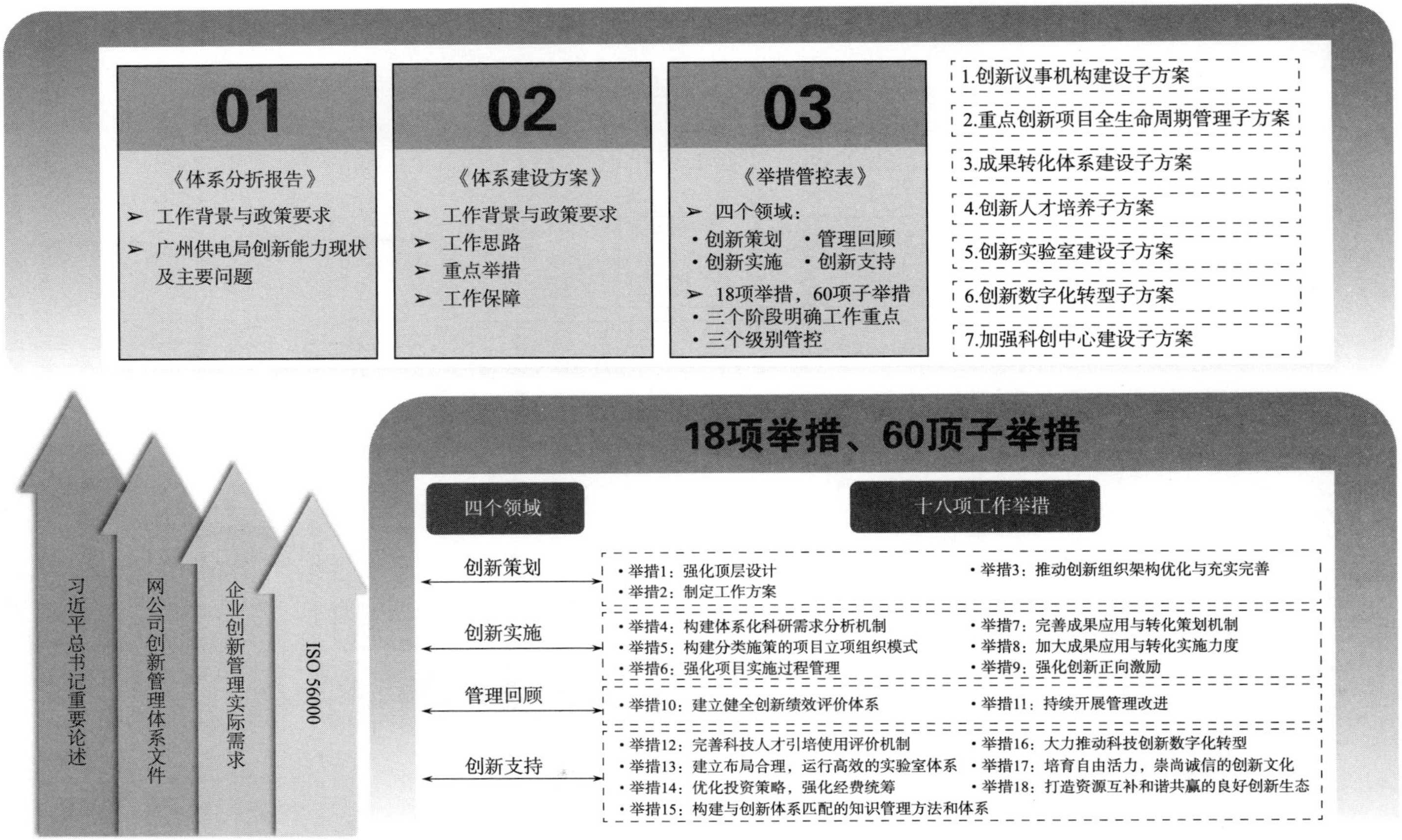

01　《体系分析报告》
- 工作背景与政策要求
- 广州供电局创新能力现状及主要问题

02　《体系建设方案》
- 工作背景与政策要求
- 工作思路
- 重点举措
- 工作保障

03　《举措管控表》

四个领域：
- 创新策划　·管理回顾
- 创新实施　·创新支持
- 18项举措、60项子举措
- 三个阶段明确工作重点
- 三个级别管控

1. 创新议事机构建设子方案
2. 重点创新项目全生命周期管理子方案
3. 成果转化体系建设子方案
4. 创新人才培养子方案
5. 创新实验室建设子方案
6. 创新数字化转型子方案
7. 加强科创中心建设子方案

18项举措、60项子举措

四个领域 / 十八项工作举措

创新策划
- 举措1：强化顶层设计
- 举措2：制定工作方案
- 举措3：推动创新组织架构优化与完善

创新实施
- 举措4：构建体系化科研需求分析机制
- 举措5：构建分类施策的项目立项机制
- 举措6：强化项目实施过程管理
- 举措7：完善成果应用与转化策划机制
- 举措8：加大成果应用与转化实施力度
- 举措9：强化创新正向激励

管理回顾
- 举措10：建立健全创新绩效评价机制
- 举措11：持续开展管理改进
- 举措12：完善科技人才引进使用评价机制

创新支持
- 举措13：建立高效的实验室体系
- 举措14：优化投资策略、强化经费统筹
- 举措15：构建与创新体系匹配的知识管理方法和体系
- 举措16：大力推动科技创新数字化转型
- 举措17：培育自由活力、崇尚诚信的创新文化
- 举措18：打造资源互补共赢的良好创新生态

ISO 56000

企业创新管理实际需求

网公司创新管理体系文件

习近平总书记重要论述

图 7.1　创新管理体系建设"1+N"方案（2023 版）（续）

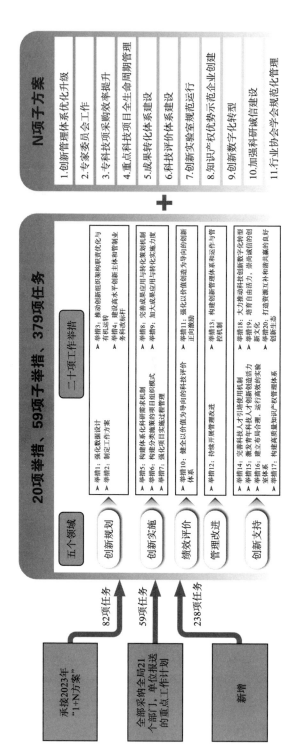

图 7.2　创新管理体系建设"1+N"系列方案（2024版）

　　广州供电局聚焦创新实施，构建体系化科研需求分析机制，构建分类施策的项目立项组织模式，强化项目实施过程管理；聚焦创新评价，健全以价值创造为导向的科技评价体系，强化以价值创造为导向的创新正向激励；聚焦管理改进，持续开展管理改进，构建创新管理体系运作与管控机制；聚焦创新支持，完善科技人才引培使用机制，建立布局合理、运行高效的实验室体系，打造资源互补和谐共赢的良好创新生态。

　　广州供电局充分发挥标杆企业引领示范作用，打响南方电网公司创新管理体系建设品牌，推动"六个一"发展目标实现（一流管理体系、一流人才队伍、一流科研水平、一流创新平台、一流创新成果、一流创新生态），充分发挥创新对世界一流企业建设的战略支撑作用。以"体系化、架构化、流程化、数字化"加快建设创新管理体系，建立创新管理体系管理能力与企业架构业务能力的关联关系，完善创新领域架构蓝图，优化业务流程，牵引创新管理体系的数字化建设。

二、推动创新组织架构有机运转

　　广州供电局根据网公司❶管理体系升级工作部署，率先完成创新管理体系升级工作，形成具有广州供电局特色的一套管理体系框架图、一套体系文件、一套体系制品；根据管理体系过程设计内容，提出创新实验室等新增业务能力需求，明确存量业务能力优化要求，完善创新领域业务蓝图，更新业务能力清单、管理要素清单、管理要素关联关系表等业务架构制品；瞄准创新管理卡点瓶颈，逐项梳理科技体制改革三年攻坚任务，一体化推进科技体制改革，策划打造重点领域科技体制改革主题"代表作"；完善创新管理制度体系，确保创新管理制度有效承接创新管理体系建设、科技体制改革攻坚的要求，依托坚强的管理制度体系构建统筹协调的创新管理机制。

---

　　❶ 南方电网公司(网级)即"网公司"，广东电网公司(省级)即"省公司"，广州供电局(地市级)。

广州供电局完善科技创新平台管理委员会、科技项目委托管理工作组日常运作机制，做实专家委员会（以下简称"专家委"）支撑全局战略咨询与创新工作，强化科创中心对全局的科技创新支撑力量，充分发挥业务部门在创新项目策划、任务组织实施、成果推广应用等方面的主体作用，明确各部门、单位领导班子抓创新工作的主体责任和主要负责人抓创新工作的第一责任。

（一）构建体系化创新需求分析机制

广州供电局加强技术情报收集和共享机制建设，强化对国内外能源电力行业技术发展和政策支持新趋势的动态掌握，"自上而下"和"自下而上"相结合，分层分级打造纵向梯度式创新项目编制广州供电局科技创新战略地图，形成与网省公司❶科技创新战略衔接、局创新驱动发展规划契合、特色优势专业领域聚焦的战略科研布局，协同推进技术创新与成果转化能力建设。

（二）持续深化创新组织模式应用

针对以往科技、职创项目立项周期长、征集批次少等问题，广州供电局进行研究探索，以价值创造为导向，采用"实施一批、储备一批、谋划一批"策略，以"科学规划、精准投资、流程优化为目标，构建科创快线"项目动态征集机制，快速响应各部门、单位迫切的科研需求，加速项目从概念到实施的过程，实现局级科技、职创立项时间从 1 年缩短至 3 个月。广州供电局应用"五层滤网"立项评审模式，网级科技项目立项成功率连续两年超 90%，建立"分类施策"采购机制，加快科技创新领域采购效率，将项目从立项到实施的时间缩短 50%。通过科研资源高效配置充分激发全局广大科研工作者的创新活力与动力。

（三）强化项目实施过程管理

广州供电局持续完善创新项目全生命周期管理体系，针对国家级、省

---

❶ "网省公司"指南方电网公司和广东电网公司。

（区）级、网公司级重点科技项目，导入项目绩效目标管理、新型科研组织模式、项目专业督导管理模式、新型项目验收模式、项目成果成熟度评价等创新理念与关键要素，探索以形成重大创新成果、解决重大关键问题、培育创新人才为导向的组织、管理、监督、考核、绩效评价模式。

（四）促进成果转化和推广应用

广州供电局集中优势科研力量攻关生产经营中的痛难点、关键问题，打破小、散、乱项目布局，切实提升科技成果转化水平，着力推进科技成果高效落地以用促转。鼓励创新成果优先在局内转化应用，每年两次（第一季度、第三季度）联合各专业部门发布《成果转化需求清单》，对于优质成果结合技改、基建、数字化项目进行批量采购应用。规范后评价，2024年将开展创新项目后评价工作，将"实用性""价值创造能力"和"转移转化"作为项目团队、负责人、验收评审专家履职评价依据，评价结果纳入个人和单位考核。

（五）完善科技评价体系

广州供电局主动适应央企科技创新考核激励导向调整变化，进一步完善以创新质量、绩效、贡献为导向的分层分级的创新考核评价体系。广州供电局充分引用全球创新指数、中国创新指数、中国企业创新能力指数经验，结合 ISO 56000 国际标准和《科技评估通则》《科技评估分类》等国家标准依据，参考网公司创新指数评价、科研团队评价、星级班站所评价等模型，构建具有广州供电局特色的科研要素评价指标体系，对项目、人才、团队、资金、成果、实验室开展多层次、多维度评估。

（六）构建创新管理体系运作与管控机制

广州供电局定期开展创新管理体系运作评价，应用管理体系评审指南，围绕设计科学性、建设规范性、运转有效性、治理常态化等评价维度，建立健全"监控+反馈"机制，全面审视管理体系运作效果，客观掌握体系落地执行情况。定期开展体系内部审核和管理评审，建立纠偏、预防与变更

工作机制，抓好纠偏与预防措施的执行管控和成效分析。

（七）完善科技人才引培使用机制

广州供电局科技创新部联合人力资源部，健全科技人才评价、服务、支持、激励等机制，制订科技人才 2024—2025 年素养提升计划，常态化策划实施人才专项、青年专项，实施重点科技项目与人才培养"三同步"管理，推荐优秀人才参加国际认证、协会组织、学术会议，搭建人才交流与合作平台。协同党建部持续深化全局青年创新工作，以青年专项引导青年科技人才更准确、高效开展项目研究，组织青年开展技术交流、创新成果展、专题讲座、创新培训等职工技术创新活动，组织青年科技人才参加国际国内学会会议交流、学术报告、受邀讲学等，推动青年科技人才担任学会协会日常联系人，择优推荐青年科技人才参与广州市科协举办的创新交流活动。

（八）建立布局合理、运行高效的实验室体系

广州供电局建立布局合理、运行高效的实验室体系，高质量推进国家能源电氢协同低碳技术研发中心建设，强化局创新实验室规范化、标准化管理，制定创新实验室规范运行工作子方案，通过"十个一"专项提升行动，着力提升各级创新实验室规范运行能力，开展以价值创造为导向的实验室年度评价。

（九）构建知识产权管理体系

广州供电局施行知识产权"十五条"，全方位深化全局科技、生产、营销、基建、数字化等全专业的知识产权创造、管理、保护和转化，创建能源电力行业知识产权优势示范企业，以高价值知识产权创造、高水平知识产权运用和保护、高效能知识产权管理和服务支撑全国领先标杆供电局建设。

（十）加强科研诚信建设

广州供电局加强科研诚信建设，建立覆盖科技项目评审、创新成果评

价、创新奖励评选等科研活动全过程的科研诚信管理机制，坚持无禁区、全覆盖、零容忍，严肃查处违背科研诚信要求的行为，着力打造共建共治共享的科研诚信格局。

(十一) 打造资源互补和谐共赢的良好创新生态

广州供电局积极融入国家创新战略布局，拓展产业上下游科技创新开放合作，构建"政产学研用"协同创新体制，构建与国际国内同行常态化科技交流机制，有效实现内外交互资源共享，及时捕捉全球技术发展动向，协同开展科研攻关、资源共享、人才汇聚、成果培育，形成具有全球竞争力的开放式创新生态。

三、广州供电局科研攻关的组织管理

能源电力行业历来有科研项目科学管理的需求，为适应新形势下科技创新引领发展的要求，行业领军企业积极探索科研项目的全生命周期管理机制。为解决能源电力企业在创新需求规划机制、项目立项组织模式、项目研发组织方式、项目实施管控力度、项目闭环管控机制等方面的不足，广州供电局制定了《重点创新项目全生命周期管理子方案》（以下简称为《方案》）、《科技项目管理细则》（以下简称为《细则》）等制度文件，从项目全生命周期管理出发，加强科研项目的系统性和全局性，构建"需求分析—项目立项—研发组织—过程管理—闭环管控"的科研项目全生命周期管理模式，打造更加完整高效的创新链条，提升项目管理水平，加快打造特色鲜明的科研项目管理体系，支撑企业科技创新体系全面升级。

以《方案》和《细则》为载体的科研项目全生命周期管理模式对研发过程进行的过程管理，符合 PDCA 循环思路：策划（包含需求分析、项目立项、研发组织）、运行（包含过程管理的项目实施和执行）、检查（包含过程管理的中期检查和项目验收）和改进（包含闭环管控）。科研项目全生命周期管理模式不仅能够有效推动广州供电局创新项目研发过程管理水平的持续改进和提高，还可以大幅提升科技创新效益和价值创造水平。

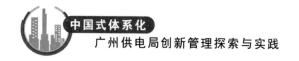

（一）基于多维度信息的科研项目需求分析

万事开头难，需求的精准识别和分析历来是科研项目成立的难点。为此，广州供电局通过构建"科创快线"项目征集机制、分层分级打造纵向梯度式创新项目、加强创新战略研究力量配置、打造立体化科研情报跟踪机制等方式，加大科研项目需求分析力度，确保项目需求更加准确、清晰和可行，从而为项目成功提供更好的保障，降低项目后期可能出现的需求变更或偏差。

首先，构建"科创快线"项目征集机制。按照"实施一批、储备一批、谋划一批"的总体要求，以科学规划、精准投资、流程优化为目标，构建"科创快线"项目动态征集机制。运用超级表单、广州供电局云盘等数字化工具，一方面提升了项目征集工作便利性，另一方面也拓展了项目征集范围，为全局广大科研工作者提供更为方便的项目申报渠道，打造了"全覆盖"项目征集模式。2024年以季度为单位，广州供电局同时开展了一般科技项目、职创项目征集工作，局各部门、单位积极动员相关创新实验室、技术技能专家、副高级及以上职称人员、博士和青年员工征集了大量各部门、各单位迫切的科研需求。

其次，分层分级打造纵向梯度式创新项目。在项目需求征集完成后，由创新部门负责组织将各专业领域关键技术难题、重大示范工程、重点创新任务等汇总形成建议选题，提请创新领导小组进行审议与研讨，自上而下统筹优化创新资源配置，围绕"四个面向"、遵循"三个导向"布局优化科技创新研究方向，形成全企业范围内的年度重大创新项目指南。专业职能部门负责制定相关领域核心技术行动路线，规划相关领域重点创新平台，统筹专业技术创新项目集群，成体系推进专业创新，推进相关专业领域成果转化应用工作。科研主体单位、重点研发单位是国家级、省（区）级、南方电网公司级创新项目申报与实施的主要单位，负责策划特色优势关键技术研发需求，引领与支撑相关专业的创新工作。生产运行单位重点围绕作业流程改进、作业方法改进、设备与工器具改进等生产运行环节提出创新需求，从生产经营一线需求出发，培育原创科技（职工创新）项目，快速解决生产经营一线痛点、难点问题。科研主体单位通过广泛市场调研、深入挖掘产业需求，提出具有转化应用潜力和市场前景的研发需求，酝酿培育产业创新项目，促进新兴业务高质量发展。

再次，加强创新战略研究力量配置。推进广州供电局专家委员会常态化高效运转，完善专家委员会工作机制，动态更新专家库清单，探索"不求所有、但求所用、不求所在、但求所为"的柔性引才方式。持续巩固强化专家委参谋助手作用、平台纽带作用，推进局专家委全面融入局创新策划、实施、回顾、支持等各项工作，通过建设联合实验室、技术咨询等多种方式，为广州供电局的高质量发展、重点课题选题攻关、技术发展提出意见或建议方案，联合布局国家级、省（区）级重点创新项目、创新奖励和创新平台。强化专家委秘书处服务保障作用，动态完善配套保障机制，为专家提供良好的生活和工作保障

最后，打造立体化科研情报跟踪机制。企业情报工作是影响企业决策的重要环节，情报信息是否准确、及时、可靠，直接影响企业决策效果的优劣，是企业发展的重要导向。企业的战略决策、经营运转都离不开情报信息的支持。广州供电局依托局电力科学研究院（科技创新中心）（以下简称"电科院"）建立了覆盖各部门单位、各专业和外部关联机构的创新情报工作网，形成常态化技术情报收集共享机制，定期发布局创新情报专刊，发表技术跟踪和趋势研判报告，开展前沿技术发展趋势的情报收集及预测，系统研判技术发展趋势，提出科学问题，遴选重点技术方向，充分发挥情报信息的引领作用。上述多维度信息的科研项目需求分析模式，已在实践中取得了较好的预期效果。

（二）构建分类施策的科研项目立项组织模式

在充分明确需求、制定全局范围内的年度重大创新项目指南后，广州供电局的科研项目管理在整体上开始进入立项阶段。实践中项目（课题）申请单位会依据上级企业和本企业的项目申报指南，组织开展科技项目申报，编制项目可行性研究报告，明确申报项目的研发模式、模块化研发任务、核心技术、拟委托开发或引进的相关配套技术、系统整体集成模式等。

项目可行性研究报告的审查包括形式审查、专业审查（含转化审查）与经费审查。此外，广州供电局还建立了科技项目储备库。该储备库是指通过入库评审和审批，预备在年度科技项目投资计划中安排的候选科技项目集合。项目可行性研究报告经相关部门审定后还需纳入项目储备库，根据上级企业和本企业发展需求及外部环境的变化，组织对科技项目储备库进行优化调整。此外，综合考虑项目特点、自主研发、成果转化、实施规模、研发条件、紧急程度、预期成果等因素，优选科技项目从储备库中转出，并纳入年度科技投资计划。对于已入库 2 年且未列入年度计划的项目，或因实施条件发生重大变化不宜继续储备的在库项目，经确认后清理出库，不作后续投资计划安排。

（1）推动创新驱动规划高质量策划与落地实施。全面贯彻国家重大战略及创新工作相关重要部署，落实国家、广东省、广州市、行业及网省公司重要文件和会议精神，承接国家、省、市、行业及网省公司创新驱动规划，统筹考虑发展基础、资源条件和重大风险防范等，科学测算创新驱动规划发展目标，2024 年总结"十四五"创新驱动发展规划实施成效与经验，2025 年启动"十五五"创新驱动发展规划编制。强化对创新驱动规划落地的组织、协调和督导，激发各单位创新活力。

（2）统筹优化创新资源配置。一是持续提升科技研发资金投入规模并优化投入结构，精准制定差异化投资策略。二是持续强化项目、平台、人才、资金、政策等创新资源一体化配置。三是加大科研经费统筹管理力度，建立对重点研发单位、创新实验室、创新人才的稳定支持机制。四是建立稳定的创新专项经费支持机制，支持电科院进一步加强创新服务与促进工作。五是引入有资质的第三方机构参与创新项目经费审查，加强大数据分析与同类项目对比，提升科技项目经费审查的科学性和准确性。六是结合职能监督工作，强化科研经费监督检查，创新监督检查方式。

（3）持续改进项目立项机制。一是策划一批重大科技项目，争取承担更多契合广州供电局定位的国家级、省部级重大科研创新任务。二是以价值创造为导向，聚焦发挥科技创新、产业控制、安全支撑三大作用，谋划"大项目"，作出"大成果"。科技创新方面，重点攻关特色优势专业领域重大技术难题，支撑重点实验室平台建设、重大创新奖励申报、高层次人才发展以及局核心技术竞争力培育；产业创新方面，重点突破一批制约产业发展的"卡脖子"技术，研制一批具有核心竞争力的自主研发产品，推动成果转化向市场化、产业化持续深入推进；安全支撑方面，重点解决局生产经营中面临的痛难点问题，通过创新性研究开发、科技成果转化应用，切实提升业务水平，提升生产经营效率、效益。三是持续推进人才专项、青年专项、粤港澳合作专项、合理化建议专项等模式，激发全局创新人员的创新活力。四是制定创新项目建设策略库，做好职工创新等项目的统筹管理，推动成果共享。

立项阶段的难点和重点在于建立健全协同工作机制。此阶段，广州供电局通过构建科研项目协同工作机制，加强项目、平台、人才、资金一体化配置，推进科技引领类项目、业务支撑类项目和产业创新类项目等三类重点项目的分类施策和建立立项负面清单机制等四大举措，优化立项管理。

首先，构建重点项目协同规划机制。加大科技创新项目对国家重大战略，以及对国家、省市、行业和网省公司创新驱动规划的落实力度，统筹考虑发展基础、资源条件和重大风险防范等，将企业创新规划、电网规划和产业规划三位一体通盘考量，引导重点科技项目充分贯通各层级规划，策划跨专业重点科研专项，打通各专业壁垒。

其次，统筹优化创新资源配置。一是持续提升科技研发资金投入规模并优化投入结构，精准制定差异化投资策略。二是持续强化项目、平台、人才、资金、政策等创新资源一体化配置。三是加大科研经费统筹管理力度，建立对重点研发单位、创新实验室、创新人才的稳定支持机制。四是建立稳定的创新专项经费支持机制，支持电科院进一步加强创新服务与促进工作。五是引入有资质的第三方机构参与创新项目经费审查，加强大数据分析与同类项目对比，提升科技项目经费审查的科学性和准确性。六是结合职能监督工作，强化科研经费监督检查，创新监督检查方式。

再次，充分考虑科技引领类项目、业务支撑类项目和产业创新类项目的特点，因类施策，制定不同项目的研发过程管理制度和政策。针对科技引领类项目，如"科技创新 2030"重大项目、国家重点研发计划"储能与

智能电网技术"等，重点加强其战略谋划，以五年为期绘制技术攻关路线图，明确总目标任务、时间表和里程碑；针对业务支撑类项目，以落地实施为优先，重点评估创新成果的应用及示范条件；针对产业创新类项目，重点突出其先导作用，按照"市场引导、系列部署、迭代开发"的思路，锚定五至十年的市场化需求。

最后，建立立项负面清单机制，对于项目研发过程实施管控不力、流程不合规、成果质量差的项目团队及单位，建立科技项目立项负面清单机制。该机制有助于强化竞争氛围，在企业内形成正向激励循环，提高项目立项质量。

（三）聚合优势科技创新资源的新型研发组织

在广州供电局的管理架构之下，研发组织是具体承担科研项目的机构，是创新研发的责任主体，负责推进科技创新与业务发展的紧密融合，组织开展本业务领域技术创新，提出重大需求，解决关键问题，提出相关专业领域成果转化应用需求，推动创新成果在本业务领域的转化推广。基于研发组织是科研项目成功的基石、打造新型研发组织对聚合优势科技创新资源的重要性，广州供电局从推进新型科研组织模式和建立布局合理、运行高效的实验室体系两个方面发力，对研发组织方式进行了完善。

（1）推进新型科研组织模式。充分发挥新型研发组织方式对优势科研资源聚合、强项科研质量提升的促进作用。例如，"揭榜制"，把需要攻克的关键核心技术项目张榜公布，让有能力、有担当的团队承担关键核心技术攻关等重点任务，用市场竞争来激发创新活力，建立以需求为牵引、以能够解决问题为评价标准的新机制；再如，积极探索借鉴华为公司知名的"赛马制"，通过易岗易薪让有意愿的"马"跑起来，通过目标激励让跑起来的"马"跑得快，通过长期激励让跑得快的"马"跑得远。在"赛马制"下，员工甚至在一定程度上能够实行"自运行"，无须领导督促，自己为自己设立目标，并监督自身的完成情况，实现自组织、自激励、自约束和自协调。

（2）建立重点项目分级责任担当机制。在计划任务书下达阶段，重点科技项目应制订实施工作方案，明确项目管理组织实施架构、广州供电局内部单位职责分工，并建立项目进度、质量、风险管理机制。组织实施机构一般应包括项目管理委员会、管理办公室、专家顾问组及实施机构。

（3）实施"挂图作战"，强化里程碑节点管控。在项目实施阶段，重点科技项目实行节点目标计划管控。项目承担单位应按照实施方案确定的节点目标计划绘制攻关进度图"挂图作战"，明确项目关键环节并设立质量监控点。科创部每年初根据重点任务情况，建立"年度重点任务里程碑"清单。每月对当月具有关键里程碑节点的重点科技项目进行阶段成果抽查。各重点科技项目承担单位要抓好项目过程管理，留足时间裕量，从材料、加工、试验等细节入手，防止各类质量和安全事故发生。对于实施进度和质量风险较大的项目，应通过双周报、周报或日报等形式提级管理，确保项目按期高质量完成。

（4）围绕关键核心技术培育高价值专利。对于国家级、省部级科技项目以及包含原创性基础研究、首台套装备研制、新产品开发等内容的公司级科技项目，应在项目实施阶段根据《公司高价值专利培育工作指引》要求开展高价值专利布局与培育，做好知识产权保护。项目研发团队需设置至少一名知识产权专员，负责本项目的高价值专利培育支撑和对接工作。知识产权专员需同时具备技术研发和知识产权基础，并通过高价值专利培育的相关培训。

（5）强化成果质量管控。项目实施过程建立市场反馈机制，以产品成熟度和市场未来需求为导向，建立产品迭代升级研判机制，建立成果转化与项目布局的反馈机制，将市场需求反馈至项目成果布局中，通过挂网试运行等方式开展科技成果推广，依靠南网商城等渠道提升应用力度，探索与集体企业、生态链上下游企业进一步打造核心技术产业链。推行"代表作"管理。对基础研究类项目，重点管控新发现、新观点、新原理、新机制等标志性成果质量；对应用研究类项目，重点管控新技术、新工艺、新产品、新材料、新设备、新标准等标志性成果质量；对成果推广类项目，重点管控新技术、新工艺、新材料、新产品等标志性成果质量。

（6）建立布局合理、运行高效的实验室体系。科研项目与科研团队、人才队伍、实验室建设直接挂钩，组建项目团队时须确保有实验室核心成员参与，并充分发挥实验室平台在项目技术研发组织、核心技术承接、科研团队与人才培养中的主体支撑作用。

（四） 以里程碑节点为抓手的精细化过程管理

经过前期完备的策划和部署之后，科研项目开始执行精细化的过程管理。研发过程的有效管理和质量控制，是科研项目实现最终目的的关键所在。全生命周期管理模式对科研项目的研发过程管理规定如下。

（1）在任务下达方面，项目（课题）承担单位应当严格依据立项文件与项目计划，组织编制计划任务书。经相关部门审批后向承担单位下达计划任务书。

（2）在项目具体实施方面，项目（课题）承担单位依据计划任务书，组织项目实施，做好项目安全、进度、质量管控。建立定期联络会议制度和"责任专家"制度，不定期组织项目团队及各相关方召开技术联络会，听取各方技术研发进度、阶段性技术成果情况汇报，并就各方技术衔接工作进行研讨，确定技术方向，解决影响后续工作的技术问题。责任专家把关关键科学技术问题并提供专业化建议，在项目实施过程中提供专业化指导与过程监督。在项目实施过程中，需要按要求报送项目执行情况，对执行过程中可能影响项目进度的重大事项应及时报告。重大事件报告制度是指在项目执行过程中出现的项目目标调整、研究内容更改、项目负责人岗位调动、进度严重滞后、预期技术指标无法实现等对项目实施产生重大影响的情况，项目组或相关部门应以书面形式进行报告，由责任专家及项目负责人讨论并形成相关处理意见。

（3）在项目过程管控方面，加强里程碑节点强化实施管控。研究类科技项目在研究周期过半时应组织中期检查。对项目意义、研究水平、进展程度等进行考核与评估，以便及时发现问题，适时对项目人员、研究方案等予以调整，以保证项目的有效实施。项目如需调整，由承担单位提出申请报批。除中期检查外，年初根据重点任务情况，建立"年度重点任务里程碑"清单，落实里程碑节点的精细化项目过程管控，将年度里程碑完成情况纳入验收评价考核范畴。

（4）在项目执行过程中的调整和终止方面，如遭遇内外部环境改变、研究进展遇阻、研究人员变更等情况，可提出项目调整申请。对于因存在重大风险或隐患、研究目的被证实无法达到等需要终止的项目，承担单位应对已完成的工作进行总结，提出总结报告，进行经费决算和财务审计，连同项目阶段性研究成果，一并履行内部决策上报程序。

（5）在项目的知识产权保护方面，项目实施过程中，项目（课题）承担单位还应做好知识产权保护工作，抓好重大成果与高价值专利培育，加强对外部委托单位的管理。

（6）在项目验收方面，创新项目研究任务完成后，组织专家组开展项目验收（包括技术验收与财务验收），并依据计划任务书，对项目研发任务及预期目标完成情况、成果交付、项目过程管理、成果后续转化应用等进行综合评价。验收结论分为三种，即通过验收、待整改和不通过验收。项目组应于项目验收申请截止日期前提出验收申请；因进度滞后或因问题整改无法按期申请验收、需申请延期的，由项目组以重大事项报告的形式报局创新部批准。至项目执行期限结束仍未提交验收申请的，视为不通过验收。对于项目验收过程中提出的问题，项目团队应当提出整改方案与工作计划，报局创新部备案，并以周报形式汇报相关问题整改工作进展情况，直至整改问题彻底解决。

（7）在项目验收后相关工作方面，项目完成验收后，项目承担单位按照规定进行成果登记、档案移交、项目结算、资产移交、后评价等工作。

广州供电局实行的以里程碑节点为抓手的精细化过程管理，在提高科研项目的成功率、确保科研项目按目标计划顺利完成、保障项目成果得到有效保护等方面，切实发挥了重要作用。一是根据南方电网公司委托管理工作要求，结合科技创新工作实际情况，建立分层分级、精准施策的科技创新领域采购工作机制，对国家部委或地方政府部门下达的科研任务、国家首台（套）重大技术装备科技项目、上级或行业主管部门组织实施的"揭榜挂帅"科技项目、电网公司统筹的专项科技项目等具备研发性质的技术服务项目，试运行科技项目委托管理机制；探索"政府间国际科技创新合作"专项，粤港澳合作专项方面的国际、港澳地区高校和企业采购机制；

在奖励鉴定、常规测试化验加工服务等方面探索采用框架协议采购方式；对于广州供电局纳入电网公司《新技术产品推广应用目录》的自主知识产权科技成果试点开展单一来源采购。二是持续完善创新项目全生命周期管理体系，针对国家级、省（区）级、南方电网公司级重点科技项目，导入项目绩效目标管理、新型科研组织模式、项目专业督导管理模式、新型项目验收模式、项目成果成熟度评价等创新理念与关键要素，探索以形成重大创新成果、解决重大关键问题、培育创新人才为导向的组织、管理、监督、考核、绩效评价模式。

（五）结合多角度反馈的系统性闭环管理控制

科研项目完成后，为了确保项目的成果能够得到有效的应用和反馈，从而促进后续研究或项目的改进，科研项目的闭环管理控制是摆在企业面前的关键难题。为此，广州供电局结合多角度反馈，在科研项目全生命周期管理模式中，对科研项目验收后的后评价、成果成熟度评价和成果转化应用进行了详细的规定。

（1）在评价工作的内容和范围方面，科研项目后评价是指在项目完成后，对项目的实施效果、目标实现情况、投入产出关系等进行评估和管理的过程。通过飞行检查、随机抽查，将项目在立项评估或可行性研究报告阶段所预计的研究过程与实际执行过程进行对比分析，及时发现科技项目执行中的问题。该过程旨在总结经验教训，为未来的科研项目提供参考和借鉴，并为企业决策提供依据。此外，后评价结果也将作为项目承担单位能否继续承担项目以及后续项目资源分配的依据之一。

（2）在科研成果成熟度评价方面，对取得的成果进行成熟度分类评价，综合反映科技成果的技术实用性程度、在技术生命周期中所处的位置，以及实施该成果的工艺流程与所需配套资源的完善程度等，加强项目成熟度全过程跟踪评价和同类成果的对比分析，发挥评价结果对成果应用、转化推广的指导作用。

（3）在市场信息反馈及推广成果转化应用方面，按照市场化主导、产业化牵引、体系化发力的工作思路，打造集"项目布局、机制建设、平台支撑、人才培养"于一体的高质量科技成果生态系统，进而推动创新链、产业链深度融合发展。在项目立项初期设立以市场化为导向的预期目标，并拟定研发实施路线。项目实施过程建立市场反馈机制，以产品成熟度和市场未来需求为导向，建立产品迭代升级研判机制和成果转化与项目布局的反馈机制，将市场需求反馈至项目成果布局中，通过挂网试运行等方式开展科技成果推广，依靠线上商城等渠道加大应用力度，探索与集体企业、生态链上下游企业合作，进一步打造核心技术产业链的新模式。

四、以科技体制改革焕发创新新动能

广州供电局在新要素、新技术、新产业互动互促中形成新质生产力，坚持科技创新和体制机制创新双轮驱动，一体化推进创新管理体系和科技体制改革，破除影响和制约创新竞争力提升的深层次障碍。按照国务院国资委在新一轮国企改革中提出的"做精做深做新科改行动"，以及网省公司试点实施管制业务单位改革创新特区，打造广州超大城市供电局改革样板等部署，广州供电局精心谋划实施科创型管制业务单位改革，探索更为灵活的集科技需求、研发、转化、生产为一体的创新链、产业链、人才链、资金链的"四链融合"新模式，重点把广州供电局电科院打造成为全国领先的平台型机构，规划建设集技术研发、示范应用、成果孵化功能于一体的超大城市电网创新研究与产业基地，实现广州供电局电科院公司化运作，力争打造成为央企科创型管制业务单位改革标杆。

广州供电局以泰勒主义方法论、平台型组织理论、组织设计理论为科学方法，梳理分析电科院创新服务管理效率不高、对广州供电局创新能力的支撑力度不足、科研管理体系不够完善等问题。将广州供电局发展战略作为电科院重构发展战略规划的核心参照，确保两者在目标、路径上高度协同。以组织架构优化作为重要的管理变革手段，构建"敏捷型前台、赋能型中台、服务型后台"的平台型组织模式，建设、完善各项管理机制，保障平台顺畅落地运行。创新性地提出 SOM 模型（图 7.3），即战略引领（aligning strategy）、组织架构（constructing organization）和管理机制（es-

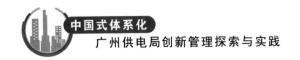

tablishing mechanisms），全面提升组织的竞争力和运营效率，实现卓越发展。

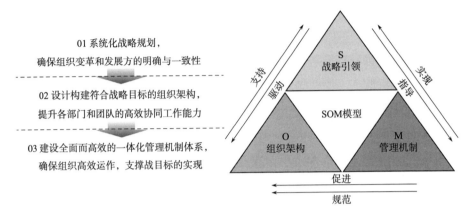

01 系统化战略规划，确保组织变革和发展方的明确与一致性

02 设计构建符合战略目标的组织架构，提升各部门和团队的高效协同工作能力

03 建设全面而高效的一体化管理机制体系，确保组织高效运作，支撑战目标的实现

图 7.3　SOM 模型图解

借鉴国内外在平台型组织建设方面的科学理论和企业经验，广州供电局结合自身实际情况，对组织架构进行改革，打造"敏捷型科研前台、赋能型组织中台、服务型职能后台"的平台型组织架构（下面的章节将详细介绍），确保创新工作高效推进，减少中间环节的拖延和资源浪费。

广州供电局改革科技创新管理体系，应用 ISO 56000 创新管理系列国际标准工具，构建创新管理"1+N"建设体系，创新布局科研诚信建设、科技评价、创新数字化、科技实施效率、知识产权转化运营等领域，以标准化手段提升创新能力。实施自上而下和自下而上联动策划，优化创新资源布局与研发力量，分类施策设立科技引领、揭榜挂帅、高质量发展、业务支撑等科研形式，布局纵向梯度式项目集群。广州供电局整合创新资源成立广州电科院，重组架构推动公司化运作，合并形成新型柔性配用电等多个实体化实验室和柔性实验室，设置技术总监等专职科研岗位，赋予实验室负责人项目、资金、人才自主管理权，多措并举帮助研发人员聚焦科研本身。设立多专业协同的实验室管委会，实现管委会司科研、研究院管理层司支撑保障的运作模式。成立专家委员会，柔性引入知名专家学者，提高创新决策水平。广州供电局完善科技人才引培激励机制，建立刚性引才、兼职引才、柔性引才等方式，通过协议薪酬引入海外高端人才，推行精准人才支持名单、人才精准支持等举措，推动专家名额、重要职数、创新成果激励、重大突破激励等创新正向机制充分落地实施。

2024 年，广州供电局成为能源电力行业首家通过 ISO 56002、ISO 56005 创新管理体系国际标准双认证的企业。有效专利数超 2 700 项，发明专利占比达 56%，年均成果转化收入增长率超过 20%，各项创新指标均位居能源电力行业前列。自主研发多项绿色环保领域（首）台套设备，国产化柔性直流换流阀入选国家能源局能源领域首台（套）重大技术装备（项目）名单，引领产业高端化智能化绿色化升级。全力提升自主创新能力，建设国家能源局"赛马争先"创新平台、实体化实验室，与知名院校共建联合实验室。建成国家级"5G+数字电网"应用示范区、小虎岛电氢智慧能源站、110 千伏聚丙烯电缆等国内具有重要影响力的大型科技示范工程。

第八章　科技评价体系建设

一、广州供电局"1224"科技评价体系总体思路

（一）以价值创造为导向

科技评价是指通过系统、客观的分析和评估，识别科技创新的质量、影响和潜力，从而为资源配置、政策制定、成果转化和科研管理提供科学依据，进而能够确保科技活动的有效性、高效性和方向性。2022年，南方电网公司在原科技创新指数的基础上，借鉴全球创新指数 CII 模型，进一步优化完善创新指数评价模型。为落实南方电网公司对科技创新考核变化的要求，广州供电局以价值创造为导向，聚焦创新质量、绩效、贡献，结合国内外科技评价前沿方法、标准规范，构建了"1套局级总体模型+2套单位级评价模型+2套班站所级评价模型+4套创新要素评价模型"，即"1224"科技评价体系（图 8.1），实现对局级、单位级、站所级三级对象逐级评价以及项目、成果、平台、人才四类创新要素的全维度评价。广州供电局借助这一评价体系，实施了多层面、多角度的评价实践，并在此基础上不断优化，以增强创新体系整体的功能和效率。

广州供电局"1224"科技评价体系以价值创造为导向的主要体现：无论是在局级、单位级、站所级和要素级的纵向评价体系结构中，还是在科技项目、创新成果、创新平台以及科研人才的横向评价体系结构中，各评

价子模型全部包括创新价值指标或者能够体现创新价值的其他指标。例如，科技成果评价模型包括科学价值和应用价值两个维度。

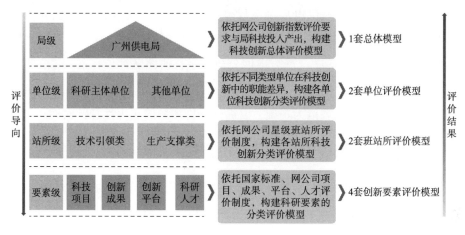

图 8.1　广州供电局"1224"科技评价体系总体思路

（二）以前沿政策标准为依据

为确保评价体系的规范性、科学性与实操性，广州供电局"1224"科技评价体系深入汲取了国内外科技评价领域的最新研究成果和标准实践，同时参照了网公司创新指数评价等既有模型。在省网公司及广州供电局科技创新管理与评价相关制度规范的基础上，打造了具有广州供电局特色的科技评价体系，科学评价科技成果的科学价值、技术价值、经济价值、社会价值和文化价值。在借鉴国际标准方面，以 ISO 56000 系列标准为主导，涵盖了 ISO 56000《创新管理基础和术语》、ISO 56002《创新管理—创新管理体系指南》、ISO 56004《创新管理评价技术报告》、ISO 56005《创新管理—知识产权管理指南》以及 ISO 56006《创新管理—战略情报指南》等国际最新标准规范。

在国家标准方面，遵循了 GB/T 40147—2021《科技评估通则》、GB/T 40148—2021《科技评估技术术语》和 GB/T 42776—2023《科技评估分类》等规范性文件。

在国家政策层面，重点参考了《国务院办公厅关于完善科技成果评价

机制的指导意见》《关于开展科技人才评价改革试点的工作方案》《关于进一步加强青年科技人才培养和使用的若干措施》等政策文件。

在网省公司及广州供电局制度规范方面，以《南方电网公司创新指数评价》《星级班站所评价》《南方电网公司科技项目管理办法》《南方电网公司技能专家管理办法》《南方电网公司五星科研团队评价标准》《广州供电局技术技能专家管理实施细则》以及《广州供电局科研团队星级班组评价标准》等多项制度规范为基础，以提升评价体系的实用性和针对性。

（三）以定量评价为主要评价方法

广州供电局"1224"科技评价体系着重运用定量评价方法，优选定量评价指标，结合多种评估技术，如层次分析法（AHP）、德尔菲法（Delphi）、指标体系评估法以及经济计量法等，进一步确定各项指标的权重。通过这些科学、严谨的评价方法，确保了广州供电局"1224"科技评价体系结果的客观性、准确性和实用性。

层次分析法（AHP）是一种将评估对象的多重因素进行层次化分解，并通过成对比较来确定各层次元素的相对重要性的方法。该方法结合了定性分析与定量计算，有效地识别关键因素并计算其权重，为处理复杂决策问题提供了一种系统化、模型化、数量化的多目标决策工具。

德尔菲法（Delphi）则是一种结构化的交流过程，通过多轮匿名反馈，征询专家对特定问题的看法或判断。这种方法在确定评估指标及其权重时尤为有效，它能够汇聚专家的智慧和经验，通过不断地反馈和修正，达成较为一致的评估结果。

指标体系评估法通过将科技活动的影响因素进行细化，对反映科技活动特征的关键指标进行量化处理。该方法涉及指标赋值、权重系数的确定，并最终构建出一个综合评价模型，以得出综合评价值，实现排序和评价的目的。

经济计量法基于投入产出模型，对科技活动的效率和效益进行评估，涵盖了费用效益分析法、成本效益法、生产功能分析法、投入产出指标分析法等。由于该方法主要采用经济效益指标作为产出衡量标准，它特别适用于科技产业化活动的评估，以及宏观层面的科技投入产出效率评价。

（四）以横向关联、纵向递进为结构

广州供电局"1224"科技评价体系以科技项目、创新成果、创新平台、科研人才四大要素为基石，形成了相互关联、指标交叉的4套创新要素评价模型，要素级评价模型在横向彼此关联交互，为精细化管理提供了坚实的评价基础。基于网省公司已有科研团队评价标准等，结合各类站所实际，构建了具有广州供电局特色的2套班站所评价模型。进一步地，依托不同类型单位在科技创新中的职能差异，构建了2套具有针对性的单位级科技创新分类评价模型，以体现不同单位的创新特色和需求。在评价体系的顶层，打造了具有广州供电局特色的局级科技创新总体评价模型，以宏观视角审视科技创新的全貌。图8.2展示了广州供电局"1224"科技评价体系结构。

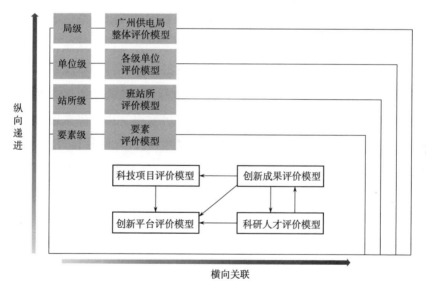

图8.2　广州供电局"1224"科技评价体系结构

科技项目、科技成果、创新平台和科研人才四个要素级评价模型在横向彼此关联交互，某个要素子模型的评价结果将作为另一个要素子模型的输入。以科研人才评价模型为例，对科研人才创新工作完成质量进行评价时，将该人员参与项目的评价结果作为评价模型的输入，对其科技项目策

划水平、实施水平和成果产出水平进行定量化评价，而对科研人才的创新平台建设能力进行评价时，将其参与的创新平台评价结果作为创新平台运行水平的数据来源，实现子模型之间的彼此关联和相互影响，评价结果更加科学、合理。

通过这样的结构设计，广州供电局的科技评价体系不仅在横向上实现了要素间的相互关联，而且在纵向上形成了评价要素、班站所、各单位、广州供电局整体层层递进的关系，提升了评价体系的系统性和效能。

二、广州供电局科技评价模型构建

（一）局级科技评价模型构建

广州供电局局级科技评价模型以反映创新投入产出效率、重视高质量成果产出及其转化和实现对各级评价结果的关联为导向。首先，随着南方电网公司逐步推进通过创新指数考核来开展科技评价，创新投入与产出的匹配程度逐渐成为开展科技创新及科技评价活动的关键指标，局级科技评价模型也应客观反映广州供电局创新投入产出效率，从而在承接南方电网公司科技评价工作的同时，实现符合广州供电局特色的科技评价。其次，一方面，高质量成果产出是检验企业创新能力、实现创新价值的重要依据；另一方面，科技成果转化效率是评估企业创新活力和市场竞争力的关键指标。局级评价体系充分重视"大项目、大成果、大平台"等高质量成果产出水平，以及成果转化效率水平，能够全面、真实地反映企业在科技创新和成果转化方面的实际情况和能力。最后，局级科技评价模型作为具备广州供电局特色的科技评价体系建设的最高一级，能够将要素级、站所级、单位级科技评价结果进行统筹与关联，更好地发挥"1224"科技评价体系的协同效果，实现创新资源投入的事前、事中和事后全过程闭环管控，促进资源要素精准配置与提质增效。

为了全面、客观、科学地评估局的科技活动和创新能力，广州供电局构建了一个科学合理的局级科技评价指标体系，进一步引导和促进局科技工作的健康发展。评价指标体系以价值创造为核心，遵循"关联模型+关键指标"的思路进行设计。在关联模型方面，重点考虑创新资源投入规模、科技创新资源产出两个要素。通过对指标的深入分析和综合评价打分，能够准确把握科技创新现状，识别其优势和不足，为今后科技创新发展提供依据。

广州供电局局级科技评价模型包括资源投入规模与科技资源产出两大一级指标，并进一步细分为研发经费投入强度、创新项目投入强度、标准成果、发明专利申请数及授权数、高层级奖励数量等多个二级指标。

资源投入规模作为一级指标，其评价内容全面覆盖了广州供电局进行科技创新的物质投入和保障，评价结果有助于推动广州供电局科技创新，优化资源配置，提高科技创新能力。研发经费投入强度用于衡量组织对研发活动的重视程度和投入规模，从侧面反映了企业的科技创新能力和水平，是评价企业科技创新能力的重要指标。通过评价创新资源的投入情况，可以激励广州供电局加大科技创新资源的投入，尤其是在研发资金、人才引进和培养、基础设施建设等方面加大投入。

科技资源产出指标同样为一级指标，旨在衡量科研活动成果情况以及成果转化能力等，主要围绕重大项目、高价值成果、高层级奖励、高水平创新平台、科研团队、科技成果转化等方面展开，从而达到进一步全面衡量科技创新产出，提升科研活动的效率和影响力，支持科技决策的目的。其中，重大项目包括国务院国资委攻关项目、国家科技项目、省部级科技项目等，重点评估年度项目新增立项情况以及在研项目实施质量水平。高价值成果主要包括专利、标准、论文成果和装置成果4个方面。专利成果主要评估获得的专利数量、质量以及专利获奖情况；标准成果主要评估产出的国家标准、行业标准、南方电网公司企业标准情况，以及标准获奖情况；论文成果用于评价科研成果产出数量和质量；装置成果主要评估是否有首台（套）装置成果产出。高水平创新平台主要评估年度新增国家级创新平台、省部级/网公司级创新平台数量，以及已获批的各级创新平台建设运行情况等。科研团队主要评估广州供电局人均素质水平以及年度新增高水平科研人才数量。科技成果转化率主要用于衡量科研机构或企业在科研成果商业

化、产业化和市场化方面的表现，反映科研活动的经济效益和社会价值。

（二）单位级科技评价模型构建

广州供电局在构建单位级科技评价模型时，参考了全球创新指数（CII）模型和网公司的单位级评价模型，从创新产出和创新投入2个维度出发，重点关注创新项目、创新平台、创新成果、创新影响力、国务院国资委考核及创新经费投入等方面，以打造具有广州供电局特色的单位级科技评价体系。

鉴于科研主体单位与其他单位在科技创新中所承担的职能和作用存在差异，分别设计了两套单位级科技评价模型，采用不同的评价指标和方法，以凸显不同单位在科研活动中的独特属性。对于科研主体单位，构建的科技评价模型着重于科技创新能力和成果产出的评价，而对于其他单位，构建的科技评价模型则更加注重科技创新过程的配套支持评价。

通过这种差异化设计，广州供电局的单位级科技评价模型能够更有效地识别和评价不同类型单位在科技创新中的贡献，从而推动全局科技创新工作的均衡发展和效率提升。

1. 科研主体单位科技评价模型构建

对科研主体单位开展科技评价可以重点反映广州供电局各单位年度创新工作完成的整体情况。广州供电局科研主体单位科技评价模型以创新驱动发展、高质量成果、人才激励和培养为导向，基于已有创新指数评价模型及投入产出模型，结合广州供电局下属科研单位的职能作用，构建了具有广州供电局特色的科研单位科技创新分类评价模型。

创新驱动发展导向是广州供电局科研主体科技评价体系的核心，这一导向强调以科技创新为动力，推动广州供电局持续发展和行业技术进步，要求科技评价不仅应当关注当前的科研成果，更要着眼于长远的科技发展潜力和对电力行业未来的引领作用。高质量成果导向是广州供电局各单位科技评价体系中的关键要素，强调科研成果的内在价值和长远影响，要求科技评价不能仅依据成果的数量，而应当更看重成果的深度、广度以及持续影响和长期价值。人才激励和培养导向是广州供电局各单位科技评价体系中至关重要的一环，人才是科研创新的核心动力和关键资源，这一导向强调通过有效的激励机制和人才培养计划，激发科研人员的积极性、创造性和忠诚度，同时为长期发展储备人才资源。

为了全面评价科研主体单位的科技创新表现，并指导其持续优化和发展，广州供电局从创新投入和创新产出两个维度出发，重点考虑创新经费投入、创新项目、创新平台、创新成果、创新影响力、国务院国资委考核等方面，构建具有广州供电局特色的科研单位主体科技评价模型。

首先，创新投入是评价体系的基础和起点，包括创新研发经费投入强度和创新投入系数两个关键指标。创新研发经费投入强度能够体现广州供电局对科研活动的重视程度和支持力度。高投入强度表明企业愿意为科技创新投入必要的资源，不仅包括资金的投入，还包括对科研人员、设备和实验条件的支持。创新投入系数则是衡量创新投入效率的重要参数，通过比较投入与产出的比例，反映出科研资源的使用效率。高效的创新投入系数意味着在相同的投入条件下，企业能够获得更多的科研成果，科研资源得到了合理配置和高效利用。

其次，创新产出是评价体系的重点，包括创新平台、重大创新项目、创新成果、创新影响力和国务院国资委考核等方面。

创新平台是科研活动得以顺利进行和创新成果得以涌现的重要基础，在科研主体的创新产出中扮演着至关重要的角色。在对科研主体的创新产出进行评价时，需要从多个维度进行综合考量。其一，要考虑是否有新增的国家级科技创新平台和省部级科技创新平台，包括科研主体单位牵头申报和参与申报两种类型。其二，重点考虑已申请的创新平台在后续的定期评估中的评估结果。其三，创新平台的社会影响力也是评价的重要方面。一个优秀的创新平台不仅在学术界有较高的声誉，在产业界和社会中也有广泛的影响力。通过评估创新平台与企业的合作情况、科研成果的社会应用情况等，可以全面了解平台的社会影响力。通过对创新平台开展多维度的评价，可以更好地了解创新平台的优势和不足，为进一步提升平台的创新能力和影响力提供指导和支持。

重大创新项目是科研主体创新产出的核心，往往针对科学前沿问题或行业关键技术难题，能够代表科研主体技术实力和创新能力的最高水平。

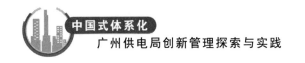

将重大创新项目纳入科技评价体系，不仅因为其可能带来突破性成果，也因为其对科研主体整体科研方向和战略布局影响深远。在对重大创新项目进行科技评价时，需要从新增科研项目和实施中科研项目的实施效果两个方面提取关键指标，并进行评估。

创新成果是科研主体探索科学问题和技术创新的结晶，能够直接体现科研主体的创新产出，是衡量科研工作成效和创新能力的关键指标。创新成果主要包括学术论文、专利、技术标准等知识产出。在对创新成果进行科技评价时，需要从创新成果的原创性和先进性以及创新成果的质量和影响力等多个维度进行全面评估。

创新影响力能够反映科研成果的学术价值和社会认可度，是衡量科研主体创新产出社会价值和实际贡献的重要指标，体现了科研成果对学术界、产业界乃至整个社会的深远影响，关系到科研主体的声誉、品牌价值以及长远发展。在对创新影响力进行评价时，首先可以通过论文的引用次数、学术会议的参与度、专著等指标衡量创新成果的学术影响力；其次是对国家级、省部级以及行业专家的培育情况；最后是创新成果的社会影响力，可以通过媒体报道、公众认知度、政策制定以及相关国家级和省部级领导批示等指标进行考察。

国务院国资委的考核为创新影响力的评价提供了重要的参考依据。国务院国资委在考核科研主体的创新绩效时，会综合考虑创新成果的学术影响力、产业影响力和社会影响力，以及这些影响力对国家战略目标和经济社会发展的贡献。因此可参考国务院国资委的考核标准，完善创新影响力评价指标，以确保评价体系的科学性和公正性。

2. 其他单位科技评价模型构建

广州供电局其他单位主体在进行科技创新的同时也为科研单位的科技创新过程提供配套支撑。结合广州供电局下属其他单位在科技创新中的不同职能作用，构建其他单位科技创新分类评价模型，该模型以创新过程配套支撑、创新成果转化和创新资源整合为导向。

创新过程配套支撑导向是评价广州供电局除科研单位外其他单位创新活动的重要原则之一，强调在创新活动的整个生命周期中，各种配套支撑要素的重要性和对创新成果的直接影响。创新成果转化导向是另一个核心原则，关注创新成果如何从概念、原型或实验室阶段转化为实际应用，以及成果转化对组织运营、市场竞争力和社会进步的实际贡献。创新资源整合导向对于创新评价体系的构建至关重要，强调在创新过程中对各种资源的有效识别、获取、配置和利用。在创新资源整合导向下，评价的焦点不仅包括单位对内外部技术资源的整合能力、对人才资源的整合能力、对信息资源的整合能力，还强调单位在整合各类资源时的协同效应，考察单位是否能够打破资源间的壁垒，实现资源的跨界融合和优化配置，从而形成协同创新的优势。

同样，为了全面评价其他单位的科技创新表现，广州供电局从创新投入和创新产出两个维度出发，重点考虑创新经费投入、创新项目、创新成果、创新影响力、国务院国资委考核等方面，构建了具有广州供电局特色的其他单位科技评价模型。

在创新投入维度，由于其他单位与科研主体存在属性的差别，所以在构建针对其他单位的科技评价模型时，针对创新投入的评价指标设置与科研主体单位存在明显区别，对于生产经营性单位而言，创新研发经费投入强度和创新投入系数是两个核心指标，不仅反映了单位对科技创新的重视程度，更是衡量其科技创新能力和潜力的重要参数。与科研主体单位相比，其他单位的研发活动更侧重于技术改进、工艺创新和产品升级，这些活动紧密围绕提高生产效率、降低成本、增强市场竞争力等实际目标展开。因此，创新研发经费投入强度在这类单位的评价中，更多地关联于研发投入对生产运营的实际贡献和对业务增长的直接推动作用。创新投入系数在生产经营性单位的评价中，强调研发资源的利用效率和创新活动的产出效果。与科研主体单位注重理论探索和知识积累不同，生产经营性单位的创新活动更注重实际应用和快速转化。因此，创新投入的评价重点在于衡量单位如何通过有限的研发资源实现最大化的创新产出，包括改进措施的实施效果、新技术或设备的市场经营效益以及创新对生产流程和服务质量的改进等。

在创新产出维度，包括创新平台、创新成果、重大创新项目、创新影响力共四个方面。

创新平台是其他单位科技创新评价的重要方面之一，创新平台不仅是促进知识交流和技术合作的场所，更是加速创新成果的孵化、转化和应用的关键基地。创新平台的建设与运营，直接关联其他单位的创新能力和市场竞争力。创新成果是衡量其他单位科技创新活动成效的直接证据和最终体现，是单位创新能力和市场竞争力的重要指标。创新成果不仅包括专利、技术标准、论文等知识产权形式，也涵盖了新产品、新服务、新技术等能够直接对生产和经营产生影响的应用成果，如支撑网省两级电网公司，规划建设、调度控制、设备运行、安全监督、创新管理、技术标准、网络安全、数字化、计量营销、物资品控等各个领域中的重点生产技术问题。在其他单位的创新产出评估中，创新项目是衡量单位创新能力和实际贡献的关键指标，直接体现了单位在科技创新方面的活跃度和成果水平。创新项目可分为国家级、省部级和技改类项目，是推动科技进步和产业升级的重要途径。对于生产经营性单位而言，上述项目的成功实施和成果转化，不仅能够提升单位的技术水平和生产效率，还能够增强其市场竞争力和行业影响力。创新影响力作为其他类型单位科技创新产出的重要组成部分，对于全面评估单位的科技创新能力和市场竞争力至关重要。创新影响力涵盖了人才培育、权威认证和品牌建设等多个维度，不仅反映了创新成果的内在价值和社会认可度，也体现了单位在科技创新方面的综合实力和长远发展潜力。

（三）站所级科技评价模型构建

在电力企业中"班""站""所"是指不同类型的一线生产和管理单元，各自承担着特定的职责和功能，常见的班站所包括运行班、维修班、变电站、配电站、供电所、调控所等。班站所通常都有明确的工作职责和操作规程，共同构成了电力企业的基础运营单元，保障了电力系统的安全、高效运行。

广州供电局在构建站所级科技评价模型时，将已有网级、省级与广州供电局星级班站所评价模型与科技项目、创新成果、创新平台与科研人才评价模型相结合，构建具有广州供电局特色的班站所评价模型。

　　班站所根据工作职责的不同，可以划分为技术引领类班站所和生产支撑类班站所。技术引领类班站所主要通过积极开展科学研究与创新探索，积累丰富的技术和知识成果，从而支撑广州供电局在行业技术领域的核心竞争力。技术引领类班站所是广州供电局科技创新的先锋阵地，也是推动科技进步和产业升级的关键力量，而生产支撑类班站所是指在广州供电局系统内，通过技术创新、科技进步和管理优化，在电力生产、传输、分配、调度、服务等方面具有重要支撑作用的基层单位。生产支撑类班站所同样也是公司科技创新的重要基础力量。

　　鉴于技术引领类班站所和生产支撑类班站所在科技创新中所承担的职能和作用存在差异，广州供电局在站所级科技评价模型构建时，针对各自的独特属性，设计了两套不同的科技评价模型。

1. 技术引领类班站所科技评价模型构建

　　技术引领类班站所科技评价旨在促进科研团队科研创新能力，发挥班站所标杆示范带头作用，提升公司基础管理水平。技术引领类班站科技评价模型具备突出科研创新水平和体现星级标准差异两个显著特征。首先，科技评价模型应当突出科研创新水平。与生产支撑类班站所不同，技术引领类班站所的主要工作职责为科学研究与创新探索，努力积累技术和知识成果。因此，在对技术引领类班站所开展科技评价时，应重视其科研创新能力与成果产出水平。引导技术引领类班站所深入开展前瞻性研究，识别和预测行业新动向，把握技术发展的风向标，确保研究方向与市场需求紧密对接，推动自身科研能力的不断进步与创新成果的持续产出，为提升公司在行业内的话语权和影响力提供有力支撑。其次，科技评价模型应当体现星级标准差异。南方电网公司通过出台《五星科研团队评价标准（2022年版）》，明确了五星班站所的评价标准，广州供电局获得网省公司开展一至四星评价的授权。鉴于此，广州供电局在开展班站所科技评价时，以优中选优、宁缺毋滥为原则，体现不同星级评价标准的差异，从而激发各班站所提升科技创新成效的动力。

　　为了全面评价技术引领类班站所的科技创新表现，并指导其持续优化和发展，根据《广州供电局科研团队星级班组评价标准（2022年版）》《中

国南方电网公司五星科研团队评价标准（2022年版）》，技术引领类班站所科技评价模型共包括科研团队组织建设、科研创新、生产技术支撑三个一级指标。

科研团队组织建设作为一级指标，评价内容全面覆盖了团队的组织管理和运行机制，是衡量班站所科技实力和创新能力的重要维度，下设组织架构、人才队伍建设以及担任标准委员会、专业委员会成员三个二级指标。其中，组织构架用于评价科研团队组织架构情况。良好的组织建设能够提升团队的创新能力和竞争力，促进科技成果的产出。该指标主要关注组织价格设置是否合理，以及各岗位职能分工是否科学等要素。人才队伍建设是班站所科技创新能力的核心支撑，良好的人才梯队与素质能够支撑班站所提高科研产出水平。该指标主要关注基础素质当量、专家人才当量、工龄等要素。担任标准委员会、专业委员会成员这项指标不仅需要统计团队成员在标准委员会或专业委员会中担任职务的数量，还需要评估成员所担任职务的委员会级别，如国际标准化组织、国家标准化管理委员会、省级或行业协会等，以考量委员会在其专业领域内的影响力和权威性。团队成员在标准委员会或专业委员会中的任职情况体现了团队在专业领域的领导力和权威性。

科研创新一级指标旨在衡量班站所科研团队在创新贡献、科技奖励、科技创新平台、创新成果等方面的综合表现。不仅关注科研成果的数量和质量，还关注团队的创新能力和创新环境，是技术引领类班站所科技评价的重要内容。其中，创新研究贡献用于评价技术引领类班站所承担各级科研项目数量、质量与完成情况，包括国家级、省部级等不同级别的科研项目。创新研究贡献指标直接反映了科研团队的创新能力和科研实力，是评价团队科研水平的重要依据。科技奖励主要关注班站所成员获得中国电力科学技术奖、中国电力技术发明奖、中国机械工业科技进步奖等行业性奖励，以及省（部）科学技术奖、技术发明奖、南方电网公司科技进步奖等各类奖项的等级与数量。科研成果包括论文成果、标准成果、专利成果，用于评价班站所的科研成果产出情况。其中，论文成果主要关注团队发表的学术论文数量和质量，考虑期刊影响因子、论文被引用频次等。专利成果用于评估团队获得的专利数量和质量，包括发明专利、实用新型专利等，考量专利的质量，评估专利的创新性、技术深度、市场应用潜力以及获得的专利奖励。标准成果主要关注成员主持或主要编写（修订）的以正式文件印发的技术规范、技术标准、技术手册、管理规定、实施细则、业务指导书等。

生产技术支撑一级指标仅在五星班站所评价时予以考虑，其核心在于衡量班站所在生产过程中技术支撑的能力及其对生产效率、质量和创新的贡献，用于评价团队成员主持或参与解决重大安全和技术问题的参与度。生产技术支撑主要包括两个方面：一是支撑网省两级电网公司，解决规划建设、调度控制、设备运行、安全监督、创新管理、技术标准、网络安全、数字化、计量营销、物资品控等各个领域中的重点生产技术问题，并取得显著成效；二是参与网内外重大直流工程系统研究、成套设计、调试测试等各项工作，解决工程建设各阶段共性或重大技术难题。技术支持能力指班站所在生产过程中提供技术支持的能力，包括解决生产技术问题、优化生产工艺等。通过构建生产技术支撑指标，可以全面评价班站所在电网生产技术支撑方面的能力，为持续改进和优化提供依据，同时促进班站所技术引领作用的发挥。

除上述三个常规一级指标外，为了鼓励班站所开展科技创新活动，对技术引领类班站所的科技评价还引入了加分项指标，重点考察班站所获得重大科技奖励、重要国际标准、表扬奖励情况、人才荣誉或奖励、专利奖励等方面的突出成效。其中，重大科技奖励包括获得国家科学技术奖、中国专利金奖和银奖等奖项的等级与数量情况。重要国际标准是指团队牵头正式立项、发布国际标准情况。表扬奖励情况的评价主要包括两个方面：一是专项工作获得国家、网、省公司的发文表彰表扬；二是技术引领工作得到国家/省/市相关部门、公司、公司部门发文表彰表扬的情况。人才荣誉或奖励指团队成员获得人才荣誉或奖励情况。专利奖励主要指专利产出获得国家/地方专利奖、省网公司等各级专利奖励的情况。

2. 生产支撑类班站所科技评价模型构建

生产支撑类班站所科技评价旨在促进科研团队科研创新能力与对公司

生产的支撑能力，具有重视科技创新水平、强调生产支撑效用和体现星级标准差异三个特点。首先，科技评价模型应当重视科技创新水平。与技术引领类班站所类似，生产支撑类班站所同样也是公司科技创新的重要基础力量，对生产支撑类班站所开展科技评价时，也应当重视其科技创新水平，通过评价引导其积极参与各类各级科技项目，持续产出科技创新成果，为提升广州供电局的科技创新实力，以及运用新兴技术、产品提高生产、管理效率与效益水平提供有力支撑。其次，科技评价模型应当强调生产支撑效用。生产支撑类班站所不仅需要在理论和技术层面上具备较高水平，更要在实际操作中展现其支持生产和提升运营效率的能力，包括推动技术创新和成果转化方面的能力、解决实际技术难题和处理突发事件的表现，以及班站所设施在满足日常生产需求和保障供电可靠性方面的作用。最后，科技评价模型应当体现星级标准差异。与技术引领类班站所科技评价相同，广州供电局在网公司出台五星班站所评价标准，并获得可开展一至四星评价的授权情况下，开展生产支撑类班站所科技评价时，同样坚持优中选优、宁缺毋滥的原则，体现不同星级评价标准的差异，从而激发各班站所提升科技创新成效与生产支撑水平的动力。

为了全面评价生产支撑类班站所的科技创新表现，并指导其持续优化和发展，根据《广州供电局科研团队星级班组评价标准（2022年版）》《中国南方电网公司五星科研团队评价标准（2022年版）》，生产支撑类班站所科技评价模型包括科研团队组织建设、科研创新、生产技术支撑三个一级指标。

科研团队组织建设是指班站所的组织管理水平，是衡量班站所科技实力和创新能力的重要维度。科研团队组织建设一级指标共包括组织架构、人才队伍建设以及担任标准委员会、专业委员会成员三个二级指标。首先，组织构架指标用于评价科研团队组织架构情况，良好的组织建设能够提升团队的创新能力和竞争力，促进科技成果的产出。该指标主要关注组织架构设置是否合理，以及各岗位职能分工是否科学等要素。其次，人才队伍建设指标是班站所科技创新能力的核心支撑，良好的人才梯队与素质能够支撑班站所提高科研产出水平。该指标主要关注基础素质当量、专家人才当量、工龄等要素。最后，担任标准委员会、专业委员会成员指标用于统计团队成员在标准委员会或专业委员会中担任职务的数量，同时通过评估成员所担任职务的委员会级别，如国际标准化组织、国家标准化管理委员会、省级或行业协会等，考量委员会在其专业领域内的影响力和权威性。团队成员在标准委员会或专业委员会中的任职情况体现了团队在专业领域的领导力和权威性。

科研创新一级指标包括创新研究贡献、专利成果和标准成果三个二级指标。其中，创新研究贡献指标是评价班站所科研创新能力的重要维度，不仅考察班站所承担的科研项目数量和质量，还关注项目对科学理论的贡献、新技术的探索深度以及对现有技术的改进效果。专利成果指标进一步体现了班站所在技术创新和知识产权保护方面的成绩。通过申请专利的数量、授权率、专利质量以及专利对产业发展的推动作用等具体数据，全面反映班站所的创新能力和市场竞争力。标准成果指标则评估班站所在行业标准化工作中的贡献和影响力，包括班站所参与制定的国家标准、行业标准的数目、质量及其对行业技术进步和规范化生产的推动作用。

与技术引领类班站所有所区别，生产支撑类班站所还应重点关注其对广州供电局实际生产技术的支撑价值，共包括三个二级指标：其一为新技术、新工艺、新材料、新产品推广与应用，重点关注对生产、建设效率的提升效用和推广实施后产生的效益。其二为竞赛获奖以及主持或参与技改项目的情况，其中竞赛获奖主要考察团队获得国家级、部委级/行业级、省级、南方电网公司级、分子公司级等各级竞赛奖励的级别、数量以及排名情况。主持或参与技改项目主要考察成员主持或参与 A、B、C 各类技改项目的数量，反映班站所在技术改造和升级方面的参与度和贡献。其三为主持或重点参与解决重大安全和技术问题，用以评估班站所在面对行业或企业内部重大安全和技术挑战时的应对能力，包括对问题的识别、解决方案的提出以及实施效果的评估。

为了鼓励班站所开展科技创新活动，班站所的科技评价模型还引入了加分项指标，重点考察班站所获得重大科技奖励、重要国际标准、表扬奖励、人才荣誉或奖励、专利奖励等方面的突出成效。其中，重大科技奖励包括获得国家科学技术奖、中国专利金奖和银奖等奖项的等级与数量情况。重要国际标准是指团队牵头正式立项、发布国际标准情况。表扬奖励情况的评价主要包括两个方面：一是专项工作获得国家、网、省公司的发文表彰表扬；二是技术引领工作得到国家/省/市相关部门、公司、公司部门发文表彰表扬的情况。人才荣誉或奖励指团队成员获得人才荣誉或奖励情况。专利奖励主要指专利产出获得中国专利奖，省、网公司等各级专利奖励的情况。

（四）要素级科技评价模型构建

广州供电局要素级科技评价模型包括科技项目评价模型、成果评价模型、创新平台评价模型和科研人才评价模型四个基本子模型，且各子模型之间相互关联，评价指标有所交叉，共同构成了广州供电局"1224"科技评价体系的基础。

1. 科技项目评价模型构建

科技项目评价是确保科研项目目标达成、资源合理分配和科技创新有效推进的重要环节。为提升科技项目实施的综合效能，依据《广州供电局科技项目管理细则》，广州供电局基于分级分类导向构建科技项目评价模型。科技项目评价的项目包括科技引领类、生产支撑类、产业创新类、平台建设类、成果转化类、示范工程类六个类别。

科技引领类项目是指聚焦基础性、紧迫性、前沿性、颠覆性技术，坚持目标导向，发挥广州供电局战略级技术专家、联合研究院高校专家等内外部专家资源优势，开展基础零部件/元器件、基础材料、基础软件、基础工艺、基础高端装备等研究，合力解决广州供电局战略发展技术方向存在的基础性底层共性问题，支撑原创技术策源地打造、国家级实验平台建设、高层次人才发展以及核心竞争力培育的科技项目。对科技引领类项目开展评价时，突出原创导向，加大科学价值与技术价值的评价权重，鼓励科研人员大胆探索。在评价过程中，一是需要深入分析项目的理论贡献，考察其是否提出了新的科学概念或提出了新的方法或技术，对现有理论是否进行了重要的补充和完善。同时，随着学科交叉融合的趋势日益明显，基础研究项目在促进不同学科间的知识交流和整合方面的作用不容忽视。二是需要评估研究的质量，包括研究设计的合理性、数据分析的深度以及研究结论的可靠性。三是要关注项目研究对解决公司战略发展技术方向存在的基础性底层共性问题的作用价值。四是需要注重论文、专利、标准等学术成果的输出以及对科研人才培养的促进作用。

生产支撑类项目面向生产一线，坚持问题导向，重点解决广州供电局总部及所属各单位在工程建设和生产运行中面临的技术难题，旨在通过创新性研究开发、科技成果转化应用，切实提升业务水平，支撑本质安全企业建设与现代供电服务体系打造的科技项目，以及为提升广州供电局科技创新管理水平而实施的改革、战略、规划、策略、评价等体制机制研究类项目。生产支撑类项目的评价突出问题导向，着重评价其成果的技术价值和应用价值，引导成果高质量解决实际问题。在评价过程中，首先关注科技项目是否针对特定的实际问题提供了有效的解决方案。这些问题可能源自工业生产、社会管理、环境保护等多个领域，项目的成功实施应能显著提升相关领域的技术水平、经济水平或管理效率。其次，重视科技项目成果的技术成熟度和创新性，评估其是否代表了技术进步的方向，是否具备转化为实际生产力的潜力，以及满足市场需求和实现商业化的市场潜力。最后，还应关注其成果的应用效果。一方面，要重点考量成果应用带来的效益水平，包括成本效益分析、投资回报率和市场竞争力等；另一方面，还应考察成果应用效益的技术、经济和环境可持续性，即项目成果不仅要在短期内有效，还要在未来一段时间内保持其应用价值和竞争力。

产业创新类项目指围绕广州供电局战略性新兴产业、未来产业发展，由新兴业务类部门或单位经过研究提出具备巨大市场价值、可推广范围较广的研究方向，由新兴业务类部门或单位主导并联合其他分子公司采取"众筹制"实施的科技项目。产业创新类项目的科技评价强调项目对新兴产业发展带来的支撑价值，以及相应的经济效益水平。

平台建设类项目指为夯实广州供电局科技基础开展的创新平台建设或对原有创新平台进行升级改造的科技项目。平台建设类项目重视其对原有平台升级的必要性，以及对平台等级提升带来的支撑价值。

成果转化类项目指面向广州供电局自主创新成果产业化、产品化，重点解决自主创新成果从样品样机向市场化成熟产品转化过程的技术、经济、标准问题，通过开展产品迭代、试验检验、技术鉴定、专利匹配度分析、专利二次布局、挂网试运行、制定全生命周期标准制定等内容，进一步提升产品市场化水平与产业化能力。成果转化类项目评价时坚持结果导向，即以市场反馈作为成果经济价值的直接体现，项目的成功不仅在于技术创新，更在于成果能否被市场接受并转化为商业价值。在评价过程中，一是需要评估项目成果是否真正解决了用户的痛点，满足了市场的需求，包括技术成熟度、用户满意度、市场占有率和品牌影响力等方面。二是需要评估项目的商业化潜力，考察项目成果的市场接受度、销售潜力和盈利模式，比如通过市场销售额、利润率等反映项目成果的经济价值和盈利能力的指标进行评价，确保项目成果具有实际的商业价值。三是需要关注项目成果的技术转化效率，用来评估项目从研发到市场推广的整个过程，包括转化的时间成本和经济成本。

示范工程类项目指为将科技项目研发成果应用于电网工程的科技项目。对示范工程类项目进行科技评价时，须考量项目带来的示范引领作用，以及对提升电网工程效率、支撑网架结构建设等方面的支撑价值。

广州供电局按照科技项目全过程评价的思路，重点从立项、中期、验收、后评价几个环节开展科技项目评估，加强项目全过程管理，实现对不同阶段重点环节的实时跟踪，提高项目全生命周期的统筹管理能力。此外，通过开展项目后评价，实现对于项目投入产出水平、实施价值的评估，后评价结果反馈人才评价，进而发现具有高价值的项目以及有潜力的团队，提高科研经费投资的精准管控水平。

广州供电局具有特色的科技创新项目评价模型具体包括科技项目的立项阶段管理水平、实施过程管理水平和项目成果实施效用水平三个维度（表8.1）。其中，项目立项阶段管理水平决定了项目立项的必要性以及后续成果产出质量，在项目申报后开展，从研究必要性、研究可行性和管理规范性三方面对广州供电局科技项目立项阶段管理水平进行评估。项目实施过程管理水平是及时了解项目执行情况，发现并解决相关重大问题的重要抓手。

项目实施过程管理水平具体包括项目阶段性任务完成情况、项目成果产出水平及项目资料与经费管理情况三个二级指标，在项目中期后开展评价工作。最后，项目成果实施效用水平主要用于评估项目成果为公司发展、人才培养等方面所带来的延展效用，通常在项目验收完成一段时间后开展，如项目结题后2~5年。科技项目评价模型如表8.1所示。

表8.1　科技项目评价模型

一级指标	二级指标	评价时间节点
立项阶段管理水平	项目策划水平	项目申报后
	预期成效水平	
实施过程管理水平	项目阶段性任务完成情况	项目中期评审后
	项目成果产出水平	项目验收评审后
	项目资料与经费管理情况	
成果实施效用水平	成果创新价值效用	项目结题后2~5年
	成果业务支撑效用	

因不同类型项目的特点有所不同，所以在对其进行成果效用水平评价时的关注点和导向也各有侧重，为此构建了差异化的评价模型和指标体系。对于科技引领类项目，主要关注成果所带来的创新价值效用以及对广州供电局发展的支撑效用。论文、授权专利等高价值知识产权产出情况和相关的科技奖励情况是判定成果创新价值效用的关键，而在项目验收后项目团队人员获得荣誉情况以及项目成果进一步获批科技项目情况等是判定企业发展支撑效用的关键。对于业务支撑类项目，主要关注成果所带来的创新价值效用以及成果的推广与转化效用。成果创新价值效用的判定与基础类研究项目相同，而项目成果在广州供电局内部推广应用以及外部市场转化效益是判定成果推广与转化效用的关键。对于成果推广类项目，主要关注成果推广应用规模以及成果推广应用效益。成果推广应用规模可根据项目成果在广州供电局内部应用情况以及外部市场份额占有率进行判定，成果推广应用效益主要根据成果转化的市场经济效益以及投入产出比进行判定。6类科技项目成果效用评价的差异如表8.2所示。

表8.2　6类科技项目成果效用评价的差异

项目类型	成果创新价值效用	成果业务支撑效用
科技引领类	高价值知识产权产出情况、重大科技项目立项情况、科技奖励情况	成果应用范围、成果应用/转化经济效益、人才培养支撑效用
生产支撑类	高价值知识产权产出情况、科技奖励情况	成果应用范围、成果应用/转化经济效益、人才培养支撑效用
产业创新类	高价值知识产权产出情况	成果应用范围、成果转化达到的市场份额、成果应用/转化经济效益、人才培养支撑效用
平台建设类	—	平台等级认定支撑效用、平台创新项目申报支撑效用、平台成果产出支撑效用、成果应用/转化经济效益、人才培养支撑效用
成果转化类	—	成果应用范围、成果转化达到的市场份额、成果应用/转化经济效益、人才培养支撑效用
示范工程类	—	成果应用范围、成果示范效用、成果应用/转化经济效益、人才培养支撑效用

2. 科技成果评价模型构建

科技成果是指通过科学研究与技术开发所产生的具有某种被公认的学术或经济价值的知识产品。中国科学院在《中国科学院科学技术研究成果管理办法》中把科技成果界定为：对某一科学技术研究课题，通过观察实验、研究试制或辩证思维活动取得的具有一定学术意义或实用意义的结果。广州供电局将产出的科技成果按其研究特性划分为科技类成果、高价值专利成果、重大装置成果、系统成果、职创成果共5个类别。不同类型科技成果具有不同的特点，对其进行评价时也应采取不同的评价导向。

科技类成果主要指通过科学研究、技术开发、应用推广所产生的能够显著提高企业、行业生产力水平的新技术、新工艺、新材料、新设计、新产品等，以及在建设工程项目过程中形成的创新成果。科技类成果具有原创性和创新性、可行性和市场潜力等特征。对其进行评价时首先应遵循创新性导向，深入分析成果的创新点、技术突破、设计新颖性以及相对于现有技术的改进程度，以判断其原创性和创新性。其次应遵循可行性导向，评价时重点考察项目成果的实用性和可靠性。最后应遵循市场导向，通过对科技成果的市场需求、竞争优势和盈利能力进行评估，进而识别出具有商业潜力的技术成果。

高价值专利成果，是指符合国家重点产业发展方向、专利质量较高、价值较高的有效发明专利，其形式可能为一个专利或以一个核心专利为主，配套其他相关专利形成的专利组合。对高价值专利成果进行评价时应注意以下特征：一是成果应具备创新性，包括原创性、新颖性和突破性。二是基础理论类成果具有战略性，评价模型应遵循战略性导向，从企业整体发展战略的角度评价知识产权对企业核心竞争力的提升作用，以及其在市场布局、技术发展、行业影响等方面的作用。三是成果应受到法律保护，对其进行评价时应遵循法律地位导向，通过考察成果的法律状态确保属于合法有效的知识产权。

重大装置成果指在国内实现重大技术突破、拥有自主知识产权、能够显著提升企业生产效率、解决行业关键技术问题的装置类成果，包括成套设备、整机设备及核心部件、控制系统、基础材料、软件系统等。重大装置成果评价时重点关注成果是否处于科技发展的最前沿，能够体现科学性、前沿性和引领性，以及是否具备较高额度经济与安全价值，对于提升国家综合实力、保障能源安全等具有深远的影响。

系统成果主要指通过运用现代科学理论，或采用先进技术方法、手段等进行改进与创新，促进科技成果转化，对促进科技进步、保障系统安全、提升企业效率效益有明显作用的系统集成性成果。对系统成果进行评价时，不仅应重视对其科学性和重要性的考量，更应从产业和系统的角度对其转化应用潜力和产生的影响力进行宏观性判定。

职创成果主要指职工在工作岗位上，通过自主创新，进行技术攻关和工艺、流程再造，解决企业、行业在生产过程中的疑难问题，促进技术进步，具有原创性和实际推广价值的成果。与系统成果的评价导向类似，相

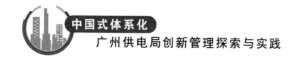

比于对技术创新产生的科学价值，职创成果的评价也应当更倾向于应用价值的考评。

由科技成果的定义可知，科技成果是指具有某种被公认的学术或经济价值的知识产品，因此广州供电局以成果价值为导向，从科学价值和应用价值两个维度对成果进行评价。在科学价值方面，成果原创性以及成果重要性是评估基础理论类成果科学价值的重要依据。具体而言，成果原创性是指该基础理论类成果是否具有自主创造、首次发现、首次提出等鲜明的创新度特征，以及是否具有开拓新领域、新方向、新视角等鲜明的先进度特征。成果重要性是指成果产出是否对解决国家、行业以及广州供电局的关键技术问题产生明显促进作用。此外，成果受认可程度和在相关领域内产生的影响力也是评价成果科学价值的重要指标。应用价值方面，主要包括成果在企业内部的应用价值以及市场外部的推广价值。需要评估成果产出后是否具备转化、应用的潜力，以及成果应用带来的技术经济效益。

3. 创新平台评价模型构建

创新平台是企业优质创新资源的聚集地，是科技创新的重要载体以及科技力量的重要组成部分。根据创新平台评审级别的不同，广州供电局将创新平台划分为国家级、省部级/网公司级创新平台及局级创新平台。其中，国家级、省部级/网公司级创新平台是指由国家、广东省以及网公司经过评审认定后予以批复的创新平台。局级创新平台是指由广州供电局认定的创新平台，是企业建设高水平创新平台的基础依托。

广州供电局按照科学性、全面性、导向性、可控性和定性定量相结合的原则，结合创新平台自身的发展特性，从创新平台运行管理水平、科技创新水平、物质保障水平、合作交流与开放共享水平以及创新成效五个维度出发，构建了创新平台评价模型，制定了两套创新平台评价的指标体系，分别适用于国家级、省部级/网公司级创新平台以及局级创新平台。

良好的运行管理能够为科研活动提供稳定和有序的环境，从而提高科研效率和成功率，具体体现在发展规划、组织管理、制度建设等方面。其中，发展规划包括发展目标规划情况和科研方向落实情况，这些指标能够反映创新平台对未来的规划和定位。组织管理包括学术委员会组成与履职情况、其他机构设置与运行情况等，可以评价创新平台的组织结构和管理效率。制度建设包括实验室主任负责制以及其他制度供给水平等指标，是创新平台规范性和制度化程度的体现。

科技创新水平是衡量平台创新活动的关键指标。高质量的科研活动能够产生深远的影响，不仅能够推动科学理论的发展，也能够促进技术的应用和产业的革新。科研成果产出是创新平台科研能力和创新水平的直接体现，主要包括承担的重大科研项目数量、原始创新或重大技术攻关情况、对领域发展的贡献情况、科研奖励情况和知识产权产出等定量和定性指标。人才队伍建设情况也是科技创新水平的重要体现之一，人才是科研创新的主体，一个高质量的科研团队不仅需要有学术带头人引领方向，还需要有一批国家级人才作为中坚力量。

物质保障水平方面，科研环境与条件是创新平台开展科研活动的必要支撑。先进的科研设备能够为科研人员提供更多的实验手段和更精确的实验结果，而充足的研发场地则能够保证科研团队有足够的空间进行实验和讨论。此外，经费保障是创新平台科研活动的重要支撑。

合作交流与开放共享水平方面，在当今科学研究快速发展的背景之下，跨学科和跨领域的合作与交流已成为推动创新的关键因素。合作交流不仅能够促进不同领域知识的融合，还能激发新的研究思路和方法，加速科学发现和技术突破。创新平台作为科研工作的重要基地，其开放共享的程度直接影响着其在学术界的影响力和竞争力。其中，科研交流情况是衡量创新平台学术交流和合作能力的重要指标。通过主办或承办高水平学术会议和技术委员会议，创新平台能够吸引国内外顶尖学者分享最新的研究成果，提升平台的学术声誉，为科研人员提供学习和成长的机会。同时，主持或参与跨单位联合攻关项目，显示了平台在解决复杂科学问题中的领导力和合作精神，有助于平台构筑在研究领域的权威地位。开放共享情况则是创新平台对外展示其科研成果和资源的重要途径。通过设立开放课题经费规模，创新平台能够支持更多的研究者进行探索性研究，促进知识的创新和传播。硬件设备的开放共享，不仅能够提高设备的使用效率，还能够吸引更多的科研人员利用这些设备进行研究，从而扩大创新平台的学术影响力。

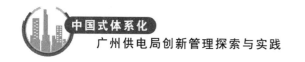

科技资源成果的共享，如数据、软件、专利等，能够为更广泛的研究者提供研究基础，推动学科领域发展。

创新成效是创新平台科技水平的直观体现之一，可以通过获得的科研奖励情况，重大项目立项与实施水平和高端人才培养情况三个指标进行评价。其中，科研奖励主要包括国家级奖励和省部级以及网公司级奖励，重大项目是指创新平台承担的国家重点研发计划、国家自然科学基金等国家级、省部级、网公司级项目，高端人才培养可以从国家级、省部级人才称号的获得情况进行评价。

4. 科研人才评价模型构建

科研人才是科研项目的执行者，是项目成果转化的推动者，科研人才评价模型是组成广州供电局"1224"科技评价体系的基础之一。广州供电局在南方电网公司专业技术专家（专家序列）评价模型的基础之上，进一步参考科技部《关于开展科技人才评价改革试点的工作方案》，并结合企业实际情况，构建具有广州供电局特色的科研人才评价模型，评价结果在人才引进、选拔、培养和使用等具体环节中广泛应用，通过绘制人才画像，使科研人才培养具体化、清晰化。

科研人才知识、技能和经验的积累和沉淀是一个复杂且长期的过程。为了更好地建设科研人才队伍，帮助、支持科研人才开展科技创新工作，广州供电局在构建科研人才评价模型时，基于不同阶段人才成长的客观规律，针对青年人才、领军型人才以及颠覆性人才3个类别制定了不同的评价指标体系。

青年人才是指40岁以下从事科技创新工作的优秀科研人员。青年人才处于创新创造力的高峰期，是广州供电局战略人才力量的重要组成部分。广州供电局高度重视青年科技人才队伍建设，将培育战略人才力量的重心放在青年科技人才上，给予青年人才更多的信任、更好的帮助、更有力的支持，支持青年人才"挑大梁"、当主角。

创新型人才是指40岁以上、从事科技创新工作、在行业内具有较高的知名度、在某一技术领域具有一锤定音的影响力的优秀人才，甚至是科技创新领军人才的权威专家。创新型人才是广州供电局落实创新发展战略的核心支撑，在解决行业重大问题、开展关键技术攻关以及高水平科研成果产出和促进成果转化等方面发挥领军作用。

颠覆性人才是指能够产生原创性、颠覆性成果的人才，在行业内能够推动技术创新和产业发展，具有改变行业发展态势的能力。随着技术的快速发展和社会对创新的需求增加，颠覆性人才的培养成为教育领域的重要议题。广州供电局始终强化颠覆性创新人才的挖掘与支持，力争实现创新领域从并跑到领跑，多学科产业率先进入无人区、率先制定行业规则、率先实现技术创新引领产业发展的创新目标。

广州供电局科研人才评价模型从创新能力与素养、创新工作完成质量和创新成效产出水平三个维度出发，对创新人才进行全面评价。

创新能力与素养维度：一方面，科研人员应当遵循科技伦理与学术道德规范，在科研活动中必须遵守科研诚信原则，尊重知识产权，确保研究的公正性和透明度。另一方面，科研人员还应具备较好的创新能力，能够通过对现有研究领域的深入理解和前瞻性思考，完成对学科发展趋势的洞察。创新能力可以通过国际及行业组织的专业任职情况、人才荣誉奖励获得情况予以评估。

创新工作完成质量维度：主要包括科研人员在参与科技项目策划与实施、科研成果产出、创新平台建设等方面作出的贡献与工作质量。其中，在科技项目策划与实施方面，主要考察科研人员牵头、参与的科技项目实施质量，实现人才评价与科技项目评价的关联；科研成果产出方面，主要关注科研人员牵头、参与的科研成果产出水平，实现人才评价与科研成果评价的关联；创新平台建设方面，主要关注科研人员负责、参与的创新平台的运行水平。

创新成效产出水平维度：用于评价科研人才在科学探索和技术突破方面的成就，不仅包括人才能够解决重大科技攻关项目中的关键技术问题，更在于其采用新方法、新技术，有效提高生产、建设效率的创新实践。具体包括科技攻关方面的贡献（如申请重大项目攻关或取得关键性进展）、推动成果转化的贡献（如提高成果转化效益、为成果转化吸引投融资）、推动首台（套）重大装置产出方面的贡献、获得高层次科技奖励方面的贡献等指标。

第九章 构建企业创新平台体系

一、构建"平台赋能、资源聚合"的电网科研组织架构

广州供电局借鉴国内外科学理论和企业经验，结合自身实际情况，对组织架构进行改革，创建"敏捷型前台、赋能型中台、服务型后台"的新型平台型组织模式，确保科研项目高效推进，减少中间环节拖延和资源浪费，提升整体运营效率。

（一）构建敏捷型科研前台，强化创新驱动引擎

为了优化资源配置并增强创新能力，通过梳理和整合分散在不同单位中的实验室资源，广州供电局构建了一个统一且高效的创新平台。立足广州供电局"创先引领、标杆示范""中心 窗口 标杆"的企业定位，特在广州供电局试点开展地市级实验室建设。构建具有广州特色的实验室管理体系，进一步强化实验室作为专业领域创新发展自主实施主体地位，提升科技体制改革成效，打造开展关键核心技术攻关、重大成果转移转化、战略性新兴产业布局、领军创新人才引育、对外国际交流合作等工作的重要依托力量，为央企创新实验室建设提供借鉴样板。

1. 实验室管理体系设计思路

以习近平总书记关于创新工作的重要论述为指导，应用 ISO 56000 创新

管理系列国际标准工具和 SMECOP 六步法，全面落实南方电网公司改革深化提升行动工作部署，坚持合理放权、有效监督、优化服务相结合，推进项目、平台、人才、资金一体化配置，支持实验室在重大科技任务中"挑大梁"当主角，促进实验室核心技术攻关能力日益增强、中国电力科学研究创新服务支撑能力逐步提升、公司创新活力充分释放。

通过构建项目、平台、人才、资金一体化配置的新型创新平台管理机制，着力提升实验室开展关键核心技术攻关、重大成果转移转化、战略性新兴产业布局、领军创新人才引育、对外国际交流合作等科技创新能力，支撑公司科技体制改革取得显著成效。

2. 实验室管理体系架构设计

创新构建具有广州供电局特色的三层创新实验室管理架构，明确各层级实验室的功能定位。基于"国家级、省部级、网公司级、分子公司级"实验室架构，创新构建具有广州供电局特色的三层创新实验室管理架构，明确各层级实验室的运作机制。广州供电局三层创新实验室管理架构由局一级实体化创新实验室及局二级、三级柔性创新实验室构成。局一级实体化创新实验室以发展成为省部级及以上等级实验室为目标，以实体化形式运行，具备良好的实验室科研基础，拥有固定、先进、成规模的科学仪器设备，研究方向聚焦、可持续，具有明显的行业领先优势，重点培养战略（杰出）级技术技能人才，服务广州供电局科技战略需求和实际生产需要，代表局实验室体系的顶尖力量。二级柔性创新实验室具备较好的科研基础，拥有相对固定的科学仪器设备，研究方向聚焦、可持续，具有明显的领先优势，重点培养领军级技术技能人才。三级柔性创新实验室拥有一定的科研基础，研究方向聚焦、有特色，重点培养拔尖级技术技能人才。

构建二级、三级实验室集群，在全局范围内组建专业人才形成柔性化的研究团队，以灵活的组织形式迅速地响应市场变化和技术发展趋势，由业内专家和资深科研人员负责指导管理，积极推动跨部门合作，促进资源共享和信息交流，实现多方协同创新，提高研究效率和成果转化率，以培育新的技术方向和推动产业创新为目标，代表了局实验室体系的储备力量。当二级、三级实验室发展至技术成熟、产业应用价值明确、资源整合能力强、具有较高影响力和认可度、持续保持创新能力和发展潜力的阶段时，可经评审晋升为一级实验室。

三层创新实验室管理架构推动产学研用深度融合，集中力量在优势领域做大做强，孵化产出增长潜力和爆发力较强的产品，推动核心技术突破与应用，进而解决生产实际问题或引领生产方式变革，有助于打造具有国际竞争力的创新高地。

3. 创新实验室运行机制建设

（1）实验室主任负责制机制。

实行牵头单位领导下的实验室主任负责制，赋予实验室主任项目申报自主权、跨单位借用人才建议权、跨单位科研装备及场地使用权、技术路线选择权、实验室成员评价考核权。

（2）稳定与流动相结合的成员管理机制。

实行稳定与流动相结合的成员管理机制。实验室主任、专业实验室负责人及学术带头人采用聘任制，在聘任期内形成相对稳定的核心骨干成员。实验室研究成员以研究项目为基础，随项目执行周期进入或退出实验室。

（3）以属地管理为基础的实验室主人责任机制。

实行以属地管理为基础的实验室主人责任机制，按照"发挥属地管理优势、落实属地管理责任"的原则，确保实验室基础设施、仪器设备等重要物理资源建设好、维护好、利用好，做到物有所属、物有所值。

（4）统一负责的科研项目立项机制。

实行统一负责的科研项目立项机制。公司实验室科技项目立项由各专业项目组组织提出，经公司实验室统一组织评审后进行上报。重大研究方向、国家级重大研究项目由公司实验室统一部署，各专业项目组及其相关的研究方向团队分工负责。

（5）构建产学研用深度联合建设机制。

鼓励实验室探索与国内知名高校、科研院所及高新企业搭建多方合作科技攻关、资源共享、聚集人才、成果培育的联合建设模式；鼓励公司内各部门、单位之间联合申报创新实验室，申报时需明确创新实验室牵头单位和参与单位，创新研发工程师可跨单位以柔性形式参加实验室工作，充分发挥人才资源价值。

（二）建设赋能型组织中台，高效服务科研创新

为了打破部门壁垒并促进科技创新与成果产业化，广州供电局构建了一个由业务中台和数据中台组成的创新服务中心。业务中台以创新发展部为核心，通过建立科技情报系统和服务支撑体系来全方位支持科研项目的全流程管理，包括从项目策划到成果转化的各个环节。科技情报系统的建设遵循了"公司科技情报一体化管理"的原则，通过整合内外部情报资源，实现了环境监视、市场预警、技术跟踪等功能，并提供了文献参考、情报分析等服务。此外，业务中台还发布了《创新实验室运作指引》等，明确了科技创新与成果转化的服务流程和支持措施。实验室产出的科研成果应做好成果归集，同一科研成果不得在不同创新实验室重复使用；各级实验室应落实网公司成果知本券管理模式，将"成果知本券"引入实验室管理中，按照网公司发布的成果知本券规则及使用详解，运用成果知本券推进创新成果转化，充分激励创新实验室成员。数据中台则通过升级技术和整合数据资源，为科技研发提供数字赋能。该中心基于网级大数据平台，采用了微服务和中台设计理念，研发了一系列数据处理技术，并建立了涵盖科技项目、知识产权等领域的数据仓库，实现了数据的高效管理和智能化利用，为科研工作提供了强有力的数据支持。

（三）打造服务型职能后台，全力支撑科研创新

为了提升科研服务效能并确保前线运作的规范与标准，广州供电局整合了党建人事部、综合部以及安全生产部，共同构建了一个高效且专业的职能后台。该后台旨在为前台和中台提供全方位的基础保障服务，具体包括：党建人事部通过强化组织建设和纪律监督来发挥党建引领作用；综合部则负责财务管理、行政办公、教育培训和综合管理等工作，确保后勤保障的稳定有序；安全生产部则负责建立健全安全管理体系，保障科研工作的顺利开展及人员的生命安全。这些措施共同确保了对科研活动的有效推进和支持力度。

二、构建"业技融合、数智赋能"的业务运作支撑体系

以业务和技术融合为理念指导，围绕科技创新策划、科技创新攻关、科技创新成果、科技创新资源、科技创新生态等创新业务领域，开展平台型组织"管理机制"及"数字化系统"融合建设。在数字化系统建设方面，打通创新域、人资域、财务域的数据底座，建设了一系列数字化和智能化系统，强化创新驱动、数智驱动；在管理机制建设方面，基于数字化管理系统，进一步优化和完善管理机制建设，高效服务和支撑科技创新。

（一）科技创新策划领域

为了提升实验室集群的决策效率与科研创新能力，广州供电局构建了科技创新决策分析系统，并优化了创新实验室管理委员会的决策机制。该决策分析系统能整合各类科研数据并利用机器学习技术提供智能化决策支持，帮助管理委员会在研究方向、技术委员会人选、资金预算等方面作出更加精准的决策。同时，通过设立运作管理委员会，实现了实验室集群的专业统筹与精准决策，提升了整体运营效率和资源配置的优化水平。运作管理委员会遵循科学、民主、依法决策的原则，通过定期会议讨论重大事项，并明确决策执行细节与监督机制，确保决策有效执行和持续改进，进而推动实验室集群持续健康发展。

（二）科技创新攻关领域

为了加强科技项目的全过程管理并提升科研效能，广州供电局构建了科技创新攻关管理系统。该系统涵盖需求管理、立项管理和研发管理等多个模块，旨在通过一次录入多端使用、文档智能辅助校核、专家智能推荐邀约和项目实时监控预警等功能，实现项目的精准管控与科研人员负担的减轻。在此基础上，还完善了试制试产一体化全过程闭环管理机制，为科研项目提供从研发到产业化的全流程服务和支持，加强了事前计划、事中控制监督及事后总结分析，以确保科研计划的顺利完成，并促进科技成果的有效转化和应用，从而实现从基础技术突破到大规模商业应用的全过程管理，提高科技竞争力。

（三）科技创新成果领域

为了加速科技成果转化和产业化进程，广州供电局构建了科技创新成果转化撮合系统。该系统围绕成果转化申请、撮合、实施和分红等流程，实现了流程自动化流转、成果可转化性智能分析、成果发明人合作分析及智能化创新奖励奖金分配等功能，旨在简化成果转化流程、提高成果转化效率和质量。在此基础上，进一步优化了高价值专利培育与运营管理机制。通过建立健全差异化资源匹配、全过程动态质量管理及专利服务机构合理评级等机制，强化了专利产出质量和效益的提升。这一系列措施旨在以高价值专利为核心，推动战略性新兴产业的高质量发展，以"高价值专利申请强化核心技术保护"为导向，通过多元化的专利运营策略释放高质量专利的价值，实现科技成果向实际应用的有效转化。

（四）科技创新资源领域

为了优化科技创新资源的管理与利用，广州供电局构建了科技创新资源管理系统。该系统围绕科研平台的组建认定、运行管理及评价改进等方面，实现了线上化管理，并支持实验室集群内的设备和人员资源共享。该系统具备创新实验室管理、资源协同共享管理、创新平台组建认定业务模块、创新平台建设运行业务模块以及创新平台评价改进业务模块等功能。在此基础上，进一步建立了科技创新资源信息协同共享机制，加强了实验室内部、中国电力科学研究院部所间以及局内相关单位之间的高效协同。该机制遵循协作、统一、安全和持续的原则，通过整合资源信息，打破了信息孤岛，促进了资源的高效利用和共享，提升了业务响应速度和创新能力。通过实施这一机制，实现了物理设备的集中管理和高效利用，并通过数据中台的建立，打破了数据孤岛，提高了数据资源的利用效率。此外，该机制还实现了人力资源的灵活调配和高效利用，促进了员工之间的交流

与合作，并充分利用研究生工作站的优势，加强了与高校的合作，为实验室引入了更多的人才资源。

组建南方电网公司数字能源电力系统联合实验室，以"践行绿色低碳发展理念、服务大湾区建设、引领数字能源电力系统发展"为总目标，定位智慧综合能源系统等研究方向，统筹"产学研"各方创新资源，建设开放、共享的数字能源电力系统公共服务及创新平台，"十四五"时期打造了国内支撑新型电力系统建设的数字能源电力系统重点实验室。

大力推进南方电网公司新能源联合实验室建设，支持发挥广州供电局氢能中心的南网氢能创新主体和作为中欧能源技术合作创新牵头单位（氢能领域）的平台作用，网内协同云南电网公司、南网科技公司等单位的创新能力，网外联合"产学研用"优势单位布局核心方向开展技术攻关，解决面向电氢协同低碳技术发展和成果应用的关键问题，加强设备、零部件以及并网领域的检验检测能力建设，"以我为主"构筑具备一流研发能力和检验检测能力的电氢协同创新生态，为未来电氢耦合系统规模化建设和商业化运营做好人才、技术、平台储备。

一是打造电氢协同原创技术策源地：攻克面向能源电力应用的"卡脖子"技术，在新型电解制氢与高安全固态储氢技术、电氢耦合系统协同运行控制技术等方向推动国产化，实现由跟跑到并跑、领跑；研制适用于新型电力系统的电解制氢和燃料电池的成套系统，打造能源领域首台套装备；打造具有引领性的电氢协同低碳能源枢纽及氢能综合利用示范区，实现电氢协同运行；建立电氢耦合关键技术标准，支撑行业规模化发展。二是支撑新兴业务发展：面向电网应用场景，以服务电网主业、解决一线生产难题为导向，通过研发、验证、迭代加强技术成熟化应用，提供技术支持。对可复制可推广的产品和解决方案，由系统内新兴业务单位进行创新成果的转化孵化和商业模式推广，增强企业发展新动能。

（五）科技创新生态领域

为了优化科技创新生态链的管理与协同，广州供电局构建了"科创生态链"管理平台。该平台围绕行业协会学会管理、专家委员会管理、科创生态链伙伴管理等流程，实现了线上化的管理和顺畅的外部生态链合作伙伴与广州供电局之间的学术交流、合作洽谈与科研协同。该平台具备生态链合作单位及团队管理、行业协会"一站式"管理及专家委员会智能辅助评价等功能，能够高效链接内外部科研力量，实现行业协会学会相关业务的全流程线上运转，并支持专家咨询业务的线上运转及专家委成员的智能辅助评价。基于该平台，探索构建了"科创生态链"敏捷协同研发组织模式，聚焦与外部合作伙伴的生态链接，解决了创新与产业存在的"两张皮"问题，改善了成果转化市场化程度不高、成果多处于样机状态等问题。该模式在研发策划阶段构建了核心产品的技术基因图谱，而在实施阶段则通过联合多方资源，采用模块化研发思路，与生态链单位同步攻关，快速产出功能样机，实现了创新链向产业链的高质量转化。

三、做好平台建设保障工作

（一）打造科技创新"高端智库"

为适应新形势下广州供电局创新发展需要，全面推动创新管理体系建设任务落地落实，有序推进广州供电局专家委员会（以下简称"局专家委"）常态高效运转，全力打造局科技创新"高端智库"。

1. 创新策划方面

（1）强化创新规划实施。全面贯彻国家碳达峰碳中和等重大战略以及创新工作相关重要部署，落实国家重要文件和网省公司创新会议精神，承接网省公司科技规划，统筹考虑广州供电局发展基础、资源条件和重大风险防范等，科学测算创新驱动规划发展目标，深度参与广州供电局"十五五"创新驱动规划工作，为广州供电局做好科研方向总体布局出谋划策。

（2）强化体系优化升级。按照网公司管理体系升级工作要求，结合ISO 56000创新管理体系国际标准，深度参与局创新管理体系建设，重点推进、分步实施，助力局打造央企创新管理体系和科技体制改革示范标杆，指导相关成效在国内权威媒体进行通信报道。

（3）强化重大项目策划。充分发挥专家委员在新型能源体系、新型电力系统等相关领域的"出题者"作用，聚焦国家战略落地、前瞻性研究、原创技术策源地建设，深度指导"超大型城市电网柔性多端互联技术、关键装备及工程示范""超大城市高可靠新形态智能配电技术示范工程""550kV真空开断环保型全封闭组合电器关键技术及设备研制"三项"科技创新2030"智能电网重大项目指南申报，助力提升项目策划质量。

2. 创新实施方面

（1）强化重大项目实施。探索聘任委员担任在研重大科技项目的第三方责任专家，指导项目高质量实施。聚焦业务领域关键问题、共性问题，提请专家委员协助制定科技项目指南。参与科技项目过程监督，以专家身份参与项目中期验收、结题验收等关键节点，对科技项目实施质量、科技成果等开展评价。

（2）强化创新奖励策划。持续完善内外协同的创新奖励评审机制，邀请专家委员直接参与广州供电局奖励的材料评审和答辩评审，采纳多方意见对报奖成果进行评估、提升和整合。邀请专家委员开展全过程、体系化的创新奖励培训，通过专题奖励培训、一对一培训、内审评价等多种形式助力项目组冲刺高等级奖项。

3. 创新回顾方面

支持广州供电局开展分类创新评价体系的建设，构建多维度的科研要素指标和评价模型，涵盖创新经费、创新项目、创新平台、创新成果、创新影响力等因素，为开展单位创新评价、科技评价改革、科技成果转移转化、实验室建设、创新人才培养等提供支撑，助力形成以质量、绩效、贡献为导向的评估价值观，促进科技与经济社会发展。

4. 创新支持方面

（1）强化创新平台建设。深入参与构建布局合理、运行高效的创新实验室体系，推荐外部兼职委员加入技术委员会，支持国家能源电氢协同低碳技术研发中心开展高质量建设，辅助策划在低碳电工装备、电氢协同等特色领域申报高层级创新平台，助力四个一级创新实验室实体化运作走深走实。

（2）强化创新生态建设。探讨建立广州供电局专家委学术、技术常态交流机制，将外部兼职委员作为所在单位的联络人，协助局专家委与该单位的核心技术团队开展联络对接工作。持续加强对外交流合作，积极"走出去""引进来"，全力支持外部兼职委员更多了解、熟悉局创新成果，努力把专家委建设为局与行业交流的平台、窗口，助力在具有业界影响力的论坛、大会上发出"广供"声音。充分发挥专家委员的行业影响力，积极推荐广州供电局科技创新人才、青年技术技能专家等人才加入高水平学术组织。参与广州供电局人才队伍建设，协助推荐或培养高层次人才。发挥专家委员在粤港澳大湾区的学术影响力，进一步挖掘粤港澳地区创新资源，建立"产学研"协同创新机制，深化产教融合、校企合作。

（3）强化基层单位交流。开展专家委员走访基层活动，通过走访、培训讲课等方式同基层加强交流，分享经验心得。深度指导创新实验室、工作室建设，组建以专家委员为主、优秀创新人才代表参与的专家团队，开展"一对一"交流指导，近距离提供专家咨询服务、分享创新经验。

（4）强化专家委秘书处服务保障。持续优化完善广州供电局专家委内部运转机制，不断巩固切实有效的工作方法，推进专家委各项工作有效融入局各项创新工作中。持续完善秘书处工作方式方法，畅通信息共享渠道，研究应用数字化手段助力提升管理成效，不断增强组织协调和服务保障能力，为专家委规范、高效运作提供有力支撑。

（二）加快推动创新成果向公司系统外转化

2023 年 9 月，习近平总书记提出要"整合科技创新资源，引领发展战略性新兴产业和未来产业，加快形成新质生产力"。2023 年 10 月，国务院办公厅印发《专利转化运用专项行动方案（2023 — 2025 年）》（国办发〔2023〕37 号），明确"大力推动专利产业化，加快创新成果向现实生产力转化"。2024 年 1 月，网公司 2024 年工作会议中提出"科技成果转化收入增长不低于 20%"。2024 年 2 月，省公司《关于明确直属各单位 2024 年度经营业绩考核评分规则的通知》中明确成果转化收入实际值根据销售对象设置差异化计算规则，引导创新成果向系统外销售。2024 年 1 月，广州供

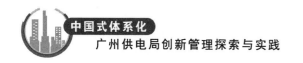

电局 2024 年工作会议中提出要"依托电科院平台，加快推动创新成果向公司系统外转化"。

在此背景下，亟须立足加快实现高水平科技自立自强的使命，发挥"三个作用"，把握新质生产力的内涵特征和发展机遇，借助广州供电局电科院打造平台型机构的契机，建设集技术研发、示范应用、成果孵化功能于一体的超大城市电网创新研究与产业基地，推动科技成果向生产场景转化。

1. 加强科技成果培育遴选

（1）加强科技项目立项规划。动态收集国家、省市、行业及网省公司提出的产业发展目标和发展规划，按照"围绕产业链布局创新链"的原则，以市场需求为导向，开展产品规划布局。围绕智能制造、先进材料、新能源、科技兴安、优质供电等具有重要先导意义或战略意义的行业领域进行垂直创新与横向产业链化布局，构建科技创新成果储备与遴选机制，逐步推动以市场需求为导向的转化类成果落地应用，形成持续布局有序产出的良性循环。

（2）注重核心知识产权保护。加强知识产权高质量管理，聚焦核心技术领域，在项目立项、研发过程、试验验证、推广应用等技术全生命周期，挖掘和培育一批创新程度高、市场竞争力强的原创型、基础型高价值专利，有效提升专利整体质量。

（3）加强技术标准布局。充分运用技术标准的制度优势，一是推动技术优势转化为企业、团体、行业、国家或国际标准，将标准打造成创新成果产业化、国际化的孵化器和助推器，提升技术标准对产业发展的贡献度，抢占市场先机。二是在技术标准制定过程中，持续跟踪相关技术发展趋势以及标准制定工作动态，准确把握技术标准的制定方向和进程，依托专业的第三方机构及知识产权数据库进行深度专利检索与分析，挖掘潜在的标准必要专利技术点，并围绕标准内容布局申请高价值专利，针对标准制定趋势动态调整专利布局申请策略，确保专利保护范围与最终制定的标准内容对应一致。

2. 完善科技成果转化配套机制

（1）完善科技成果推广应用机制。建立多渠道、全方位的成果推广应用机制，全面发挥科技成果价值。一是积极申报各级推广应用目录。二是坚持"以用促转"的原则。鼓励首台（套）重大技术装备优先在广州供电局内转化应用，专业管理部门面向安全生产发展需求，发布本专业成果转化需求清单，鼓励科技成果按需在局内转化，对于清单内的产品，按照安全生产需求，安排生产项目进行批量采购应用。三是持续用好网级平台。针对产品属性及销售对象，分类施策入驻赫兹工业品商城、南网在线、南网商城科创专区等网级平台，形成面向内外部的电商化采购模式，逐步提升广州供电局产品在网省公司采购中的占有率。

（2）完善科技成果转移转化机制。一是建立成果转化意向常态化撮合机制，按照"成熟一个，撮合一个"的原则，抢抓机遇，加快推进成果转化应用。二是建立产品迭代升级研判机制，建立成果转化与项目布局的反馈机制，持续推动创新成果进驻南网商城，逐步扩大产品影响力，做强做优"广供品牌"。

（3）探索设立科技基金。在政策允许范围内试点探索设立科技基金，与系统内有一定产业化能力、市场拓展能力和研发实力的企业，合作成立专项领域基金，以基金为牵引协同外部优势科研力量补齐短板，加快打造原创技术策源地，推动产业升级和产业链现代化。

（4）开展专利密集型产品备案。落实《专利转化运用专项行动方案（2023—2025年）》（国办发〔2023〕37号）"全面开展专利产品备案，2025年底前实现全覆盖"的要求，按照"应备尽备"的原则，对符合《企业专利密集型产品评价办法》（T/PPAC 402—2022）的产品开展专利产品备案，提升产品竞争力和附加值。

（5）加大专利开放许可力度。拓展专利转化运营渠道，充分利用开放许可"一对多"的特点，适当降低许可使用费标准，探索阶段性免费许可，先试用、后付费等方式，提升专利交易谈判效率，推动专利技术向生产制造转化，促进专利存量转变为转化增量，解决转化意向对接难、沟通成本高等问题。

3. 建强科技成果产业化支撑平台

打造成果孵化转化平台。探索将电科院打造成为广州供电局创新成果

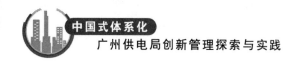

孵化转化平台，深度参与到局各项成果的转化实施中，为转化团队提供伴随式指导和服务。一是为全局成果转化申请、信息发布、撮合洽谈、转化决策、转化实施等提供"全流程服务"；二是为全局知识产权申请、监控、维护及高价值培育等提供"全方位运营"服务；三是根据产品研发和市场开拓需求，提供产品所属领域的情报收集、分析，以情报专刊等形式提供支撑服务。

第十章　数智化赋能创新管理

在当今信息爆炸的时代，数据已经成为企业最宝贵的资产之一。数智化是企业借助先进的数据分析技术，从海量数据中提炼有价值的信息，进而优化决策流程、提升运营效率的关键过程。数智化转型通过高效收集和整合来自各个业务领域的数据，构建起一个全面、动态的数据仓库。这些数据不仅包括企业的内部运营数据，还涵盖了市场趋势、客户行为、竞争对手情报等外部信息。借助先进的数据分析工具和方法，如机器学习、深度学习等，从而揭示出隐藏在数据背后的规律和趋势。这使得企业能够更加敏锐地洞察市场变化，及时捕捉稍纵即逝的商业机会。

一、广州供电局创新管理数智化转型举措

（一）创新管理数智化转型目标

在《南方电网公司"十四五"发展规划和 2035 年远景目标展望》中，明确要求到 2025 年数字化转型方面达到全球行业领先水平、成为数字化转型标杆企业。明确提出充分发挥数字电网推动新型电力系统构建的重要作用，更好发挥国有经济战略支撑作用。广州供电局在 2021 年年中工作座谈会上指出，加强创新联合攻关，加快数字化转型步伐，促进创新成果转化应用，抓住机遇重构能源电力创新版图，把企业打造成为国家战略科技力量。

2022 年 10 月，广州供电局发布了《广州供电局数字化转型推动管理变

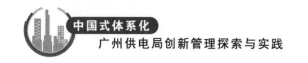

革实践报告》，强调持续夯实数字城市电网基础，全面推进数字运营，不断优化数字服务、深入拓展数字产业，推动构建超大型城市新型电力系统，促进企业管理体系升级，整合能源产业价值链，深化构建数字新生态。到2025年，建成广州数字城市电网，电网运营和客户服务达到国际领先水平，数据生产要素与传统生产要素深度融合，数据在企业综合效益中的贡献度大幅度提升。

2023年3月，广州供电局发布《广州供电局创新数字化转型子方案》（以下简称为《子方案》），对推动科技创新管理数字化和智能化转型的工作思路、工作目标和重点举措进行统一部署，为广州供电局创新数字化转型指明了发展方向。广州供电局的目标为：全力提升创新业务数据质量，开展数据质量治理与整改；开展创新业务数据融合，建立一套全面互通的创新数据库；在此基础上持续提升创新数字化管理辅助决策能力，构建"创新指挥平台"，为科技管理决策提供基础支撑；不断推动创新服务信息化和智能化水平，实现创新流程管理由线下逐步转到线上，减轻基层工作量；提升创新服务，提高创新数字化共享水平。

此外，广州供电局还将以企业架构为引领，积极创先示范，推动"四位一体"从"业务上线"向"数据驱动""数智赋能"加快演进。持续开展电网管理平台基础数据治理，提升创新域Ⅰ期功能实用化率，高质量完成网公司Ⅱ期创新奖励、创新平台等功能试点建设任务，上线网内首个基于云景平台的地市级创新指挥平台，力争创新域业务数字化率达100%，部分关键业务达到数据驱动水平，为创新管理体系运转提供强有力的数字化支撑。

（二）创新管理数智化转型举措

为解决创新管理存在管理体系效能不足、线下流程烦琐、缺乏全局工具、创新人才培养评价和激励机制不健全、信息化水平有待提升等问题，广州供电局大力推进科技创新管理数字化转型，以企业信息管理系统为载体，建设"创新指挥平台"，完善顶层设计，强化应用落地。推动科技创新业务管理信息化与智能化，实现科技创新项目、成果、平台、人才等管理工作"一站通办"。

"创新指挥平台"总体框架如图 10.1 所示。"创新指挥平台"对接企业信息管理系统，汇聚了中国知网、壹专利网、IEEE 等在线数据和离线数据，实现创新数据统一管理和维护。创新数据涵盖项目、人员、资金、成果、奖励以及外部创新资源，为"创新指挥平台"的运行提供充足的数据支持。平台应用方面，首先包括项目全生命周期管理、指标管理、知识产权管理三大创新大数据管理功能。其次构建了创新主体培育、创新服务工单、创新资源布局、专家库管理模型四个创新大数据模块。最后，为了提升创新管理的效率和可视化水平，还建设了"创新一张图""科技项目一张图"以及智能大数据的专项展示页面。"创新指挥平台"充分结合项目的过程数据及指标信息，构建了以价值为导向的多维度科技项目评价体系，为科技管理决策提供强有力的支撑。

广州供电局的创新管理数智化转型举措重点从提升创新管理全流程数字化水平、建设创新管理分析辅助决策模块、推动创新业务信息化与智能化建设三个方面开展工作。

1. 提升创新管理全流程数字化水平

为提升创新管理全流程数字化水平，广州供电局从全力提升创新业务数据质量、逐步建立全面互通的创新数据库、建设广州供电局"创新一张图"三个方面逐一展开。

在全力提升创新业务数据质量方面，广州供电局首先以创新数据准确性为抓手，聚焦协同数据问题解决和全域数据资产贯通等业务。通过强化数据模型统一设计和管控落地，推动数据质量认责、改进和评价机制有效运转。其次，为解决数据质量的及时发现和定位问题，强化"全面、准确、快捷、高效"的创新数据供给能力，通过建立完善的数据质量监控体系，迅速发现并解决数据异常和错误，确保数据的全面性和准确性，形成"深化数据应用促进数据质量提升，高质量数据促进数据应用价值释放"的正向循环。再次，以电网管理平台创新项目全过程数据为重点提升对象，明确数据质量标准及规则，确定数据治理范围。通过线下开展数据补录、未迁移数据确认和数据校准确认工作，确保数据的完整性和准确性。同时，利用工具监控数据质量情况，形成了一套全面可信赖的创新项目过程数据集。

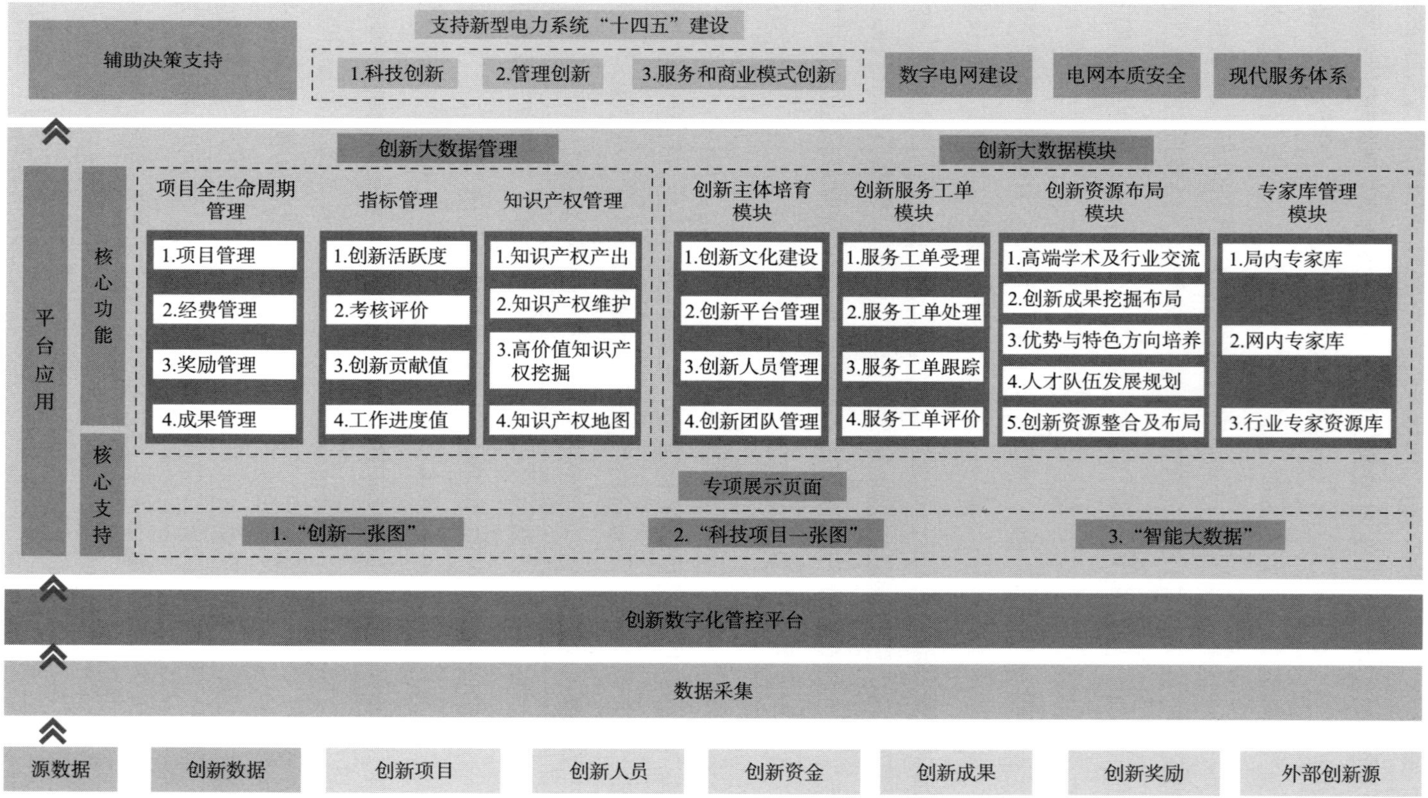

支持新型电力系统"十四五"建设

1.科技创新　2.管理创新　3.服务和商业模式创新

辅助决策支持　　现代服务体系　电网本质安全　数字电网建设

创新大数据管理

项目全生命周期管理
1.项目管理
2.经费管理
3.奖励管理
4.成果管理

指标管理
1.创新活跃度
2.考核评价
3.创新贡献值
4.工作进度值

知识产权管理
1.知识产权产出
2.知识产权维护
3.高价值知识产权挖掘
4.知识产权地图

创新主体培育模块
1.创新文化建设
2.创新平台管理
3.创新人员管理
4.创新团队管理

创新服务工单模块
1.服务工单受理
2.服务工单处理
3.服务工单跟踪
4.服务工单评价

创新大数据模块

创新资源布局模块
1.高端学术及行业交流
2.创新成果挖掘布局
3.优势与特色方向培养
4.人才队伍发展规划
5.创新资源整合及布局

专家库管理模块
1.局内专家库
2.网内专家库
3.行业专家资源库

专项展示页面
1."创新一张图"
2."科技项目一张图"
3."智能大数据"

创新数字化管控平台

数据采集

核心功能

核心支持

平台应用

源数据

创新数据　创新项目　创新人员　创新资金　创新成果　创新奖励　外部创新源

图 10.1 "创新指挥平台"总体框架

最后，在上述基础之上，将数据校验规则固化至电网管理平台（创新域）各业务场景录入环节。通过完善入口规则，确保增量数据符合数据质量要求，并实现了数据录入的唯一性，为后续的数据分析和应用奠定了坚实的基础。

为了更好地支撑创新业务应用和服务的发展，广州供电局逐步建立起一个全面互通的创新数据库。该数据库不仅涵盖了创新成果、知识产权、创新奖励和创新人才等关键信息，而且有助于为创新管理提供实时可靠的数据支撑。在数据库的建设过程中，不仅重视数据的全面性和准确性，将其列为重要考核目标，而且还通过整合现有分散的业务系统和数据资源，确保创新数据库的完整性和一致性。与此同时，还采用先进的数据存储和管理技术，保障了数据的安全性和可靠性。为实现创新管理全生命周期数据的有效贯通，对创新管理流程进行了梳理和优化，建立起"需求分析—项目立项—研发组织—过程管理—闭环管控"的科研项目全生命周期数据管理体系。无论是创新项目的执行情况还是创新成果的应用效果，都能得到及时、准确的反映。数据库打造了面向业务处理的数据访问服务和面向业务决策的数据分析服务，除了能满足业务应用对不同类型、不同粒度数据的标准化和快速安全访问需求，还能为业务决策提供有力支持。在数据库的建设过程中，通过简化数据使用流程、提供丰富的数据接口和工具，降低了数据使用的门槛。同时，加强对数据应用人员的培训和支持，提升相关使用人员的数据应用效率。这些举措为数据驱动业务创新提供了有力支撑。

在建设"创新一张图"方面，广州供电局基于大数据可视化手段开展了构建一个全面、直观的创新指挥中心的工作，全面提升创新业务的管理效率和可视化水平，实现了创新业务的全局可见和智能指挥。"创新一张图"涵盖全局一张图、创新项目一张图、亮点一张图等多个维度，通过图表、地图等多种可视化形式，直观展示创新业务的各项关键信息。"全局一张图"作为整个"创新一张图"的核心，集中展示创新指标监控、资金进度监控、全局成果汇总、项目评价等关键要素。通过实时更新的数据和动态变化的图表，管理者可以一目了然地掌握创新业务的整体状况和发展趋势。"创新项目一张图"则更加聚焦于具体的创新项目。它所展示的项目投资与分布、项目研究专业分析、核心技术方向、项目承担单位分析等详细信息，有助于管理者深入了解每个项目的进展情况，为资源分配和决策提供有力支持。"亮点一张图"则重点展示全局在新型电力系统、氢能创新等关键核心技术方面的攻关状况。通过直观的图表和地图展示，可以清晰地看到各项技术的研发进展、成果应用和市场前景，从而激发更多的创新热情和动力。

2. 建设创新管理分析辅助决策模块

广州供电局完成数智化创新管理转型的第二个重点举措是建设创新管理分析辅助决策模块，从逐步完善创新绩效评价指标体系、构建创新策略模拟与辅助决策模型两个方面双管齐下。

为了全面、客观地评价创新活动的绩效，广州供电局逐步完善创新绩效评价指标体系。一个科学、合理的评价指标体系对于激发创新活力、引导创新方向具有重要意义。首先，广州供电局构建了基于项目、人才、资金等多维度的大数据创新评价分析模型。这一模型综合考虑了创新的各个环节和要素，确保评价结果的全面性和准确性。其次，在评价体系方面，建立了以科技创新质量、贡献、绩效为导向的分类评价体系。该体系不仅关注科技创新成果的科学价值和技术价值，还充分考虑其经济价值、社会价值和文化价值。创新评价体系的建设，有助于更加全面地认识和理解创新活动，为创新决策提供有力支持。

为了进一步提升创新管理的科学性和有效性，广州供电局积极构建创新策略模拟和辅助决策模型。该模型基于现有的电网管理平台（创新域）进行深化建设，旨在实现创新规模、风险、效能、投入的综合分析，为创新管理提供有力的决策支持。在模型构建过程中，一方面充分利用大数据、人工智能等先进技术，提升模型的智能化水平和分析能力；另一方面注重结合项目全生命周期数据，对项目价值度、管理创新度、成果转化度、专利价值度、专家参与度、创新活跃度等关键指标进行深入分析和量化。通过构建以价值为导向的项目评价体系，客观地评估每个项目的创新价值和潜力，为各级管理人员提供辅助决策依据，驱动各级管理人员辅助决策。此外，还注重构建创新决策机制，确保创新策略模拟和辅助决策模型的有效运行。这一机制涵盖决策流程、责任分工、信息共享等方面，确保各级管理人员能够充分利用模型提供的信息和分析结果，作出更加明智和有效的决策，推动广州供电局创新业务的持续发展和提升。

3. 推动创新业务信息化与智能化建设

广州供电局数智化创新管理转型的第三个重点举措是推动创新业务信息化与智能化建设，具体包括推动创新服务信息化水平和提高创新数字化共享水平两个方面。

为了进一步提升创新服务的信息化水平，广州供电局积极推动创新表单管理和创新流程管理的线上化转型，旨在打破传统线下管理的局限性，实现创新项目过程管控的动态更新和全链条数据互通。在线上化的过程中，构建统一的创新项目信息平台，实现项目表单的一次填报、全域可用，减轻基层员工的重复填报工作量，提高工作效率。同时，对创新项目表单进行优化设计，使其更加简洁明了、易于操作。为了满足不同创新业务的需求，新增创新项目表单配置功能。该功能支持创新奖励、创新成果等流程的审批和业务处理便捷化。通过简单的配置操作，管理员即可实现对创新项目表单的灵活管理和调整，满足各种复杂的业务场景需求。此外，实现了"一指化、就地化"办公模式。通过移动办公设备的应用，员工可以随时随地处理创新业务，无须再受时间和地点的限制。便捷化的办公模式不仅提高了员工的工作效率，还大大提升了员工对创新业务数字化的体验感。

知识的流动与共享是推动创新发展的重要动力。为了消除信息壁垒，让知识资源在组织内部自由流动，广州供电局首先构建创新业务领域知识图谱，打造共享共建的知识服务生态，提高创新数字化共享水平。同时，运用语义识别、智能搜索、智能推荐、智能排序和智能问答等先进技术，打造智能化搜索引擎，增强智能化搜索能力。该搜索引擎不仅能够理解用户的搜索意图，还能根据用户的偏好和历史行为进行智能推荐和排序，从而为用户提供更加精准、便捷的搜索体验。此外，还建立了一系列知识共享服务，如创新助手、标准管家、智能推荐等，共享服务全面涵盖情报、文献、标准制度、创新成果等资源类型，实现了内外部知识资源的汇聚、统一发现及高度复用。通过这些服务，既提高了知识资源共享化的水平，

又推动了知识管理场景化和知识服务智能化的实现。

在共享服务应用基础上，广州供电局建立了常态化技术情报收集共享机制，为基层员工提供便捷的知识共享、技术交流和经验分享的平台。通过对接各大信息化平台，实现科技成果的智能追踪，专利、论文、标准信息能够实现"一号查看""一码关联"，极大地方便了基层员工的查询和使用。此外，还利用完备的创新数据库和大数据可视化服务，为基层创新团队提供直观查询和对比工具。通过这些工具，基层创新团队能够快速定位创新目标和成果应用场景，从而更加高效地开展创新工作。

二、广州供电局创新管理数智化转型成果

在《子方案》的系统化推进过程中，广州供电局积极响应国家数智化转型的号召，坚定不移地走在创新数智化转型的前列。经过不懈努力，在多个方面取得了卓越的成绩，为企业的创新发展注入了强大的动力。在提升创新业务数据质量、开展创新业务数据融合、持续提升创新数智化管理辅助决策能力等方面取得了瞩目成果，广州供电局在 2023 年初步建成了数智化对创新业务的管理支撑体系。这一体系不仅涵盖了创新业务的全过程管理，还实现了数据驱动的决策支持和智能化运营。

（一）组建创新数智化应用试点团队

为了加速推进创新数智化转型，广州供电局组建了一支多部门协同的创新数智化转型攻坚柔性团队。这支团队汇聚了来自不同领域的精英，共同肩负着推动创新管理数智化转型的重要使命。团队成员依托南网数智化统一架构，深入研究创新管理数智化转型的路径和策略。积极推动创新数智化平台的建设，确保平台在兼容性、信息安全性、用户登录便捷性等方面达到行业领先水平。同时，团队还致力于将平台构架与电网管理平台高度融合，实现资源的最大化利用和协同效应的最大化发挥。

在提升创新业务数据互通方面，首先确定创新业务的数据需求，对接创新数智化数据接口建设。通过优化数据采集、处理和传输流程，全面提

升创新数智化平台的数据质量，确保数据结构和数据质量满足网省公司的高标准要求。

此外，团队还积极推动创新业务逐步从线下到线上的转变，充分梳理数智化业务需求，明确创新数智化管理的关键节点和业务流程，完成创新数智化平台相关管理流程的研究和设计，有助于实现创新业务的数智化管理和高效运营。

与此同时，团队还开展创新数智化平台的辅助决策模型研究与推进试点应用。通过引入先进的数据分析技术和人工智能算法，创新数智化平台逐渐具备创新指标、创新项目、创新成果、知识产权、创新奖励、创新人才等全管理流程的辅助决策与高级分析功能。这将大大提升创新管理的科学性和有效性，为广州供电局的创新发展注入新的活力。

（二）推进创新业务的数智化管理

广州供电局创新管理应用遵循南网云技术路线，所使用技术及框架均符合《南方电网公司云数一体分布式数据中心技术方案》《南网云总体架构和技术要求》《南网云微服务开发设计技术要求》，优先使用《南方电网公司云数一体分布式数据中心技术方案》《南网云平台技术白皮书》所发布的服务与组件，且业务所用软硬件资源均可根据实际资源利用率情况进行动态调配。按照云化部署模式，构建灵活、高效的微服务集群，实现服务的高可用、高性能、高扩展，技术架构，如图 10.2 所示。

1. 构建创新业务数智化转型总体架构

为了有序推进广州供电局创新业务的数智化转型，严格遵循南方电网公司管理体系框架 M-21S 的指导原则，紧密结合各创新业务数智化转型的实际需求与电网管理平台创新域建设的现状，相关部门细致梳理了创新业务的数智化应用建设路线。在此过程中，明确了当前已经具备但尚需优化的数智化应用，以及目前尚未建立但迫切需要数智化支撑的创新业务应用，绘制出一幅清晰的创新业务数智化转型架构图，为后续的数智化建设提供了切实可行的蓝图。

为了确保数智化建设的准确性与高效性，相关部门与电网管理平台创新

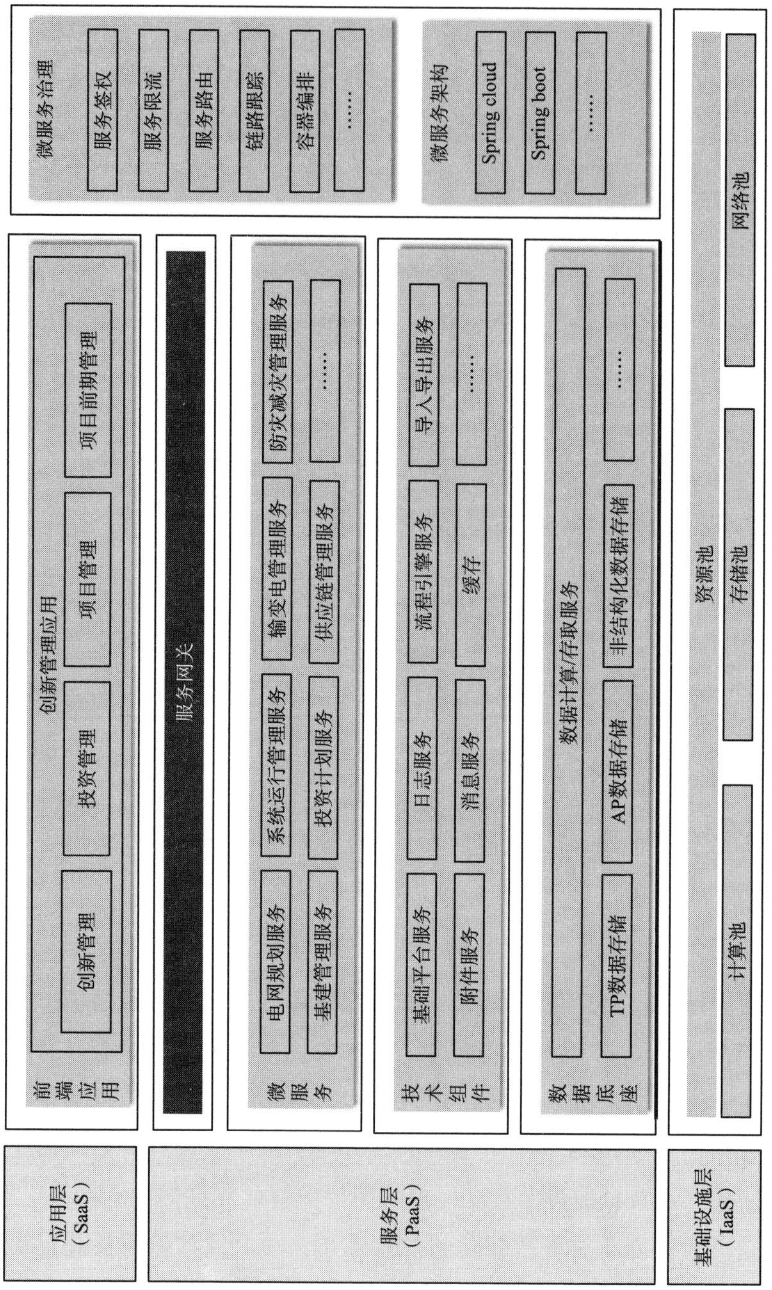

图 10.2 技术架构图

前端应用	创新管理应用		
	创新管理	投资管理	项目管理	项目前期管理

服务网关

微服务	电网规划服务	系统运行管理服务	输变电管理服务	防灾减灾管理服务
	基建管理服务	投资计划管理服务	供应链管理服务	……

技术组件	基础平台服务	日志服务	流程引擎服务	导入导出服务
	附件服务	消息服务	缓存	……

数据底座	数据计算存取服务		
	TP数据存储	AP数据存储	非结构化数据存储	……

微服务治理：服务鉴权、服务限流、服务路由、链路跟踪、容器编排、……

微服务架构：Spring cloud、Spring boot、……

资源池		
计算池	存储池	网络池

应用层（SaaS）

服务层（PaaS）

基础设施层（IaaS）

域建设团队展开了深度沟通与合作。双方共同探讨创新业务数智化转型的关键节点、技术难点与实施策略，形成了紧密的工作协同机制。在此基础上，有计划、有步骤地开展了创新数智化立项工作。通过严谨的项目论证与评估，筛选出了具有创新价值且具备实施条件的数智化项目，并为其提供了充足的资源保障与支持，用于稳步推进创新数智化转型。

2. 提升重点业务数智化管理水平

为了进一步提升电网管理平台创新域重点业务的数智化管理水平，针对创新项目管理、创新奖励管理、成果转化管理等已经形成数智化支撑的业务领域，开展了全局性的调查研究。在调研过程中，全面梳理了这些重点业务的系统应用现状，深入剖析了存在的问题和不足。基于调研结果，针对性地制定了相关应用的迭代优化方案，旨在提升这些业务的数智化应用效果。

为了确保优化工作的顺利进行，相关部门与网公司科创部保持了密切的联系与合作。通过双方的共同努力，尝试采用了广州供电局先行先试、全网逐步推广的模式。这一模式在广州供电局率先开展数智化转型的实践与探索，积累了宝贵的经验，随后再将成功的经验和模式逐步推广至全网。

在推进重点业务数智化转型的过程中，注重提升数智化应用的可用性、便捷性和普及性。通过简化操作流程、优化用户界面、加强培训宣传等措施，确保广大员工能够轻松上手、高效使用各种应用功能。

经过一系列的努力，逐渐形成了重点业务数智化转型的"广州模式"。这一模式不仅提升了广州供电局重点业务的数智化管理水平，还为其他地区和行业的数智化转型提供了有益的借鉴和参考。

3. 推进特色业务数智化转型

在加速推进创新管理数智化转型的过程中，广州供电局不仅关注重点业务的数智化转型，还致力于推进特色业务的数智化转型，以补全创新业务数智化版图，全面提升数智化管理水平。

针对创新实验室管理和学会协会管理等广州供电局特色创新业务，基于电网管理平台创新域，研发团队积极开展相关业务的数智化应用建设。首先，对这些特色业务进行了深入的需求分析和现状评估，明确了数智化转型的目标和方向。其次，在数智化应用建设过程中，整合现有资源和技术，确保新建的应用系统能够与电网管理平台创新域实现无缝对接和数据共享。再次，还注重提升应用系统的用户体验和易用性，确保广大员工能够轻松上手、高效使用。最后，还积极引入先进的数据分析技术和人工智能算法，提升特色业务数智化应用的智能化水平。通过数据挖掘和分析，更加精准地把握创新实验室管理和学会协会管理等特色业务的运行规律和发展趋势，为领导决策提供有力支持。

对于新建项目，主要新增功能模块有科技创新平台管理（科技创新平台申报与组建、科技创新平台运行管理、科技创新平台评价考核）、交流管理（社会组织管理）、创新数据质量智能监控（职创实施进度监控分析、职创资金进度监控分析）、创新数据超市（创新项目数据模型、创新项目数据超市、创新成果数据模型、创新成果数据超市）、创新一张图、创新智能决策分析场景（项目全景视图、进度监控场景、创新分析场景、成果分析场景、科创监控场景）等模块。

通过深化特色业务的数智化转型实践，不仅补全了广州供电局创新管理数智化版图，还进一步提升了企业的整体数智化水平，为广州供电局的创新发展注入新的活力。

（三）推进创新领域数据质量全面提升

广州供电局在云景数字化运营管控平台建设创新指挥中心场景，实现创新"十四五"规划从加强创新布局、优化创新投入、深化管理创新、巩固创新基础四个方面总体数据展现。系统对接企业信息管理系统，汇聚知网、专利网、IEEE，以及离线数据，实时动态获取 8 类创新业务数据，实现创新数据统一管理和维护，为构建模型体系、数据多维分析提供了强有力的数据支撑。

1. 创建创新数据超市

为了更好地支撑创新业务的开展和管理，广州供电局强化重要基础数据库的建设工作，构建一个全面、高效、可靠的创新数据库体系，为创新管理提供实时、准确的数据支撑。

（1）创新项目数据超市。

广州供电局通过搭建科技项目数据货架、职创项目数据货架以及合同信息货架，打造创新项目数码超市，实现对创新项目的深度分析和全面统计，以提升创新业务人员对项目的监控和管理能力。

科技项目数据货架：①基于创新业务流程数据生成科技创新项目业务宽表，支持自定义展示和导出，并实现对项目宽表字段内容进行批量维护，记录维护日志，建立黑名单列表，生成黑名单表单。②建立 R&D 项目数据货架，按项目属性维度实现清单展示。③统计人员涉及项目的投入时间总和，生成年度研发投入情况。

职创项目数据货架：①建立广州供电局历年职创项目数据货架，支持查询、统计功能。②实现职创项目检索查询和查重功能，输出项目查新报告，并提供职创项目可视化展示功能，实现职创项目进度总览展示。

合同信息货架：建立合同信息货架，展示合同清单数据情况，包括合同名称、编码、金额、承办部门等信息。

（2）创新成果数据模型。

广州供电局构建创新成果数据模型，包含创新成果转化流程数据模型，成果转化数据分析模型、知识产权数据分析模型、成果信息数据模型和奖励数据模型。

① 创新成果转化流程统计模型：构建转化申请统计模型、撮合统计模型、公示统计模型、决策统计模型、实施统计模型，支撑成果转化数据货架；构建成果转化数据分析模型，支撑成果转化数据指标多维度分析，包含购买对象的分布分析模型、累计成果转化分析模型、当年成果转化分析模型、已转化成果专业分析模型、全局每年转化收入分析模型、全局每年销售收入分析模型等维度指标分析模型。

② 创新成果转化流程数据模型：构建转化申请数据模型、撮合数据模型、公示数据模型、决策数据模型、实施数据模型，并生成各流转节点表单展示；构建数据多维度查询模型，支撑创新成果数据货架。

③ 知识产权数据分析模型：构建专利信息数据模型，支撑专利信息数据货架，实现专利数据表单展示及数据互联应用；构建论文信息数据模型，

支撑论文信息数据货架，实现论文数据表单展示及数据互联应用；构建软著信息数据模型，支撑软著信息数据货架，实现软著数据表单展示及数据互联应用；构建知识产权数据分析模型，支撑知识产权多维度分析。

④ 成果信息数据模型和奖励数据模型：构建成果信息数据模型，包含基本信息数据模型、人员信息数据模型、知识产权数据模型和其他资料数据模型，支撑成果信息管理和奖励数据货架；构建成果奖项评审分析模型，支撑成果奖励数据评审结果展示；构建创新奖励数据模型，支撑奖励数据表单展示及数据互联应用；构建成果奖励统计分析模型，支撑成果奖励多维度分析。

（3）创新成果数据超市。

广州供电局通过建设创新成果数据货架，进行创新成果转化流程的数据监控及查询，全面监测创新成果的流程，助力实现更高效的成果转化，推动创新成果更好地转变为生产力。

① 创新成果转化流程数据统计：统计转化申请、撮合、公示、决策、实施等节点的年度完成情况；分析购买对象的分布、累计成果转化、当年成果转化、全局每年转化收入、全局每年销售收入等多维度指标。

② 创新成果转化流程数据监控：监控转化申请、撮合、公示、决策、实施等节点的数据情况并生成各流转节点表单展示；实现数据各流转节点的查询功能。

③ 知识产权数据货架：建立专利信息数据货架，实现对专利数据表单展示及数据互联应用；建立论文信息数据货架，实现对论文数据表单展示及数据互联应用；建立软著信息数据货架，实现对软著数据表单展示及数据互联应用；按照多维度如按名称、类型、单位、状态、领域、作者等维度，实现对专利、论文、软著信息数据货架进行展示分析。

④ 成果信息管理和奖励数据货架：实现成果的基本信息、人员信息、知识产权和其他资料；基于成果信息，分析奖项评审结果；建立创新奖励数据货架，对奖励数据表单展示及数据互联应用；提供多维度统计数据，如按名称、部门、负责人、状态、级别、年份、类型等统计数据。

2. 建立项目全景视图

广州供电局通过可视化手段展示创新项目总览，按照时间和分级多维度呈现项目信息数据，以显著提高工作效率和管理水平，为创新智能决策提供强有力支持。

（1）展示本年度在研创新项目总数、年度投资总额、资本性及费用性金额，并按照科技项目、职工创新项目、管理创新项目展示各自项目数及占比情况；再按照年度投资及总投资的维度，展示资本性及费用性金额及占比情况。最后，按照合计、科技项目、管理创新项目、职工类型维度，展示项目数、投资资本性、费用性、合计资金情况。

（2）展示年度科技项目总数、年度续建项目数、年度新建项目数、年度投资金额、年度投资资本性金额和费用性金额，并按照建设性质、项目级别、项目类别的维度，展示项目数、投资资本性、费用性、合计资金情况及各自类别项目数及占比情况。最后，按照建设性质、项目级别、项目类别的维度，展示各自类别年度投资金额、总投资金额及占比情况。

（3）基于南方电网公司"四个面向"进行排名，展示前1~2名科技项目的数量占比及总投资占比情况，按照南方电网公司"四个面向"、项目级别维度展示项目总数、项目总投资、年度投资情况。再按照南方电网公司"四个面向"维度，展示项目数、年度投资、项目总投资及占比情况，按照专业领域维度，展示科技项目总投资金额排行前五名的占比情况，以及科技项目各专业的项目总投资、年度投资、项目数情况。

（4）按照南网分级的维度，展示前三名科技项目总投资占比情况，排名前三的总占比，累计前三名的总投资及项目数占比之和，并按照南网分级的维度，展示各分级的项目数、项目数占比、总投资及总投资占比情况，以及各分级的年度投资、总投资及占比情况。

（5）按照局核心技术一级维度，展示前三名科技项目总投资占比及累计前三名的总投资及项目数占比之和，以及各个局核心技术科技项目的项目总投资、年度投资及项目数。此外，展示年度在研科技项目总数及总投资占比情况，支撑低碳电网企业建设科技项目的单位维度下的在研科技项目数、项目数占比、总投资及总投资占比情况，用饼状图展示。

（6）展示年度承担科技项目部门、单位总数及前五名单位名称；按照单位维度，展示总投资前十名单位的在研科技项目数、项目数占比、总投资及总投资占比情况，用柱状图展示总投资、年度投资前十名单位的在研科技项目数及总投资情况；按照部门、中心机构、区局维度，用柱状图展示在研科技项目数及总投资情况。

3. 打通创新域与其他专业的数据壁垒

为了进一步提升数据管理的效率和准确性，广州供电局正在推进创新域与其他专业的数据壁垒打通工作，打破数据孤岛，聚焦协同解决数据问题，实现全域数据资产的贯通和高效利用。

在聚焦协同解决数据问题方面，加强各部门之间的沟通与协作。通过建立跨部门的数据共享和协作机制，及时发现并解决数据不一致、不准确等问题，确保数据的全面性和准确性。同时，强化数据模型的统一设计和管控落地。通过制定统一的数据标准和规则，确保不同专业领域的数据能够相互兼容和共享。这样既能避免数据冗余和重复录入等问题，还可提高数据处理的效率和准确性。

在实现创新域、人资域、财务域等重点专业数据打通方面，广州供电局取得了显著的成果。例如，在人资域，已经成功地将创新人才数据与创新域进行了对接，避免了数据重复录入和人工核对的烦琐工作。在财务域，实现了资金制度数据与创新域的实时同步和共享，为创新项目的资金管理和决策提供了有力支持。

广州供电局通过报告报表模板组装工具，实现对外部单位机构的报送材料模板快速定制，并通过系统内单位的下达、填报、上报汇总等数据传递流程实现报告报表数据的自动计算和汇总，减轻科技创新业务人员线下收集材料和数据统计工作量，有效支撑业务高效开展。建立研发委托评审专家管理应用，以专家入库/变更、日常管理、抽取、评价等业务为切入点进行梳理，规范专家基本信息和业务功能，统一专家业务流程，构建智能化模型。通过固化入库资格标准确保专家入库质量；通过业务联动确保专家状态及时更新；通过智能化遴选确保专家抽取的专业性；通过履职评价模型确保专家评价的公平合理。从而实现专家管理从信息化向业务数字化的提升。

通过打通创新域与其他专业的数据壁垒，最大限度地减少了人工录入数据的工作量，提高了数据处理的自动化和智能化水平。

三、以数智化推进创新业务多维度监督与评价

（一）通过数智化手段实现创新业务监督与评价

为了确保创新域数据的准确性、完整性和及时性，广州供电局建立创新域数据质量常态化监督机制。这一机制以企业信息管理系统创新项目全过程数据为重点提升对象，从数据录入、校核、评价到发布等各个环节进行全面管控和优化。在强化创新数据录入管控方面，明确数据质量标准及规则，确保所有录入的数据都符合既定的质量要求。同时，还加强对数据录入人员的培训和管理，提高他们的数据意识和数据素养。

广州供电局为了建立全局数据质量校核评价和定期发布机制，每月发布《创新域数据质量月度监督报告》。该报告全面反映创新域数据的质量状况，包括数据准确性、完整性、及时性等方面的指标。通过定期的数据质量评价和发布，可以及时发现并解决数据质量问题，确保创新数据的全面性和准确性。此外，广州供电局还将创新域数据质量提升纳入各单位的考核体系。通过设立明确的数据质量目标和考核指标，推动各单位重视并积极参与数据质量提升工作。同时，建立数据质量认责、改进和评价机制，确保数据质量问题能够得到及时有效的解决。通过建立创新域数据质量常态化监督机制，强化"全面、准确、快捷、高效"的创新数据供给能力。有助于形成深化数据应用促进数据质量提升，高质量数据促进数据应用价值释放的正向循环，为广州供电局的创新发展提供有力支撑。

为进一步提升创新业务管理的效能，广州供电局积极探索数智化手段在创新业务监督与评价中的应用，依托南网云景平台成功打通了项目、人才、资金等多维度的创新数据，为创新业务的监督与评价提供了全面、准确的数据支撑。

在此基础上，还嵌入了科研要素指标体系和评价模型，建立了适用于

分子公司级的创新业务监督与评价模块。这一模块能够针对创新项目、创新人才、创新平台等不同维度实现准确、实时的评价，并确保评价结果的客观性和时效性。通过数智化手段的应用，实现了创新业务监督与评价的自动化和智能化，大幅提高了评价工作的效率，降低了人为因素对评价结果的影响。同时，还实现了相关评价结果与单位绩效、人才评估等的关联，进一步激发各单位的创新热情和动力。评价结果的反馈和应用是创新业务监督与评价最终的目标，通过定期评价报告和分析，及时发现并解决创新业务管理中存在的问题和不足，为创新业务的持续改进和优化提供有力支持。

通过数智化手段实现创新业务监督与评价，显著提升了创新业务管理的效能。这一举措不仅有助于广州供电局更好地把握创新业务的运行状况和发展趋势，还能为制定更加科学合理的创新策略提供有力支撑。

（二）探索前沿数智化技术与创新业务深度融合

前沿数智化技术，如人工智能、大数据和区块链等，将为创新业务带来前所未有的变革和机遇。为了持续推动创新业务的数智化转型和升级，广州供电局积极探索前沿数智化技术与创新业务的深度融合。

首先，广州供电局持续关注数智化技术在创新领域的规划和应用动态，确保始终站在行业前沿。通过深入研究和分析这些技术的最新发展趋势和应用案例，能够及时把握技术发展的脉搏，为创新业务的数智化转型提供有力的技术支撑。

其次，紧密衔接前沿数智化技术与创新服务。通过组织跨部门的技术交流和合作，促进不同领域之间的知识共享和技术融合。这不仅有助于更好地理解和应用前沿数智化技术，还能够激发新的创新思路和解决方案。在此基础上，广州供电局开展了前沿数智化技术的深度布局，制订了详细的技术引入和应用计划，明确了技术的发展方向和应用场景。同时，加大对前沿数智化技术的研发投入，致力于将这些技术深度融入创新业务的各个环节。

最后，广州供电局致力于建设更便捷、更智能、更高效的创新业务数智化应用。通过不断优化和创新应用场景和服务模式，为用户提供了更加个性化、智能化的创新体验，不仅提升了用户的满意度和忠诚度，还进一步推动了创新业务的快速发展和持续创新。

第十一章　构建开放、融合、共赢、和谐的创新生态

党的十八大以来，科技体制改革开始全面向纵深发展，以建设科技强国为目标持续发力。党的二十大对完善科技创新体系作出更加全面系统的部署，提出构建中国特色国家创新体系和"提升国家创新体系整体效能，并强调推动创新链、产业链、资金链、人才链深度融合"，"四链"融合作为高质量发展的主引擎，为国家创新体系提质增效提供了坚实的支撑力量。❶

广州供电局非常重视开发融合创新生态的构建，以开放的姿态拥抱潜在的合作方，积极融入国家创新战略布局，拓展产业上下游科技创新开放合作，构建政产学研用协同创新体制，构建与国际国内同行常态化科技交流机制，有效实现内外交互资源共享，及时捕捉全球技术发展动向，协同开展科研攻关、资源共享、人才汇聚、成果培育，构建资金链、创新链、产业链和人才链的"四链"融合发展路径，形成具有全球竞争力的开放式创新生态。具体而言，广州供电局构建的开放融合创新生态主要体现在以下几个方面。

---

❶　中国电子装备技术开发协会.通知:基于国家创新体系的"四链"融合发展:现状、关系与机制[EB/OL].（2024-07-31）[2024-08-20].https://mp.weixin.qq.com/s?__biz=Mz-IxNzU1Mzg5Ng==＆mid=2247516740＆idx=8＆sn=e48156856afe85c317125a46421b4b3a＆chksm=96d190d3526ce1d342916b148a1fd253165a48a275e3b7a473a25a552940466ceaa1182ac180＆scene=27.

一、加强创新管理国际对标和标准化建设

为贯彻落实国家创新体系建设与科技体制改革的要求，全面承接网省公司创新管理体系建设试点工作任务，广州供电局在《"十四五"创新驱动发展规划》中指出，争创网公司创新管理体系建设示范，全面建成导向正确、国际接轨、系统规范、运行高效的创新管理体系，打造行业领先的创新管理体系建设示范标杆。在深化广州供电局创新管理体系建设的过程中，通过对 ISO 56000 创新管理系列国际标准的应用与实践，将标准与广州供电局实际相融合，在创新战略和管理策略、创新组织结构、创新机遇与风险识别机制、创新流程、创新价值观、创新评价机制、成果转化应用、创新资金与人才、实验室体系、数字化等方面充分体现标准要求。与最先进的 ISO 56000 创新管理系列国际标准接轨，提升创新体系化能力，破除影响和制约创新竞争力提升的深层次体制机制障碍，为彰显"创先引领，标杆示范""中心窗口标杆"定位注入强大创新动力。2024 年，广州供电局成为能源电力行业首家通过 ISO 56002 和 ISO 56005 创新管理体系国际标准双认证的企业。

广州供电局作为南方电网公司创新管理体系建设的试点示范企业，始终牢记使命，致力于 ISO 56000 创新管理系列标准的落地实施。在探索与实践过程中，广州供电局不仅积累了宝贵的成功经验，也总结了一系列不足之处。通过将这些经验和教训系统整理，以标准和专著的形式对外分享，旨在为其他央企在建设创新管理体系、提升创新能力方面提供有益的参考和借鉴。这不仅展现了广州供电局的责任担当，也为推动整个行业乃至国家的创新发展贡献智慧与力量。

（一）持续推动创新管理体系升级建设

（1）完成体系顶层设计。深入学习贯彻习近平总书记重要讲话精神及国家部委等关于创新的重要论述，指导广州供电局的创新管理体系建设工作，构建整体框架。按照管理体系设计"SMECOP 六步法"，立足全局最优

视角进行体系设计，明确创新业务的方针目标、管理要素、管理要求、管理能力和管理过程，厘清管理职能，理顺管理要素之间的关系，形成管理闭环。应用 ISO 56000 创新管理系列国际标准工具，借鉴网公司创新管理体系升级研究成果，以 2023 年创新管理体系建设工作实践为基础，以现代企业治理思维为导向，编制创新管理体系导则、管理体系制品等文件，形成系统完备的体系设计成果。

（2）完成架构化对接。建立创新管理体系的管理能力与企业架构的业务能力之间的关联关系，匹配管理能力与业务能力。根据管理体系过程设计内容，提出创新实验室等新增业务能力需求，明确存量业务能力优化要求，并对应调整创新领域业务蓝图，更新业务能力清单、管理要素清单、管理要素关联关系表等业务架构制品。

（3）完成流程配置与优化。承接体系框架成果，充分理解各级业务分类、业务能力内涵，建立柔性团队梳理业务流程、步骤、对象、规则及内控合规要求、流程风险点等，识别业务架构现状和设计变化，分析业务流程协同不畅、要素缺失等问题，开展业务流程优化设计，推动管理协同贯通，提升管理先进性与适应性，完善与业务流程相关的架构制品。

（二）完善创新管理制度体系架构和流程

（1）梳理有关创新管理规范性文件。优化创新管理制度体系架构，确保创新管理制度流程有效承接创新管理体系建设和科技体制改革攻坚的要求，依托坚强的管理制度体系构建统筹协调的创新管理机制。梳理形成创新管理领域规范性文件对照清单，明确规范性文件废改立计划，有效指导企业架构建设以及业务流程设计。

（2）基于流程的制度梳理与优化。承接广州供电局创新领域规范性文件体系初步成果和业务架构成果，开展相关重要流程梳理与诊断分析，识别现有配套管理制度存在的主要问题与改进点，进一步完善创新领域制度和规范性文件体系。对照规范性文件废改立计划清单，按照修订完善要求，全面启动公司规范性文件修订、完善工作。

（3）完善创新管理制度体系。建立涵盖科技创新项目管理、经费管理、成果管理、奖励管理、平台管理等9类28项制度的科技创新管理制度体系，覆盖科技创新全要素、全过程，保障科技创新合规有序、统筹协调开展，解决科技创新体系运作效能不高、协同创新机制不健全等问题。

（三）常态化开展体系运作评价与持续改进

（1）建立常态化管控机制。构建创新管理体系运转机制，充分应用先进管理工具和数据模型，规范开展各项管理活动，激发创新管理效能。建立健全"监控+反馈"机制，客观掌握体系落地执行情况。严格开展常态化业务架构管控，做好涉及数字化建设的相关项目及各类制度流程制定等的架构合规性审查。开展流程遵从管控，通过内外部监督、流程执行监控等方式发现问题，定期识别流程关键风险，跟踪制度和流程修订后业务开展情况。建立创新制度与流程新增、修编、废止动态更新工作机制，及时完成上级工作要求，以及政策性、制度性文件承接要求。

（2）做好体系运作评价与持续改进。定期开展体系内部审核和管理评审，建立纠偏、预防与变更工作机制，抓好纠偏与预防措施的执行管控和成效分析，开展创新管理体系认证工作，总结认证经验，为网公司提供优秀案例。在创新先进评选中充分考虑在创新管理体系建设中的标杆单位和先进个人，充分发挥示范引领作用。

二、加强行业协会和学会管理

广州供电局不断深化对行业协会和学会的管理工作，致力于构建一个管理规范、互惠互利、高效运作的行业合作伙伴网络。通过这一网络，广州供电局促进了资源共享和行业共建，形成了良性互动的合作态势，为行业内的共同发展创造了有利条件。2024年，基本建成管理规范、互利互赢、发挥作用的同行"朋友圈"，对协会、学会的规范化管理水平显著提升。修编《广州供电局参加社会团体组织管理细则》，全面建立协会、学会管理台账并进行动态更新。组织各类科技创新人才参加高水平行业交流不少于100人次，组织申报行业协会科技奖励不少于50项。

（一）推进分类管理

（1）开展行业协会和学会管理全面排查。针对广州供电局加入的 48 个协会、学会，组织专业部门、承办单位从专业咨询、学术交流、奖励申报、标准制定等多个维度开展摸底排查，全面梳理行业交流开展情况，分析加入的必要性和带来的积极作用。基于分析结果，建立协会、学会管理正负面事项清单，督促承办单位合理制订年度工作计划，引导其将主要精力用于参加高水平交流活动。

（2）建立行业协会和学会管理运行评价机制。广州供电局已研究建立科学合理的学会管理评价指标体系，每年对已加入协会、学会管理情况开展评价，评价结果分为 A、B、C、D 四个等级。对于获评 A 级的协会、学会，将持续加大交流力度，对局专业部门、承办单位在资源配置、评先评优等方面给予倾斜；对于获评 B、C 级的协会、学会，将加强动态管控，及时指导督促专业部门、承办单位进一步提升管理水平，加强合作交流，力争提升评价等级，对于提升等级确实存在困难的协会、学会，适当减少资源投入；对于获评 D 级的协会、学会，专题组织分析其提升评价等级的可行性，对于提升等级困难甚至可能带来负面影响的协会、学会，应及时研究让其退出。

（二）加强统筹协调

（1）持续完善学会管理制度。根据网省公司相关要求及局内部门职责调整情况，遵循局治理主体权责相关要求，修编《广州供电局参加社会团体组织管理细则》，进一步明确协会、学会管理职责界面，优化业务流程，建立健全评价机制，完善加入学会、开展学会交流、举办技术论坛等活动报备机制，为学会、协会管理工作规范有序运作提供制度保障。

（2）强化电科院的支撑保障能力。立足平台型科研单位定位，充分发挥其协会学会管理经验丰富的优势和服务保障的中台作用，探索将电科院打造成局协会、学会管理的服务中枢，全面提升局协会、学会管理的支撑保障能力，有效支撑专业人员将主要精力用于专业交流。电科院支撑业务范围包括但不限于：协会学会管理台账维护、协会学会兼职台账维护、交流活动台账管理、行业咨询集中收集与定向分发、学术交流会务承办、事务联络、任务监督与评估等。

（三）提升管理成效

（1）建立奖励申报合作机制。与设立高等级奖励相关的协会、学会深度合作，建立成果鉴定和奖励培训常态化合作机制，定期邀请协会、学会专家开展奖励制度、成果提炼、奖励申报等方面的专业培训，建立常态化答疑机制，提升局高等级奖励申报水平。

（2）积极参与各级标准制定。强化与国标委、IEEE PES、中电联的沟通交流，加强国际、国家、行业、地方、团体标准立项的提前布局，加强领先技术向国际标准转化布局，加大 IEC、ISO、ITU 等国际标准策划。

（3）强化创新人才培养。将人才培养作为协会、学会工作成效的重要指标，鼓励青年技术人才积极参与协会、学会组织的培训、交流、论坛等活动，拓宽专业视野；推荐局优秀技术技能专家加入协会、学会专家库，鼓励局高级技术人才以专家身份积极参与各类协会、学会组织设立的高等级奖励评审工作，成功参与的可在创新年度评先评优中予以倾斜，逐步提升协会、学会人才培养的规模和质量。

（4）拓宽成果转化渠道。汇集协会、学会优势资源，共同搭建创新成果转化孵化平台，广泛对接创新成果需求，通过技术交流、技术论坛、技术推广等多种方式促进行业单位之间的创新成果交流，构建多元成果推广渠道，打造成果转化产业链"朋友圈"。

（四）强化资源保障

（1）适度加大资源投入力度。对于长期评价等级为 A 级且有必要长期保持紧密联系的协会、学会，探索设立专职人员全面负责协会、学会工作。加强协会、学会相关费用的集中管控，适度扩大局创新专项经费规模，为协会、学会活动花销提供支持。充分利用局"一馆两中心"以及南方电网公司科技交流中心等已有资源，为协会、学会开展技术交流、举办论坛等提供活动场所。

（2）提升协会学会管理数字化支撑能力。将创新数字化平台研发应用协会、学会管理模块，作为全局协会、学会管理工作的业务支撑平台，上线台账管理、兼职审批、年度运行评价、行业资讯等功能，切实提升数字化管理水平。为了加强与政府及行业之间的沟通与合作，广州供电局不仅加入广州市科学技术协会，还主动搭建交流桥梁和纽带，于 2023 年 3 月成立广州供电局科学技术协会，旨在通过建立一个开放共享的平台，促进科技创新与技术交流，强化创新产业合作空间。

为了积极响应国家关于碳达峰碳中和的目标，广州供电局加入广州碳达峰碳中和产业联盟。通过联盟平台，成员之间可以共享最新的低碳技术和研究成果，加快技术创新和应用推广。广州供电局充分发挥在智能电网、清洁能源利用等方面的技术优势，与联盟内的其他企业和机构合作，共同推动低碳技术和产品的研发，加速清洁能源技术的商业化进程，助力实现"双碳"目标。

为了加强知识产权保护与利用，推动技术创新与产业升级，广州供电局与广州市知识产权发展联合会建立了紧密的合作关系。通过积极参与联合会组织的各项学术交流、资源共享、行业调研等活动，一方面有助于提升广州供电局自身的知识产权创造、运用、保护和管理能力，另一方面为全面推进广州市知识产权事业作出贡献。

三、打造产学研融合新模式

广州供电局根据"优化布局、促进融合、提升能力"原则，集成全局各专业优势创新资源，与高校、科研院所、联合研究院加强在科研攻关、平台共享、人才培养、成果培育、奖励申报等方面合作，打造聚焦国家战略、企业需求牵引的产学研融合新模式。

到 2025 年，推动一批高价值专利实现转化，全局科技成果产业化率明显提高，绿色绝缘装备、智能检测装置、电氢协同领域研发能力显著提升，重点装备示范带动和规模应用成效明显，产业体系初步形成。

首先，实现攻关能力明显提升。关键核心技术攻关体系基本形成，已完成 500kV 植物油变压器等高端装备的研制，力争在电氢协同、电能质量等领域储备一批高质量核心专利。

其次，实现成果应用显著深化。推动 50 个以上创新成果示范应用，实现广州供电局自主研发的装备、装置在局内小规模应用，助力绿色低碳绝缘装备、智能检测装置等推广应用。

最后，实现产业体系初步构建。建成从技术攻关、样机孵化到成熟产品较为完整的研发链条。到 2025 年，培育 2 个以上年销售额达到一定规模、市场敢用愿用的拳头产品，打造 2 个以上产业领军创新团队。

（一）打造能源电力行业知识产权优势示范企业

（1）强化指标引领，创造高价值知识产权。广州供电局将发明专利创造、转化差异化纳入各单位年度经营业绩考核重点任务"科技创新重点任务"。编制《广州供电局知识产权申请业务指导书》，进一步规范和明确知识产权申请流程。试点开展专利导航工作，以专利数据为核心深度融合各类数据资源，全景式分析区域发展定位、产业竞争格局、企业经营决策和技术创新方向，服务创新资源有效配置，提高决策精准度和科学性的新型专利信息应用模式。深度挖掘多专业知识产权潜力，构建重点科研项目、重大电网工程和营销生产等重点发展任务与知识产权"三同步"机制，做到同步规划、同步建设、同步验收。围绕专利奖评审标准，从专利创造、保护、运用等方面着手，在项目实施过程中同步培育高价值专利，打造高价值专利池。挖掘潜在的标准必要专利技术点，并围绕标准内容布局申请高价值专利。积极推进海外专利布局，开展海外知识产权预警分析。

（2）加强合规管理，提升知识产权运营水平。广州供电局积极推动知识产权管理数字化转型，将知识产权申请、维护、运营、检索等管理流程从"线下"转为"线上"，实现知识产权管理全生命周期数据有效贯通。提升知识产权代理机构服务水平，加强对代理机构的评价及考核，探索开展专利代理质量评估。加强知识产权合规管理，完成 ISO 56005《创新管理—知识产权管理指南》认证。

（3）加强转化运用，充分实现知识产权价值。广州供电局积极探索专利转化路径，构建契合实际发展、技术特色的专利价值多维度评估体系，探索建立知识产权分类分级体系。

（4）建设人才梯队，强化知识产权人才支撑。一是夯实基础，打造知识产权"基石"人才队伍，开发涵盖知识产权创造、管理、实施、保护、培育等方面的专业课程。二是专业管理，打造知识产权"争优"人才队伍，遴选一批熟练掌握知识产权管理基本知识、具有丰富科技研发经验的科研工作者。三是搭建平台，拓展知识产权人才发展通道。

（5）加强对外交流，积极融入知识产权生态圈。广州供电局积极融入广州全面推进知识产权强市建设工作，充分发挥广州供电局在粤港澳大湾区及行业科技创新的龙头带动作用，努力将广州供电局打造为行业知识产权创造运用中心和知识产权保护高地。

（二）加强科技成果培育遴选

（1）加强科技项目立项规划。动态收集国家、省市、行业及网省公司提出的产业发展目标和发展规划，按照"围绕产业链布局创新链"的原则，以市场需求为导向，开展产品规划布局。围绕智能制造、先进材料、新能源、科技兴安、优质供电等具有重要先导意义或战略意义的行业领域进行垂直创新与横向产业链化布局，构建科技创新成果储备与遴选机制，逐步推动以市场需求为导向的转化类成果落地应用，形成持续布局有序产出的良性循环。

（2）注重核心知识产权保护。加强知识产权高质量管理，聚焦核心技术领域，在项目立项、研发过程、试验验证、推广应用等技术全生命周期，挖掘和培育一批创新程度高、市场竞争力强的原创型、基础型高价值专利，有效提升专利整体质量。在电氢协同、绿色绝缘装备等领域探索建立专利池，通过专利交叉许可等方式，促进技术合作，加强与各合作方的持续协作，推动与产业链上下游科研院所、企业先进技术的有机融合，增强产业链中各方的合作紧密度。

（3）加强技术标准布局。充分运用技术标准的制度优势，一是推动技术优势转化为企业、团体、行业、国家或国际标准，将标准打造成创新成果产业化、国际化的孵化器和助推器，提升技术标准对产业发展的贡献度，抢占市场先机。二是在技术标准制定过程中，持续跟踪相关技术发展趋势以及标准制定工作动态，准确把握技术标准的制定方向和进程，依托专业的第三方机构及知识产权数据库进行深度专利检索与分析，挖掘潜在的标准必要专利技术点，并围绕标准内容布局申请高价值专利，针对标准制定趋势动态调整专利布局申请策略，确保专利保护范围与最终制定的标准内容对应一致。

（三）完善科技成果转化配套机制

（1）完善科技成果推广应用机制。建立多渠道、全方位的成果推广应用机制，全面发挥科技成果价值。一是积极申报各级推广应用目录。协同局资产部，遴选具有推广应用前景的科技成果，申报能源局《首台（套）重大技术装备》、工信部《首台（套）重大技术装备推广应用指导目录》《国家重点推广的低碳技术目录》、国务院国资委《央企科技创新成果推荐目录》、工信部和国务院国资委《"一条龙"应用示范方向》《广东省首台（套）重大技术装备推广应用指导目录》、南方电网公司《新技术（产品）推广应用目录》《广州市首台（套）重点技术装备推广应用指导目录》等，推动广州供电局产品逐步提升市场认可度和竞争力。二是坚持"以用促转"原则。鼓励首台（套）重大技术装备优先在局内转化应用，专业管理部门面向安全生产发展需求，发布本专业成果转化需求清单，鼓励科技成果按需在局内转化，对于清单内的产品，按照安全生产需求，安排生产项目进行批量采购应用。对于广州供电局纳入国家级、网公司《新技术产品推广应用目录》的自主知识产权科技成果，优化采购管理流程，试点开展单一来源采购，加快成熟科技成果产品的规模化应用。三是持续用好网级平台。针对产品属性及销售对象，分类施策入驻赫兹工业品商城、南网在线、南网商城科创专区等网级平台，形成面向内外部的电商化采购模式，逐步提升广州供电局产品在网省公司采购中的占有率。

（2）完善科技成果转移转化机制。一是建立成果转化意向常态化撮合机制，按照"成熟一个、撮合一个"的原则，抢抓机遇，加快推进成果转化应用。常年开放转化申请窗口，依据成果转化意向前期对接情况，由科创中心适时对已通过形式审查的成果，组织撮合洽谈。二是建立产品迭代升级研判机制，建立成果转化与项目布局的反馈机制，持续推动创新成果进驻南网商城，逐步扩大产品影响力，做强做优科技品牌。

（3）探索设立科技基金。在政策允许范围内试点设立科技基金，与系统内具有一定产业化能力、市场拓展能力和研发实力的企业，合作成立专项领域基金，并以基金为牵引协同外部优势科研力量补齐短板，加快打造原创技术策源地，推动产业升级和产业链现代化，打造"科技、产业、金融"深度融合的创新创业发展新模式，形成"以科研驱动产业，以产业反哺科研"的研发模式。

（4）开展专利密集型产品备案。落实《专利转化运用专项行动方案（2023—2025 年)》"全面开展专利产品备案，2025 年底前实现全覆盖"的要求，按照"应备尽备"的原则，对符合《企业专利密集型产品评价办法》（T/PPAC 402—2022）的产品开展专利产品备案，提升产品竞争力和附加值。

（5）加大专利开放许可力度。拓展专利转化运营渠道，充分利用开放许可"一对多"的特点，适当降低许可使用费标准，探索阶段性免费许可、先试用后付费等方式，提升专利交易谈判效率，推动专利技术向生产制造转化，促进专利存量转变为转化增量，解决转化意向对接难、沟通成本高等问题。

（四）建强科技成果产业化支撑平台

探索将电科院打造成为广州供电局创新成果孵化转化平台，深度参与局各项成果的转化实施工作，为转化团队提供伴随式指导和服务。一是为全局成果转化申请、信息发布、撮合洽谈、转化决策、转化实施等提供"全流程服务"；二是为全局知识产权申请、监控、维护及高价值培育等提供"全方位运营"服务；三是根据产品研发和市场开拓需求，提供产品所属领域的情报收集、分析，以情报专刊等形式提供支撑服务。

（五）加强人才培养

按照《国家技术转移专业人员能力等级培训大纲》，围绕国家技术转移政策法规、产权相关法律法规规定、市场分析与评估、技术成果保护与转化、技术转移合同与知识产权交易、技术转移服务管理等，进行具有针对性、专业性、政策性、可操作性的内容学习。着力挖掘和培养一大批"知政策、精技术、会管理、懂金融、明法律、通市场、擅转化"的高素质复合型人才，有效配置到科技成果转化和产业化的各个关键环节，以人才结构的优化和素质的提高带动科技成果转化和产业化水平的提升。

通过持续推进人才强企战略和创新驱动发展战略，加快广州供电局创新管理体系实践，完善项目、平台、人才、资金一体化配置机制，在推动科技自立自强支撑新发展格局的进程中，不断加强全局青年科技人才的支持和使用，在关键核心技术领域培养一批优秀的青年科技人才，发挥青年科技人才的科研攻关与梯队储备作用，为广州供电局创建全国领先标杆供电局注入青年创新动力。

（六）强化绩效考核引导与正向激励

（1）强化绩效考核引导。充分发挥绩效考核的"指挥棒""助推器"作用。一是将产品入驻商城、纳入网公司《新技术（产品）推广应用目录》情况作为各单位年度经营绩效考核指标内容。二是鼓励和引导科技成果向系统外推广，逐步加大对形成系统外销售的系数调整。按照系统内外转化的不同，对应不同的折算系数 K，其中系统内外许可转化的首次许可费以 $K=1.0$ 计算，许可后形成销售的计提根据销售对象性质（局内、省公司内、系统内、系统外）设置不同认定系数。

（2）优化正向激励。按照《中华人民共和国促进科技成果转化法》《中国南方电网有限责任公司科技成果分红激励管理办法》《广东电网公司科技成果分红激励管理实施细则》要求，以"价值导向、贡献挂钩"为原则，进一步探索差异化的创新成果转化激励机制，针对广州供电局成果转化多以"普通许可"方式实施的特点，建立"四个明确"工作机制。一是明确

激励分红认定范围为前一年度实现销售收入的科技成果;二是明确激励分红对象需覆盖"三种人",即科技成果完成人员、成果转化技术人员、成果转化推广人员;三是明确激励分红比例,根据成果销售订单来源,按照局内、局外、省内、省外界定分红比例,鼓励创新成果向南网其他兄弟单位及南网系统外销售;四是明确激励分红奖金列支渠道,激励所需资金在工资总额中列支,实行单列。

在科研攻关方面,广州供电局与清华大学、浙江大学、天津大学、西安交通大学签订了"国之大"创新链联合技术攻关战略合作协议,联合攻克网络精准授时、局域群组通信、电力安全防护、5G切片敏捷管控系列关键技术。

在平台共享方面,由广州供电局牵头,联合清华大学、华中科技大学等9家一流高校、研究机构与行业头部企业共同申报了国家能源电氢协同低碳技术研发中心,该中心成功入选国家能源局"十四五"第一批"赛马争先"创新平台,覆盖产学研用各环节。联合刘吉臻院士团队和暨南大学,牵头组建南方电网公司数字能源电力系统联合实验室。

在人才培养方面,广州供电局通过与高校共建研究生工作站,近年来共引入数十名研究生进站工作。稳定的科技投入和良好的资源保障,令广州供电局初步建立起具有一定规模和实力的科技研发体系。

在成果培育和奖励申报方面,广州供电局通过产学研融合发展新模式,共获批多项国家级科技项目、技术标准,攻关多项重大技术装备,在氢能与燃料电池领域核心技术攻关、首台(套)研制、重点工程示范、技术创新及行业贡献等方面取得了一系列成果。

四、深度融入粤港澳大湾区科技创新

2019年,中共中央、国务院印发《粤港澳大湾区发展规划纲要》(以下简称为《规划纲要》),组建了包括香港、澳门以及珠三角九市,包括广州市、深圳市、珠海市、佛山市、惠州市、东莞市、中山市、江门市、肇庆市总面积5.6万平方公里、人口7 000万、经济总量约10万亿元的国家级跨区域性合作纲要。《规划纲要》将粤港澳大湾区从战略角度定位为：建设成充满活力的世界级城市群，以及逐步成长为具有全球影响力的国际科技创新中心。

为落实国家、网省公司关于深化粤港澳全面合作的战略部署要求，近年来广州供电局持续探索构建粤港澳科技创新合作长效机制，依托深港穗科技集群、大湾区科技创新中心等区位优势，深度融入粤港澳大湾区科技创新中心建设。

目前，广州供电局与香港理工大学、香港科技大学（广州）、珠海澳大科技研究院等多家港澳高校及科研单位合作的首批粤港澳合作专项科技项目已进入实施阶段，合作项目包括智能协作充电网络系统、输电线路隐患风险级别评估大模型、复杂中低压配电网的人工智能规划技术等共 10 项。第二批粤港澳合作项目也进入策划阶段。

此外，广州供电局还积极深化与港澳高校及科研单位的沟通交流。在青年人才交流方面，广州供电局依托青年创新联盟和粤港澳大湾区绿色电网青年创新实践基地，推动青年创新交流，进一步激发青年人才的创新活力。2024 年 6 月，广州供电局受邀赴香港理工大学参加"碳中和与新型电力系统"院士论坛。该论坛汇集学术界、产业界及政府部门的代表，就大湾区新型电力系统的发展、碳中和、高比例可再生能源并网等研究合作进行广泛交流。广州供电局团队走进多个香港高校能源研究实验室，就大湾区绿色低碳发展、能源项目合作等方面开展深入交流，探索拓展可能的合作领域。

广州供电局凭借其"基于空地一体化遥操作'达芬奇'机器人的电网智能运维技术"项目，荣获粤港澳大湾区高价值专利培育布局大赛金奖，国务院国资委熠星创新创意大赛二等奖，为专利技术在粤港澳大湾区的转移转化和投融资打下坚实的基础。

五、促进产业升级和持续引领作用

广州供电局加入了广州市颠覆性技术创新联盟、中国电机工程学会、广东省特殊湿热环境电力装备创新联盟等十余家学术组织、技术协会与创

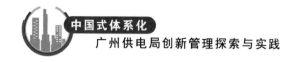
新联盟，覆盖电力行业的多个领域。一方面能够帮助广州供电局加强与国际和国内同行的交流与合作；另一方面也能在关键技术与核心技术的联合攻关中发挥重要作用，促进产业升级与技术创新，为电力行业的持续发展贡献力量。

在创新人才培养方面，广州供电局通过推荐技术人员加入"CIGRE 中国国家委员会""电力行业绝缘子标委会"等 10 余个专业技术委员会，积极参与到国际、国内、行业、团体标准的制定和技术交流中，扩大企业在国内外和行业内外的影响力和话语权。

六、深化国际合作与交流，构建共赢新模式

为践行深化新能源国际合作的发展战略，广州供电局牵头或参与一系列国际合作与交流活动，与芬兰 Convion、Elcogen、德国西门子能源有限公司等十余家欧洲知名科研单位签订战略合作协议，构建能源绿色低碳转型共赢新模式。

广州供电局围绕深化中欧能源合作开展了系列探索实践，相关工作获得国家能源局高度肯定和各界广泛好评。广州供电局与芬兰 3 家能源企业通力协作，通过引进芬兰先进技术及系统集成，合作建成广州南沙"多位一体"微能源网示范工程项目，在微能源网投资运营模式、设计规则标准等方面形成了可复制的经验做法，该项目获评"中欧能源技术创新合作最佳实践案例"，为深化中欧能源合作开辟了新空间。

广州供电局与英国工程技术学会（The Institution of Engineering and Technology，IET）联合主办"迈向数字化绿色化的未来能源系统"技术会议分论坛，该论坛汇聚了国内外能源领域的专家学者，共同探讨新能源技术的发展趋势和挑战，为我国能源转型提供了宝贵的智力支持。

2020 年和 2022 年，广州供电局代表网省公司参加了两届中欧能源合作论坛，通过论坛加强与欧洲能源领域先进单位和企业的对接合作，并与国家能源局、中欧能源合作办公室建立了紧密联系。2024 年 8 月 27～28 日，广州供电局承办了第三届中欧能源技术创新合作论坛。论坛以"携手创新，

共享未来——推动中欧能源技术互利合作"为主题，国家电网公司、五大发电集团等 10 余家能源央企和 10 个欧洲国家驻华使领馆、80 余家欧方企业等来自中欧政企商学的各界代表约 400 人参加论坛，全国超过 55 万名观众通过线上平台全程观看论坛。论坛上，广州供电局正式发布全球首份《电氢协同发展蓝皮书》，从电力系统"源—网—荷"的视角，详细介绍电氢协同的典型场景与示范应用，展望了电氢协同未来发展形态、技术创新方向、国际合作重点，并提出政策机制倡议，为相关企业和政策制定提供了行动指南。此外，广州供电局与奥地利 AVL 公司依托"政府间国际科技创新合作"专项项目《支撑高比例新能源电网的可逆固体氧化物电池集成与控制关键技术》达成合作意向，并与中欧能源技术创新合作网络相关单位共同发布广州倡议（图 11.1），邀请与会代表前往广州南沙考察参观国内首个电网侧固态储氢型加氢站——南沙小虎岛电氢智慧能源站、全国首个中芬能源合作示范项目"多位一体"微能源网等先进技术成果。广州供电局在会议承办过程中赢得了与会欧洲能源企业的广泛认可和赞誉，对提升国际创新影响力具有重要意义。

图 11.1　高质量推动中欧能源技术创新合作广州倡议

通过上述一系列举措，广州供电局不仅提升了自身的国际影响力，也为推动我国能源事业走向世界舞台中央，促进国际能源技术交流与合作，贡献了积极力量。

第六篇

展　望　篇

第十二章 打造广州特色科技品牌

一、广州特色的前沿技术突破与创新

广东电网直流背靠背广州工程（大湾区中通道直流背靠背工程，见图 12.1）是国家能源局电网规划的重点工程，代表着世界领先的新一代高性能柔直背靠背换流站，是落实《粤港澳大湾区发展规划纲要》等国家重大战略部署的重要举措。广州供电局自立自强、创新驱动，开展关键技术攻关，打破国外技术垄断，在国内首次完成 100% 采用自主可控 IGBT 的换流单元成功送电，实现了从"0"到"1"的突破。

图 12.1　大湾区中通道工程航拍图

该工程创造了 3 个世界首创和 7 个国家首次的纪录，有效巩固了我国在直流输电领域的世界领先地位。工程的高质量建成优化了大湾区电网结构，增强了电力安全供应保障能力，提升了大湾区消纳清洁能源水平，为加快推进"双碳"目标、新型电力系统建设、电力体制改革以及数字化转型等重大战略提供了有力支持。

在打造世界领先高性能柔直技术品牌的同时，该项目探索出了一套可复制、可推广的超级工程建设模式，荣获工程建设领域最高荣誉"国家优质工程金奖"，作为广东目标网架主要组成单位被评为 2023 年度央企十大超级工程。

（一）工程四大品牌示范效应

广东电网直流背靠背广州工程创下多个世界第一，成为世界上首次在直流多馈入电网负荷中心实现分区互联的柔性直流背靠背工程，是世界上第一个具备异同步联络功能的柔性直流背靠背工程，也是世界上单元容量最大的背靠背柔直换流站。该工程在"柔性互联、先进控制、高性能装备、智慧换流站"四个方面展示了显著的品牌示范性效应。

1. 柔性互联示范

该工程采用柔性直流背靠背的方式，将广东电网分成东西两个片区。两个片区既可以独立运行，又可以通过柔性直流换流站互相连接。项目首创了多直流高密度受端电网的柔性互联分区构网新模式，设计了柔性互联分区成套技术方案，为多直流馈入受端系统网架优化开辟了新的技术路径。

2. 先进控制示范

该工程设计了高稳定、快响应、强支撑的控制系统。高稳定方面，采用先进的虚拟电网自适应控制策略，配合 $150\mu s$ 世界最优控制全链路延时控制架构，彻底解决了长期以来影响柔性直流工程运行稳定性的高频谐振问题。快响应方面，系统能够在分钟、秒和毫秒级别下进行有功无功调节和输出，功率阶跃响应时间小于 20ms，潮流翻转时间小于 100ms，动态性能指标在国际上处于领先水平。强支撑方面，首次研发设计了柔直背靠背异同步控制技术。稳态时，模拟交流线路根据分区电网相角差自动调节柔直传输功率；故障时，柔直自主隔离故障区域并发出无功进行电压支撑。

3. 高性能装备示范

该工程攻克了高可靠、高性能、自主可控的柔直换流阀重大装备（图12.2），首次研制出采用100%国产元部件的柔性直流换流阀装备，并实现工程应用，引领柔直核心装备国产化发展，实现了从"0"到"1"的重大突破。该项目成果通过国家能源局第三批能源领域首台（套）重大技术装备评选，并获得省部级科技奖项13项，受到了新华社等主流媒体和李立涅院士为代表的行业专家高度评价。研制的世界范围内损耗率最低、能效等级最高的大容量水冷柔直变压器，每年可节约电能780万千瓦时，推动了柔性直流自主可控技术的跨越式发展，同时提升了我国电工装备制造业的核心竞争力，保障了我国高端电力装备供应链安全，从而有效巩固我国在直流输电领域的世界领先地位。

图12.2 首次实现在一个完整换流单元100%采用国产IGBT器件

4. 智慧换流站示范

该工程采用户内布置和水冷柔直变压器设计，阀门及变压器外冷却塔加装隔声屏降噪技术，实现多手段综合降噪技术的超静音绿色换流站，换流站整体噪声排放低于48.5dB（A）。该项目还建立了换流站全景感知系统及三维信息平台。在城市高密度负荷中心建成绿色高效柔直换流站，尚属世界首次。

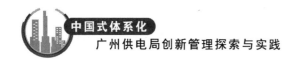

（二）工程成就及荣誉表彰

以大湾区中通道工程为代表的广东电网目标网架系列工程建成后，将提升大湾区消纳清洁能源水平，并显著提升广东电网电力供应和配置能力。粤港澳大湾区的供电能力将提升80%，堪称保障粤港澳大湾区电网安全的"稳定器"。广东省东西部电力交换能力由410万千瓦提升至1 000万千瓦，大幅提高新能源吸纳能力，从根本上化解大湾区电网安全稳定问题。

工程取得电力装备国产化关键技术突破，研制的自主可控柔性直流换流阀成果通过了国家能源局第三批能源领域首台（套）重大技术装备评选，获新华社等主流媒体和行业专家高度评价。引领国内电力设备行业发展，带动上下游产业供应链发展，解决柔直主设备自主可控难题，为推动柔性直流自主可控技术的跨越式发展、提高我国电工装备制造业的核心竞争力、保障我国高端电力装备供应链安全、实现"双碳"目标等奠定了坚实的技术和装备基础。

大湾区中通道工程结合工程进度，通过电视、报纸、广播、海报、横幅等多种媒介策划了《春节期间 基建攻坚团队坚守施工一线》《广州供电局：技术赋能 打造行业超大尺寸钢结构单层建筑》《抢建"大动脉"，打造"强电网"，成功完成换流阀首次解锁》《大湾区直流背靠背广州工程：优化电网结构，提高供电能力》《粤港澳大湾区直流背靠背电网工程建成 粤港澳大湾区电网安全性大幅提升》等宣传报道，在中央广播电视总台《新闻联播》《人民日报》《中国电力报》等国内各级媒体组织开展85次工程宣传，其中央媒21次、省级29次，"超静音"水冷柔直变为主题的融媒体作品《能量巨兽与城市的静谧相处之道》被推荐参评国务院国资委新闻中心主办的第八届"国企好新闻"。

大湾区中通道工程作为广东目标网架主要组成项目被评为2023年度央企十大超级工程，获绿色建造"三星"工程及广东省重大建设项目档案金册奖，获工程建设最高荣誉"国家优质工程金奖"，为加快推进"双碳"目标、新型电力系统建设、数字化转型等重大战略贡献了南网力量。

二、广州特色城市智慧电网技术攻关与创新

（一）全国首套弹性城市电网智能调控系统

广州供电局以高水平科技自立自强促进企业高质量发展，自2015年起，面向国家对电力安全的重大需求，构建了国内首个基于"资源配置—定量评估—应急调度—协同恢复"的弹性城市电网智能调控技术。经过9年的探索和应用，此项技术发展成熟，顺利应用于广州电网，并取得显著的标杆示范作用，成功打造了"广州弹性城市电网智能调控"品牌。

1. 智能调控四大品牌价值

（1）兼顾经济性与安全性价值。

建立面向城市电网弹性提升的"投资决策+灾害模拟"双层模型，通过"投资决策+灾害场景运行模拟"双层规划，实现常规场景与灾害场景的兼顾。建立灾前抢修物资、灾中供电资源、灾后维修人员调配混合整数规划模型，明确多种灵活性资源协同对系统弹性提升的作用机理，提出分布式双层迭代求解算法，识别关键环节进行弹性资源的多点最优选址，实现合理投资下电网弹性水平的最大化。

（2）弹性电网评估与风险管理价值。

提出了以灾害时序推演为核心的弹性评估方法，构建了涵盖用户—设备—系统多维度、灾前—灾中—灾后全过程的城市电网弹性评价指标体系，包括四个一级指标、八个二级指标和二十四个三级指标。2021年，通过该评估体系发现了广州电网配电网网架风险评估精准度不足的问题。为解决这一问题，构建了"标准—系统—机制"三位一体的特大型城市配网供电安全能力生态链管控模式，提出了配网供电安全标准及风险评估方法，统一了配网网架、配电自动化、主配协同水平的量化评估标准。此外，还建设了配网网架风险智能分析系统，实现了网架薄弱环节的自动扫描和风险多维评估，为打造坚强可靠的网架提供了系统性科学支撑，并建立了配网

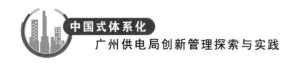
网架风险时空全景可视化动态渲染地图，实现了配网网架风险信息的直观展示及风险区域的快速定位。

（3）复杂故障诊断高韧性价值。

为应对特大型城市电网在极端灾害条件下的运行挑战，实现"判得准＋控得快"，通过集成时序约束与多源报警信息的故障识别诊断方法，结合故障逻辑推理与气象特征匹配，实现了对多重复杂故障的准确判断。基于半监督谱聚类算法的主动解列断面搜索方法以及鲁棒优化调度模型，有效提升了电网的快速响应能力和应急调度水平。此外，还构建了继电保护智能运维平台，通过多源数据分析和复杂故障诊断知识库，显著提高了故障定位与处理的效率。同时，推进调控一体化建设，实现了调度程序化操作和智能分析判别，极大提升了电网调控的安全性和效率。这一系列措施共同作用，使得电网能够快速准确地判断故障并迅速作出响应，从而具备更高的弹性和稳定性，由"被动补救"有效地转变为"主动防御"。

（4）弹性电网高可靠性价值。

考虑内外部电源构建主配微高效协同的多层最优恢复网架，建立储能、电动汽车、柔性负荷等异构分布式资源的聚合模型，形成源—网—荷—储协同的快速复电方法，做到源荷储深度互动，建成"集中调控、主配协同、营配联动、快速响应"的特大型城市电网调度业务运作模式。自愈技术通过"馈线自愈—母线自愈—高效自愈—中低压协同自愈"四个阶段的发展，不断向广度和深度延伸，覆盖高、中、低多电压等级。自愈动作和恢复能力不断增强，故障处置时间由小时级降低到分钟级（图12.3）。

针对现阶段配电网因存在"自愈死区"、检修需接入发电车等中低压协同供电能力不足而制约供电可靠性和客户服务水平提升这一问题，聚焦"网架—设备—主站"三个层面，在国内首创木棉花形中低压协同自愈配电网新形态，构建了"台区网格化互联"的供电模式，创新性实现中压自愈向低压用户侧延伸，全面提升中低压协同供电能力。打造"3个100%"高品质供电引领示范样本，实现10千伏中压任一设备故障/检修下100%负荷零损失、100%发电车零使用、100%停电零感知，满足了广州城市高质量发展和人民美好生活电力需求，并为A+类、A类等高可靠核心区域配网自愈提供了新发展模式，具备广阔应用前景。

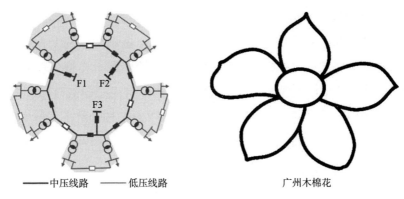

——中压线路　——低压线路　　　　　广州木棉花

图 12.3　木棉花形中低压协同自愈配电网网架示意图

2. 智能调控十大创新亮点

（1）技术成果获国际领先认定。

2023 年 2 月 11 日，品牌成果经中国电机工程学会组织的王成山院士专家组鉴定，一致认为：成果总体达到国际先进水平。其中，以灾害演变模拟为核心的城市电网弹性定量评估方法、基于柔性负荷调控的关键负荷恢复提升方法、特大型弹性城市电网全景信息决策支持系统达到国际领先水平。

（2）创新性双层规划提升城市电网弹性。

创新提出面向城市电网弹性提升的双层规划方法。通过"投资决策+灾害场景运行模拟"的双层规划，突破了传统规划中难以考虑"小概率—高损失"灾害场景的瓶颈，规划方案直接支撑灵活性电源的接入，实现 7 个500kV 供电片区均配置黑启动电源，可减少负荷损失超过 500 万千瓦，从规划源头上提升城市电网极端灾害应对能力。

（3）城市电网弹性定量评估方法创新。

首次提出以灾害演变模拟为核心的城市电网弹性定量评估方法，构建了灾前—灾中—灾后全过程和用户—设备—系统多维度的城市电网弹性定量评价指标体系，其中"具备孤岛运行能力保障电源数"等 3 项指标成为国家能源局坚强局部电网核心评价指标，直接应用于广州、深圳等城市坚

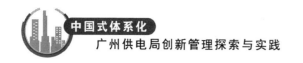
强局部电网建设，为弹性城市电网建设提供定量评价手段和依据。

（4）城市电网应急调度方法创新。

率先提出基于多重复杂故障识别诊断的城市电网应急调度方法。构建融合外部环境信息和时序报警信息的系统故障诊断解析模型，基于故障诊断结果提出应急电源鲁棒优化调度方法。成果在台风"彩虹"故障复现仿真中1分钟内完成故障诊断解析，分析结果与实际故障一致率达到100%。

（5）灾后大停电恢复方法创新。

提出源—网—荷—储协同的特大型城市电网灾后大停电恢复方法。利用电动汽车、储能等黑启动电源加速网络重构，通过柔性负荷需求响应实现灾后源荷快速平衡。应用项目成果，协鑫电厂投产南网首套基于储能的黑启动系统，已完成国内首次坚强局部电网黑启动全过程实战性试验，填补了实践空白。针对台风"彩虹"灾害而提出的恢复策略较传统方法决策时间缩短70%以上。

（6）首套特大型弹性城市电网实时决策支持系统。

建成并投运全国首套特大型弹性城市电网实时决策支持系统，包括全景信息可视化、故障定位与恢复、应急抢修兵棋演练等子系统，支持灾前—灾中—灾后全链条决策"分钟级"滚动更新。成果应用后，同等强度台风对电网造成的负荷损失减少46%。

（7）首个一键式智能电网保护整定技术。

国内首创基于典型定值的一键式智能整定技术，提出110kV电网保护配合简化原则和全运行方式整定方案，将各种运行方式简化为三种典型运行方式和对应三套定值，并通过匹配运行方式，实现免人工干预的"一键式整定"。在确保定值配合裕度的基础上有效简化了整定工作，在突发事件导致的方式变化时可远程校核并切换相应定值，实现定值运行风险自动处置。

（8）中低压自愈配电网技术规模化应用创新。

建成了大规模主站集中型自愈配电网，将自愈、合环转电等技术向低压领域延伸，打造具备"片区"规模化效应的中低压协同自愈深层次应用。

（9）配网供电安全与自动化标准创新。

在国内首次提出"基础网架""三遥网架"概念，明确各类区域馈线复电能力和快速复电能力具体要求，填补配网供电安全标准行业实用化的空白，统一配网网架、配电自动化、主配协同水平量化评估标准，解决配网网架类型繁杂问题。

（10）配电网自愈控制与并行数据处理技术突破。

创新性提出负荷块、负荷链概念，通过复杂配电网馈线组快速解耦，实现馈线动态分组，突破复杂联络关系困境，解决配电网自动控制典型接线依赖性强问题。采用数据并行的分布式电网应用分析框架，实现容器集群的并行处理，满足分布式应用的消息分片订阅和数据并行处理的需求，实现网络规模的降维处理和故障的并行集群处理，支撑自愈拓扑分析效率大幅度提升。

3. 成就及荣誉表彰

广州弹性城市电网智能调控品牌建成"集中调控、主配协同、营配联动、快速响应"的特大型城市电网调度业务运作模式，自愈型配电网规模位居全国之首，"配网供电安全多维分析""馈线动态分组高效自愈""中低压协同自愈技术"国内首创，二次智能运维建设水平国内领先，调控一体化应用规模南网领先。"具备孤岛运行能力保障电源数"等 3 项指标成为国家能源局坚强局部电网核心评价指标，直接应用于广州、深圳等城市坚强局部电网建设。该技术支撑"艾云尼""马鞍"等极端台风天气灾害应对，扭转台风、强暴雨等极端灾害下"被动应对"的困境。

广州弹性城市电网智能调控品牌获得电力行业高度认可，荣获 2023 年度中国电力科学技术进步奖一等奖，在行业内及学术界受到广泛关注。广州供电局的实践成果作为优秀案例多次在国内及国际高层级专题交流中得到高度认可。

中国工程院院士邱爱慈给予了高度评价，在《双碳目标下弹性电力系统发展思考报告》中提出本技术成果成功实现台风灾害下用户"少停电、快复电"；在行业权威论坛 MPCE 上被选为优秀实践案例，与来自中国、美国、澳大利亚、希腊等海内外专家进行专题交流，获评为"取得卓越成效"。在 2023 年中国电机工程学会年会上参展，入选 2023 年度电力科学技术奖获奖项目成果汇编；在国家能源局网站、南方监管局网站、新浪财经、新华网、《中国经济导报》、学习强国等中央媒体报道；在《电力技术情报》、北极星电力网、配网调度控制运行技术服务平台等行业主流媒体报道；在《广州日报》《南方日报》等社会主流媒体开展传播，形成强大的行业及社会影响力，成为城市电网在极端天气等灾害下保持安全稳定运行的"安心丸"，电力行业主动应对极端灾害的名牌名片。

（二）城市创新与绿色智能标杆猎桥变电站

110 千伏猎桥变电站（图 12.4）是全国唯一集"变电站功能+电力科普功能+城市客厅功能"为一体的城市变电站综合体。该项目以"人民城市人民建、人民城市为人民"的理念为建设指导思想，积极贯彻落实习近平总书记对广州提出的实现老城市新活力、"四个出新出彩"重要指示，全力探索"全民参与、共同缔造"的城市品质建设新模式。变电站具有设计理念超前、智能技术领先和绿色低碳引领的显著特征，打破了行业壁垒，在外观和功能上完美融入周边环境，显著提升城市变电站电力公共设施品质水平。同时，该项目突破了智能技术在电网建设实践中的应用瓶颈，智能化技术达到国际领先水平，并示范应用了十项绿色低碳新技术，综合节能指标位居国内前列。项目建成后，猎桥变电站成为电网与市民沟通的主要桥梁、政府与企业交流的重要平台，以及南方电网公司服务"一带一路"倡议的重要窗口。

1. 变电站三大品牌价值

（1）设计理念超前。

猎桥变电站作为全国首个"社区事·大师做"项目和"变电站+科普中心"模式的开创者，在设计上以"月光宝盒"理念融入珠江新城景观带。同时，通过创新的"公共性"和"科普性"功能，显著提升了市政设施的品质与内涵。自 2018 年启动以来，该项目由全国工程勘察设计大师陈雄设计，不仅满足了供电需求，更通过线性元素的外观设计，传达了电力传输的特点。变电站的开放性设计（如屋顶科普天台）为市民提供了休闲和观赏城市景观的新空间，同时通过数字新媒体互动和沉浸式体验，直观展示了电力知识，消除了公众对变电站电磁辐射和噪声的疑虑。这一项目成功转变了市民对电网设施的传统印象，解决了城市变电站的"邻避效应"，获得了社会的广泛认可，成为城市变电站从孤立走向融合、从封闭走向开放的典范，引领了城市变电站的创新发展。

图 12.4　猎桥变电站航拍图

（2）智能技术领先。

猎桥变电站作为南方电网公司新一代智能变电站的先行者，采用"智能化设备+模块化建设+一体化系统"的技术路线，整合了智能一次设备、二次系统、智能网关、机器人、视频监控、在线监测、物联网和大数据等前沿技术，实现了 98% 的环境监测覆盖率和 95% 的一次设备在线监测率。通过远程智能巡视模式，结合摄像头轮巡和红外测温，以及室内巡视机器人，实现了全站无人值守和自动巡检，将现场巡视次数从每月 15 次减少至 1 次，劳动强度降低了 93%。远程智能操作模式通过图像识别和程序化操作，将倒闸操作任务从每年 50 项减少至 10 项，减少了 80%；同时将操作时间从每项 40 分钟缩短至 4 分钟，节省了 90% 的时间。智能安全模式利用门禁系统、行为监控、UWB 定位和消防系统信号，建立了全面的安全管理

框架，保障了项目安全进行。这些创新技术的应用，不仅极大提升了运维效率，还显著提高了变电站的安全性和可靠性，使猎桥变电站的智能化技术指标达到了国际领先水平，成为中国电力企业联合会鉴定的科技成果，引领了电网建设向智能化技术发展的新趋势。

（3）绿色低碳引领。

广州供电局在猎桥变电站项目中，坚定地走在生态优先、绿色低碳的高质量发展道路上，积极响应国家碳达峰碳中和目标，实施了 10 项绿色低碳新技术的示范应用。这些技术包括预制装配式建筑技术，其装配率高达75%，缩短了建设工期约 2 个月；屋顶光伏发电系统年均发电量约 30 000千瓦时，直接用于站内非生产用电；光导无电照明技术年节省电量约 2 000千瓦时；充电桩智慧路灯提供多功能服务；智能化环境态势感知技术，节省非生产设备用电约 30 000 千瓦时；海绵城市技术，年节省用水量约 730吨；高效细水喷雾灭火技术，节省消防用水量约 1/4；施工一体化污水处理技术年节省施工用水费约 18 万吨；自主研制的"超静音"技术降噪效果显著，满足Ⅰ类环境要求；以及绿化碳汇技术，年均减少碳排放量约 140.3吨，提升节能率 26.1%，碳排放总量下降约 50%。这些创新技术的应用，不仅提升了变电站的运行效率和安全性，而且显著降低了能耗和碳排放，达到了综合节能指标的国内领先水平，为电力行业的绿色可持续发展提供了有力支撑，并为构建绿色低碳主题体验式教学平台创造了有利条件。

2. 变电站五大创新亮点

（1）广州市首个社区融合变电站。

猎桥变电站是广州市首个"社区事·大师做"变电站，充分运用"绣花"功夫推动城市空间环境改善，不断满足人民对美好生活的向往，实现城市变电站从孤立走向融合，有效解决了城市变电站建设"邻避效应"难题，显著提升了城市变电站电力设施品质，全面获得社会高度认可。

（2）全国首个电力科普中心。

猎桥变电站是全国首个对外开放的电力科普中心，打破了行业壁垒，搭建了央企、社会、政府与企业之间的重要交流平台，同时也是南网服务

"一带一路"倡议的重要窗口，显著提升了企业影响力。

（3）国际领先引导产业链升级。

作为南方电网公司新一代智能变电站首批试点项目，猎桥变电站自主研制了变电站智能化关键技术，实现了基于"智能设备+在线监测+机器人+视频监控"的远程智能巡视模式，构建了基于"程序化+联动视频"的远程智能操作模式，实现了基于"门禁系统+行为模式监控+UWB 定位+消防系统信号"的智能安全模式。猎桥变电站智能化技术达到国际领先水平，推动了南方电网公司智能变电站快速发展，带动了电力装备产业链迭代升级，促进了电网建设高质量发展。

（4）绿色双认证变电站。

猎桥变电站是全国首个获得"美国 LEED 绿色建筑认证金级"和"国标绿色工业建筑认证三星级"双重绿色认证的变电站，引领电力建设碳达峰碳中和可持续发展，同步构建了绿色低碳主题体验式教学平台，向未来播种"绿色"苗子。

（5）"超静音"变电站。

猎桥变电站采用自主研发的"超静音"技术，成为南方电网公司最安静的变电站，实现了变电站环境噪声行业标准从Ⅱ类环境标准向Ⅰ类环境标准的跨越，有效解决了城市变电站噪声带来的行业难题。

3. 成就及荣誉表彰

何镜堂、李立涅、崔愷、王建国、孟建民等 6 位中国工程院院士和专家，在猎桥变电站发布倡议书，面向世界呼吁以该项目作为优秀示范案例，从规划源头化解公共设施建设引起的"邻避效应"问题，用设计力量提升城市品质。该变电站也因此受到芬兰、秘鲁、亚非等国家、地区国际友人的赞誉，被称为"世界上最美的变电站"，有力彰显了中国的"四个自信"。

2022 年 8 月，南方电网公司颁布《数字变电站典型配置要求（试行）》（办生技函〔2022〕9 号）文件，明确以新一代智能变电站试点工程作为示范项目，在南方电网公司范围内正式推广应用，促进南方电网公司建设加速向新一代智能化技术发展，推动电力装备产业链迭代升级。

截至 2023 年 12 月，猎桥变电站接待市民参观超过 2.5 万人次，接待政府部门技术交流超过 100 次，接待外事技术交流国家超过 40 个，成为电网与市民沟通的主要桥梁、政府与企业交流的重要平台、南网服务"一带一路"倡议的重要窗口。同时，猎桥变电站还获评为 2022 年度社会责任卓越案例、2022 年中国电力企业联合会电力企业公众透明度典型案例、2023 年中国品牌日创新精品案例、全国科普教育基地、广东省科普教育基地、粤港澳大湾区绿色电网青年创新实践基地，以及广东省少先队校外实践教育营地等荣誉称号。此外，猎桥变电站凭借卓越的建设成就，先后获得中国安装之星、中国电力优质工程、电网标杆工程等省部级工程奖 10 项，申请发明专利 13 项，计算机软件著作 6 项，绿色评价 3 项，科学成果技术鉴定 1 项。

三、电力传输效能提升技术突破与创新

（一）国内首创的高压电缆技术

广州供电局高压电缆技术以清洁低碳、安全经济、灵活智能的发展特性，树立了行业内的国际典范，并在重大技术难题攻关、标杆工程建设示范、高层次创新平台打造、复合型人才队伍建设等领域取得了重大进展。广州供电局率先应用 110kV 交联聚乙烯高压电缆，先后突破了 110~500kV 电缆附件安装技术、聚丙烯环保电缆料技术和新一代智慧管廊数字化技术，打破了国外技术垄断，为我国高压电缆的制造、建设与运维，以及产业链供应链安全提供了坚实保障。

1. 高压电缆三大品牌价值

（1）自主创新能力。

广州供电局高压电缆技术品牌通过持续的技术创新与自主研发，成功打破了国外技术垄断，实现了高压电缆关键技术和产品国产化，特别是在绝缘材料、智能运维系统等方面取得了突破性进展。

（2）发挥行业引领作用。

作为行业的先行者，广州供电局不仅在国内率先开展了多项技术创新与应用，还积极参与国际标准的制定，提升了中国在高压电缆领域的国际地位和影响力。

（3）人才孵化与输出。

广州供电局重视人才培养与队伍建设，通过建立一系列人才培养机制和平台，不仅为企业内部培养了大量技术骨干，还为整个行业输送了众多顶尖人才。

2. 高压电缆两大创新亮点

（1）绿色环保聚丙烯电缆技术。

广州供电局研发并应用了 110kV 绿色环保聚丙烯电缆绝缘材料。该材料的使用响应国家绿色低碳政策的要求，解决了高压电缆绝缘材料长期依赖进口的难题，打破了国外技术垄断。

（2）智能运维与数字化转型。

广州供电局通过集成控制式数字化平台等技术手段，实现了高压电缆的智能化运维，提高了运维效率和安全性，同时也为电缆的全生命周期管理提供了技术支持。构建的广州地区高压电缆运行状态全景感知系统，通过中国电力企业联合会鉴定，被认定达到国际领先水平，标志着广州供电局高压电缆技术率先进入数字化时代。

3. 成就及荣誉表彰

2012 年以来，广州供电局高压电缆专业累计实施科技项目 64 项，被中国电力企业联合会等单位鉴定为国际领先水平 8 项，获得国家行业协会、广东省等省部级科技奖励 16 项；发表 SCI、EI 检索等高水平论文 26 篇，授权发明专利 32 项。500kV 电缆运维关键技术、110kV 及 220kV 电缆载流量提升、电缆绝缘劣化等科技项目成果已推广应用，取得了显著的社会效益和经济效益。

广州供电局直接管理和运作 IEEE PES 输配电技术委员会电缆分委会、广东省电机工程学会电缆专委会、城市电缆技术与系统实验室，先后牵头立项国际标准 1 项，编制国内行业标准、企业标准 30 余项。

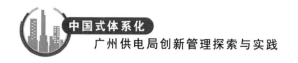

（二）长距离大容量500kV交联电缆系统

随着经济的持续发展，广州市对供电的需求不断增加。为了满足广州中南部地区电力增长的需求，缓解500kV广南变电站的供电压力，广州供电局顺利完成了500kV楚庭—广南输变电工程的建设。该项目始于2009年10月，成功建成后，不仅为区域内现用220kV电网提供了重要的电源支撑，还显著增强了电网结构的安全性和稳定性，有效降低了电网运行的风险，大幅提高了供电可靠性。此外，该工程还支持佛山中南部地区的供电需求，为推进广佛同城化及"广佛肇"经济圈的建设奠定了坚实基础。

500kV楚庭—广南电缆线路工程作为当时我国输送距离最长、输送容量最大的500kV陆上交联电缆工程，总长度达到20千米，穿越了城市中心、工业区、农田以及河流等多种复杂的地理环境，在电缆选型、隧道施工、敷设安装、质量控制以及资源调配等方面都面临着巨大挑战。此工程是全国首个两回线路均使用国产电缆的500kV城市电网项目，对整体的可靠性保障提出了更高的要求。

楚庭—广南电缆线路工程在建设过程中克服了前所未有的技术难题和管理难关。尤其是在处理500kV电缆的设计、施工、运维和管理方面，因电缆体量大、跨度长、电场强度高等特点，在实施过程中遇到了诸多困难。然而，通过技术创新和精细管理，所有问题均逐一得到妥善解决，确保了工程的成功建成并投入运营。

1. 交联电缆系统三大品牌价值

（1）技术创新与引领。

该工程在电缆敷设、附件安装、试验检测、运维管理等多个环节进行了技术创新，如高压电缆智能敷设系统、高压电缆接头安装环境系统、长距离500kV电缆交接试验技术的研究与应用，以及电缆系统的数字孪生与智能化运维技术等。这些创新不仅解决了工程实施过程中的技术难题，还为我国乃至全球的超高压电缆工程建设提供了宝贵的经验和技术支持，提升了中国在该领域的国际竞争力。

（2）社会与经济价值。

工程的建成有效缓解了广州中南部地区的供电压力，增强了电网结构，提高了供电可靠性，为广州乃至周边地区的经济发展和社会生活提供了稳定的电力支持。通过采用国产电缆，降低了建设成本，增强了国内电缆制造企业的竞争力，同时也为后续的超高压电缆工程提供了国产化的示范案例。

（3）可持续发展与环保。

在建设过程中，通过采用先进的技术和管理方法，有效减少了对环境的影响，例如使用环保材料和技术手段控制电缆接头安装环境，确保施工过程中的环境友好。此外，工程还采用了节能高效的设备和技术，比如智能敷设系统减少了能源消耗和人力成本，同时提高了施工效率，体现了可持续发展的理念。

2. 交联电缆系统四大创新亮点

（1）高压电缆智能敷设系统研制及应用。

该系统集成了智能敷设控制系统平台、电缆智能输送机和电缆电动展放装置，采用多传感分控技术对电流、压紧力、拉力等关键参数进行集中控制。通过构建智能敷设平台，实现了电动展放装置、智能输送机、电动滑轮、牵引机的同步输送，并具备故障状态自动预警功能，显著提升了电缆敷设施工过程中的设备和人员安全水平。系统能够自动启停敷设动力设备，实时处理数据并监控运行参数，辅助判断工作状况并自动分析预警，及时干预故障，避免电缆和设备损伤。电缆智能输送机集成多组传感器，实现对电缆夹紧力和设备状态的监测，具备急停功能，确保敷设进度的实时显示和控制。电缆电动展放装置针对 500kV 电缆的重量和长度特点，通过电机控制匀速展放电缆，减少拉扯力，保护电缆，减轻操作人员劳动强度，提高生产效率和放缆速度，确保电缆展放质量。这一创新平台从根本上解决了传统敷设方式中电缆受损问题，为电缆敷设工作提供全方位的安全保障，提升了工作效率。

（2）高压电缆接头安装环境系统研制及应用。

为了解决超高压电缆附件安装过程中对环境的高要求，该项目团队开发了一套高压电缆接头安装环境系统，确保接头安装的一致性和精密度。该系统主要包括气膜式洁净棚和附件安装环境控制系统两大部分。气膜式洁净棚采用聚四氟乙烯塑料树脂制成的微孔薄膜，利用其防风、防潮和透气不透水的特性，结合充气气膜技术，形成封闭的洁净空间，有效隔绝外界污染。同时，内棚模块采用定制不锈钢支架外覆防静电膜，易于清洁维护。附件安装环境控制系统则通过模块化环境控制设备、集成式送回风系统和实时监控存储系统，实现对接头区域温度、湿度和空气质量的有效控制，满足 500kV 电缆中间接头的施工要求。这套系统可快速拆装、循环使用，适用于隧道内的快速运输和安装，确保了电缆接头安装的质量和效率。

（3）长距离 500kV 电缆交接试验研究。

为了确保全国距离最长、容量最大的 500kV 陆地 XLPE 电缆系统的可靠运行，本工程项目自主研发了国产化大容量 500kV 交联电缆变频耐压试验成套系统。这是目前国内最大容量的串联谐振变频耐压试验系统，能够满足 21km、$500kV/2\,500mm^2$ 交联电缆 $1.7Uo$ 交接试验的要求。此外，该项目还提出了大功率方波变频电源的设计方法和制造工艺，并成功研制出单台 $1\,200kW$ 方波变频电源，攻克了高 Q 值高压电抗器的设计难题。同时，针对 500kV 电缆 GIS 系统的 VFTO 问题，该项目开展了 GIS 产生的 VFTO 特性和传播过程的研究，掌握了变电站 GIS 开关操作时特快速瞬态电磁过程的产生和传播机理，并通过 GIS 设备上的 VFTO 传感器测试试验验证了传感器的相关性测试特性，确保了电缆系统的安全可靠运行。

（4）电缆系统全景运行状态感知关键技术。

为了提高长距离电缆隧道的运维质量和效率，降低人员作业风险，该项目建设团队实施了一系列基于数字孪生和智能化技术的解决方案，其中包括电缆通道数字孪生技术的应用。这项技术通过构建数字孪生系统，实现了各监测系统与数字化模型之间的数据交互、集中管理和联动，从而为运维人员提供了更全面、精细的线路运行状态展现和智能化管理工具。此外，还研发了一种适用于长距离电缆隧道环境的双臂双关节智能巡检机器人。该机器人能自动装卸灭火弹，并借助图形智能识别算法实现对电缆隧道运行环境的动态孪生，以及对火灾的灵敏处置。为进一步增强监控能力，还开发了智慧隧道综合监控系统。该系统集成了在线监测系统和视频监控系统，能够实现对电缆本体外观状态、关键部位或运行指标的监视，并能与三维模型相关联，实现线路运行状态的可视化展现和智能分析。这些技术创新不仅提升了运维工作的全面性和效率，也减轻了运维人员的工作负担，有助于推动电缆运维工作向智能化、精益化方向发展。

3. 成就及荣誉表彰

500kV 楚庭—广南线路工程是我国目前距离最长、输送容量最大的陆上交联电缆工程，同时也是我国首个两回线路均采用国产电缆的 500kV 城市电网工程，在工程建设、科学技术、管理方法等层面取得了重大创新突破，明显提升了我国超高压长距离电缆线路的工程建设水平，并具有显著的社会效益和经济效益。

在 500kV 楚庭—广南电缆线路的建设过程中，专门针对高电压、长距离电缆工程的前期规划、隧道土建、电缆敷设、隧道安装、交接试验、运行维护等关键环节中涉及的工程技术、核心科技、质保措施、管理方法等层面开展了全方位的探索与创新，解决了电缆工程面临的多个前所未有的难题及技术挑战，取得了显著的技术突破与创新成果。在此期间，发表期刊论文 18 篇，授权国家发明专利 18 项，实用新型专利 16 项，形成与电缆建设及运维相关的软件成果 3 项，研制适用于 500kV 长距离电缆巡检及试验装置 5 套，发布 500kV 电缆数字化运维专项方案，编撰 2 本 500kV 电缆培训及评价教材，申报行业标准 6 项。这些研究成果为 500kV 电缆建设及运维提供参考，提高了国内超高压电缆建设、运行维护的规范性，先后获得"南方电网科学进步奖一等奖""广东省科学技术奖三等奖"等 37 项荣誉。

(三)"绿色安全"的植物绝缘油变压器

植物绝缘油具有可再生可降解、安全环保、与绝缘纸配合可延长变压器寿命等优点，是矿物绝缘油的理想替代品，特别适合用于水电、风电、光伏发电、生物质发电等新型清洁能源的发电场景。除此之外，每使用 1 吨就可减少碳排放 1.12 吨，再次证明植物绝缘油及大型植物绝缘油变压器的研发突破和推广应用是实现电力装备绿色低碳创新发展的重要一环。植物

绝缘油变压器（图12.5）研制关键技术的突破，是我国绿色大型电力装备国产化研制工作的重要里程碑，植物绝缘油变压器不仅社会效益突出，同时还能为电网节省成本，推广应用前景极为广阔。

图 12.5　国内首台植物绝缘油变压器

1. 变压器两大品牌价值

（1）绿色创新引领者。

该项目以高水平科技自立自强为目标，突破关键技术，实现植物绝缘油国产化替代，掌握大型植物油变压器制造、运维的核心技术。

（2）绿色能源转型先锋。

该项目不仅推动了新型能源体系和新型电力系统的建设，还支撑了国家"双碳"战略的落地，为电网节省成本，具有突出的社会效益和广阔的推广应用前景。

2. 变压器四大创新亮点

（1）突破植物油核心配方。

该项目研发团队突破了植物绝缘油核心配方及制备技术，开发了山茶籽基、菜籽基、大豆基3种绝缘油产品，突破了高品质植物绝缘油制备技术，其核心指标优于国外产品。

（2）奠定国内植物油变压器基础。

通过系统研究植物绝缘的油—纸系统"绝缘、温升、老化、过载"等特性规律，提出了变压器短时过载能力试验方法，以及适用于植物绝缘油的材料相容性评价方法（形成 IEC 63177 国际标准），奠定了我国植物绝缘油变压器理论基础。

（3）攻克设计制造难题。

该项目研发团队攻克了大型植物绝缘油变压器设计制造技术难题，首次提出植物绝缘油变压器绝缘设计电场场强许用系数、散热优化指导原则和关键制造工艺。同时深入研究植物绝缘油和变压器内部固体材料的相容性，给出了变压器油漆、橡胶、胶水等材料选择指南。在此基础上，开发了首个基于国产植物绝缘油的 10~500kV 变压器系列产品，填补多项空白。研制的国内首台 110kV/40MVA 植物绝缘油变压器已在广州电网安全运行超 6 年，研制的国内首台 220kV/240MVA 植物绝缘油变压器已安全运行 2 年。

（4）突破运维技术瓶颈。

针对植物绝缘油变压器运维技术瓶颈，研究出变压器重瓦斯整定方法，解决了国外沿用矿物油变压器整定值的问题，提高了保护准确度。同时，完成了油质控制技术指标、植物绝缘油变压器防火规程及运维导则的制定等。

3. 成就及荣誉表彰

牵头制定并发布国际 IEC 63177 标准，建立了包含植物绝缘油新油、运行中油品质量控制，以及植物绝缘油变压器设计制造、试验、运维的标准体系，填补了植物绝缘油变压器运维、防火等领域标准的空白。授权专利 43 件（国际发明 2 件，国家发明 21 件，实用新型 20 件），发表论文 36 篇（SCI 收录 15 篇、EI 收录 16 篇）。相关成果已在国内外规模化应用，促使进口产品降价 40%，社会经济效益显著。经中国机械工业联合会鉴定："项目取得多项创新性成果，达到国际领先水平。"

第十三章　未来展望

一、发展思路

（一）指导思想

在全国"两会"和全国科技大会上，习近平总书记明确指出，必须充分认识科技的战略先导地位和根本支撑作用，扎实推动科技创新和产业创新深度融合，助力发展新质生产力。党的二十届三中全会作出《中共中央关于进一步全面深化改革 推进中国式现代化的决定》，明确提出"健全因地制宜发展新质生产力体制机制""深化科技体制改革"等系列任务。围绕党中央关于科技与产业融合发展的有关要求，国务院国资委、科技部等国家部委部署系列专项工作，全方位引导央企聚焦国家战略，服务国家现代化产业体系建设，着力打造国家战略科技力量。

广东省委书记黄坤明在全省高质量发展大会上指出，推进产业科技创新、发展新质生产力是广东的战略之举、长远之策。南方电网公司董事长孟振平在公司高质量发展大会上提出从实际出发，因地制宜、先立后破，加快探索发展新质生产力的南网路径，不断开创高质量发展新局面。牢牢把握科技创新这一核心要素，加快培育发展新质生产力的新动能。强化企业科技创新主体地位，把握"国家所需、产业所趋、两链所困、公司所能"，紧扣安全充裕、供需协同、灵活智能、清洁低碳和经济高效，推动科技创新体系化布局、全链条部署、突破性提升，努力锻造更多"国之重器"。

南方电网公司提出科技创新"十新行动"，以拉大科研框架为主线，以提升核心能力为目标，以优化创新体系为核心，以推动"四链"融合为抓手，拓展新领域新赛道，打造新载体新平台，构建新模式新范式，汇聚新智慧新活力，出台新机制新政策，推动公司科技创新从"支撑服务型"向"引领驱动型"转型。省公司提出基于"国之大、企之要、民之需"布局，合理拉大科研框架，实现科技创新与创新产业互促双强，加快走上创新驱动发展轨道。

（二）现状分析

"十四五"以来，广州供电局把握创新发展的重要战略机遇期，坚持创新驱动发展，变革创新管理体系，统筹创新要素，激发人才活力，全面提升企业的创新能力和水平；通过建立资源优化配置和运转协同的创新体制机制，形成了产学研用深度结合的开放式创新格局，掌握了具有国际先进水平与自主知识产权的核心技术，在多个方面取得了显著成效。

在科技投入和资源保障方面，持续增加投入，加速提升创新能力，关键技术规划与研究取得了突破性进展，科技成果整合与凝练方面也获得了多项重大奖励。积极开展成果转化探索，促进了科技创新成果的应用和效益实现。此外，知识产权一站式服务得到加强，创新体制机制持续优化，通过多种举措营造了浓厚的创新氛围，在管理创新方面取得了扎实成效，服务和商业模式创新方面实现了客户服务渠道的全面升级，并广泛试点和推进了新兴业态。

然而，当前仍存在一些突出问题。一是科技创新整体效能还需进一步提升，基础研究相对薄弱，创新链、产业链、资金链、人才链尚未深度融合，创新要素集约化程度不够，新型举国体制的优势尚未有效发挥。二是科技创新核心能力方面，自主创新能力不强，创新平台支撑作用不足，具有行业影响力的领军人才相对匮乏，成果转化与科研投入之间的匹配度不高。三是创新价值创造方面，具有较大创新价值的科技成果供给不足，自主研发的科技成果推广应用力度不够，产业布局与科技创新未形成有效衔

接，战略性新兴产业和未来产业培育还需加大布局力度。

（三）发展目标

"十五五"期间，广州供电局力争实现"引领驱动型"创新体系高效运转，关键领域核心技术实现重大突破，产出一批引领能源电力行业发展的重大成果，形成引领科技前沿、支撑安全生产、推动产业发展的新格局，培养一批创新领军人才、高级人才，显著提升创新驱动发展能力。

二、规划展望

（一）科技攻关

1. 面向国家重大战略规划

为了满足用户侧灵活资源的高效利用、规模化电动汽车的接入、高品质供电以及灵活交易的重大用电需求，同时确保在战争冲突和严重自然灾害等极端情况下城市电网快速供电安全，广州供电局将围绕以下 5 个关键方向进行研究：高可靠性新形态城市配电系统的关键技术、新型配电网的规划与控制技术、多能互动技术、防灾减灾技术以及数字化和数字孪生技术，旨在构建一套能够适应未来挑战、保障供电安全和可靠性的先进城市电力系统。

2. 面向行业科技前沿规划

为了响应国家"双碳"战略，广州供电局将重点打造广州新型电力系统示范基地，大力推进数字城市电网建设。通过构建以新能源为主体的新型电力系统，加快能源结构向低碳绿色转型。围绕电氢技术、规划技术、基建技术、综合能源技术和绿色装备技术 5 个研究方向，推动技术创新和发展。同时，为适应数字电网和新型电力系统建设的需求，全力构建高可靠供电、高品质服务、全绿色动力的"两高一全"能源电力供应体系，围绕云计算、大数据、物联网、人工智能、区块链、碳监测及治理、新一代数据中心 7 个研究方向，提升数字电网运营能力，推动数字城市电网建设，促进合作区能源高质量发展。

3. 面向生产经营一线规划

为建设本质安全型企业并构建现代能源体系，将运用系统防治思维与科技兴安策略，强化电力安全基础，重点研究科技保安技术和应急管理技术，提升新型电力系统的安全稳定性。在广州，将构建数字调度的城市电网安全防御体系，利用数字化、智能化和无人化运维技术，在关键领域如电网智能调度、配网自愈和网络安全态势感知等方面形成技术优势。此外，为实现"双碳"目标，将探索智能输电、变电和配电技术，促进公司数字化转型，打造面向未来的数字低碳生产业务模式。

4. 面向人民生活品质规划

将建设以客户为中心的国际领先高品质可靠供电体系，重点提升优质供电和不停电作业技术，加速现代供电服务体系的构建，并实现"三商"（向智能电网运营商、能源产业价值链整合商、能源生态系统服务商转型）转型。同时，将推动适应电价市场化改革的用户侧新模式，特别是在需求侧管理和电—碳市场方面加强谋划。为了深挖电网节能降碳潜力，将聚焦智能用电技术和节能技术，推动综合能源服务的发展。此外，还将加快能源消费电气化进程，推广电能替代服务产品，特别是在绿色校园、医院、交通等领域，并持续关注电动汽车行业的发展，完善充电设施监管平台。

（二）创新平台

1. 构建支持创新平台的体系化科研需求分析机制

为了构建支持创新平台的体系化科研需求分析机制，广州供电局将打造立体化的科研情报跟踪机制，依托局科创中心建立覆盖各部门、各单位、各专业和外部关联机构的创新情报工作网，定期发布创新情报专刊。同时，加强创新战略研究力量配置，建立专家委员会，并采取柔性引才方式，通过多种方式联合布局国家级、省（区）级重点创新项目。此外，分层分级打造纵向梯度式的创新项目，包括由局创新部组织建议选题、专业职能部门制定核心技术行动路线图、科研主体单位策划关键技术研发需求、生产运行单位围绕作业流程改进提出创新需求，以及集体企业通过市场调研提出具有转化应用潜力的需求。

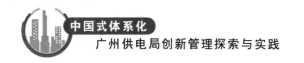
2. 构建支持创新平台的分类施策项目立项组织模式

为了构建支持创新平台的分类施策项目立项组织模式，广州供电局将推动创新驱动规划的高质量策划与落地实施，围绕科技创新、管理创新和服务与商业模式创新梳理发展目标，高质量编制创新驱动规划。同时，改进科技项目立项管理机制，推动三个层面的科研布局，设立各类专项资金以激发创新活力。此外，强化项目策划资源优化配置与统筹，建立一体化配置机制，强化科研优势力量建设，并探索引入科研助理模式。

3. 完善支持创新平台的成果应用与转化策划机制

为了支持创新平台的成果应用与转化策划机制，广州供电局将构建科技创新成果储备与遴选机制，加强科技成果的迭代升级与中试熟化。在项目策划初期就考虑成果转化应用前景，完善创新成果全生命周期标准化管理，并优选广州供电局创新性、技术性较好的成果进行规模化试点示范和推广应用。此外，建立完善的合作模式，即新兴业务单位对接市场、科研单位研发产品、管制业务单位等，支持应用验证。

4. 加大支持创新平台的成果应用与转化实施力度

为了加大支持创新平台的成果应用与转化实施力度，广州供电局将构建对接市场的成果转化流程，推动广州供电局自有科研成果入驻南网商城，逐步扩大成果转化的影响，形成"广州品牌"。积极利用创孵天使基金等资源，以产品成熟度和市场未来需求为导向，建立产品迭代升级研判机制，并将市场需求反馈至产业创新类项目布局中。

(三) 体制机制

1. 体系建设

按照"体系化—架构化—流程化—数字化"路径，全面建成导向正确、国际接轨、系统规范、运行高效的创新管理体系，实现管理体系数字化协同高效运转，实现创新要素优化配置，推动创新体系整体效能提升。深入科技领域"放管服"改革，进一步优化符合科研活动规律的科技管理、成果推广、人才培养、评价考核、激励约束等机制，深化科创型管制业务单位改革，力争打造国家级科技型企业。

2. 创新人才

加快科技创新战略研究队伍建设，培养科技创新人才、知识产权人才、产业创新人才、创新合作人才、创新管理人才等复合型创新人才，以全方位创新人才队伍推动科技创新全方位发展。通过青年科技人才托举工程、青年"五小"、职工创新青年专项等青年创新创效项目，为青年科技人才提供锻炼成长机会，提升新聘各级科研组织负责人中的青年占比、新立项科技项目中青年担任负责人的项目占比、青年比例超过 60% 的项目团队占比，逐步实现科技人才队伍年轻化，加速青年向技术技能专家成长，进一步提升公司领军级专家和拔尖级专家中 40 岁以下青年占比。完善青年创新创效全链条服务，健全政策措施，完善青年创新创效价值评估体系，丰富激励载体，深化科技人才评价改革、推动科技创新"去行政化"，确保科研资源、激励基金向青年创新人才汇聚。

3. 知识产权

全方位深化科技、生产、营销、基建、数字化等全专业的知识产权创造、管理、保护和转化，着力推动知识产权创造、知识产权运用、知识产权保护、知识产权管理、知识产权服务管理。实施知识产权战略，聚焦重大项目开展高价值专利培育，促进知识产权的高质量创造。构建要素齐备、业态活跃的知识产权运营生态体系，提升知识产权保护、运用、管理能力，更加有效地支撑广州供电局高质量发展。

4. 双链融合

基于广州电网大中试平台，聚焦产业化优势业务赛道，打造"研发—测试—中试—转化"一体的创新转化平台，加快推进科技创新与产业发展的规划对接、项目对接、平台对接、成果对接。一是围绕产业链部署创新链，瞄准新型电力系统建设、新型储能、智慧城市高品质供电、输变电装备自主可控、数字电网运营与增值业务等重点研发方向，构建以知识产权为核心的自主创新能力，提升以核心技术为标志的自有化成果供给能力，提高创新链条整体效能，实现科技减负和价值创造，全力塑造自主创新发展格局。二是围绕创新链布局产业链，在绿色环保电工装备、柔性配

用电、城市电缆技术、多端柔直技术等领域，构建技术研究、产品开发、市场推广、产业发展的协同体系，不断增强新兴业务科技企业的核心竞争力和产品研发能力，培育新技术、新产品、新业态、新模式。